後晉 劉 昫 等撰

舊唐書

第 一 六 册

卷一九一至卷二〇〇下（傳）

中 華 書 局

舊唐書卷一百九十一

列傳第一百四十一

方伎

夫術數占相之法，出于陰陽家流。自劉向演鴻範之言，京房傳焦贛之法，莫不望氣視祲，懸知災異之來；運策揲蓍，預定吉凶之會。固已詳於魯史，載彼周官。其弊者肄業非精，順非行僞，而庸人不脩德義，妄冀遭逢。如魏豹之納薄姬，孫皓之邀青蓋，王莽隨式而移坐，劉歆聞讖而改名；近者綦連耀之構異端，蘇玄明之犯宮禁，皆因占候，輔此姦兇。聖王禁星緯之書，良有以也。國史載袁天綱前知武后，恐匪格言，而李淳風刪方伎書，備言其要。舊本錄崔善爲已下，此深於其術者，兼桑門道士方伎等，並附此篇。

崔善爲，貝州武城人也。祖顒，後魏員外散騎侍郎。父權會，齊丞相府參軍事。善爲好學，兼善天文算曆，明達時務。弱冠州舉，授文林郎。屬隋文帝營仁壽宮，善爲領丁匠五百人。右僕射楊素爲總監，巡至善爲之所，索簿點人，善爲手持簿暗唱之，五百人一無差失，素大驚。自是有四方疑獄，多使善爲推按，無不妙盡其理。

仁壽中，稍遷樓煩郡司戶書佐。高祖時爲太守，甚禮遇之。善爲以隋政傾頹，乃密勸進，高祖深納之。義旗建，引爲大將軍府司戶參軍，封清河縣公。武德中，歷內史舍人、尚書左丞，甚得譽。諸曹令史惡其聰察，因其身短而傴，嘲之曰：「崔子曲如鉤，隨例得封侯。髆上全無項，胸前別有頭。」高祖聞之，勞勉之曰：「澆薄之人，醜正惡直。昔齊末姦吏歌斛律明月，而高緯愚暗，遂滅其家。朕雖不德，幸免斯事。」因購流言者，使加其罪。時傅仁均所撰戊寅元曆，議者紛然，多有同異，李淳風又駮其短十有八條。高祖令善爲考校二家得失，多有駁正。

貞觀初，拜陝州刺史。時朝廷立議，戶殷之處，得徙寬鄉。善爲上表稱「畿內之地，是謂戶殷，丁壯之人，悉入軍府。若聽移轉，便出關外。此則虛近實遠，非經通之議」。其事乃止。後歷大理、司農二卿，名爲稱職。坐與少卿不協，出爲秦州刺史，卒，贈刑部尚書。

薛頤，滑州人也。大業中，爲道士。解天文律曆，尤曉雜占。煬帝引入內道場，亟令章醮。武德初，追直秦府。頤嘗密謂秦王曰：「德星守秦分，王當有天下，願王自愛。」秦王乃奏授太史丞，累遷太史令。貞觀中，太宗將封禪泰山，有彗星見，頤因言「考諸玄象，恐未可東封」。會褚遂良亦言其事，於是乃止。頤後上表請爲道士，太宗爲置紫府觀於九嵕山，拜頤中大夫，行紫府觀主事。又敕於觀中建一清臺，候玄象，有災祥薄蝕謫見等事，隨狀聞奏。前後所奏，與京臺李淳風多相符契。後數歲卒。

甄權，許州扶溝人也。嘗以母病，與弟立言專醫方，得其旨趣。隋開皇初，爲祕書省正字，後稱疾免。隋魯州刺史庫狄嶔苦風患，手不得引弓，諸醫莫能療，權謂曰：「但將弓箭向垜，一鍼可以射矣。」鍼其肩隅一穴，應時卽射。權之療疾，多此類也。貞觀十七年，權年一百三歲，太宗幸其家，視其飲食，訪以藥性，因授朝散大夫，賜几杖衣服。其年卒。撰脈經、鍼方、明堂人形圖各一卷。

弟立言，武德中累遷太常丞。御史大夫杜淹患風毒發腫，太宗令立言視之，既而奏曰：「從今更十一日午時必死。」果如其言。時有尼明律，年六十餘，患心腹鼓脹，身體羸瘦，已經二年。立言診脈曰：「其腹內有蟲，當是誤食髮爲之耳。」因令服雄黃，須臾吐一蛇，如人手小指，唯無眼，燒之，猶有髮氣，其疾乃愈。立言尋卒。撰本草音義七卷、古今錄驗方五十卷。

宋俠者，洺州清漳人，北齊東平王文學孝正之子也。亦以醫術著名。官至朝散大夫、藥藏監。撰經心錄十卷，行於代。

許胤宗，常州義興人也。初事陳爲新蔡王外兵參軍。時柳太后病風不言，名醫治皆不愈，脈益沉而噤。胤宗曰：「口不可下藥，宜以湯氣薰之。令藥入腠理，周理卽差。」乃造黃蓍防風湯數十斛，置於牀下，氣如煙霧，其夜便得語。由是超拜義興太守。陳亡入隋，歷尙藥奉御。武德初，累授散騎侍郎。時關中多骨蒸病，得之必死，遞相連染，諸醫無能療者。胤宗每療，無不愈。或謂曰：「公醫術若神，何不著書以貽將來？」胤宗曰：「醫者，意也，在人思慮。又脈候幽微，苦其難別，意之所解，口莫能宣。且古之名手，唯是別脈，脈既精別，然後識病。夫病之於藥，有正相當者，唯須單用一味，直攻彼病，藥力既純，病卽立愈。今人不能別脈，莫識病源，以情臆度，多安藥味，譬之於獵，未知兔所，多發人馬，空地遮圍，或冀一人偶然逢也。如此療疾，不亦疏乎！假令一藥偶然當病，復共他味相和，君臣相制，氣勢不行，所以難差，諒由於此。脈之深趣，既不可言，虛設經方，豈加於舊。吾思之久矣，故不能著述耳。」年九十餘卒。

乙弗弘禮，貝州高唐人也。隋煬帝居藩，召令相己，弘禮跪而賀曰：「大王骨法非常，必爲萬乘之主，誠願戒之在得。」煬帝卽位，召天下道術人，置坊以居之，仍令弘禮統攝。帝見海內漸亂，玄象錯謬，內懷憂恐，嘗謂弘禮曰：「卿昔相朕，其言已驗。且占相道術，朕頗自知。卿更相朕，終當何如？」弘禮逡巡不敢答。帝迫曰：「卿言與朕術不同，罪當死。」弘禮曰：「臣本觀相書，凡人之相，有類於陛下者，不得善終。臣聞聖人不相，故知凡聖不同耳。」自是帝嘗遣使監之，不得與人交言。

初，泗州刺史薛大鼎隋時嘗坐事沒爲奴，貞觀初與數人詣之，大鼎次至，弘禮曰：「君奴也，欲何所相？」咸曰：「何以知之？」弘禮曰：「觀其頭目，直是賤人，但不知餘處何如耳？」大鼎有慚色，乃解衣視之，弘禮曰：「看君面，不異前言。占君自腰已下，當爲方嶽之任。」其占相皆此類也。貞觀末卒。

袁天綱，益州成都人也。尤工相術。隋大業中，爲資官令。武德初，蜀道使詹俊赤牒授火井令。初，天綱以大業元年至洛陽，時杜淹、王珪、韋挺就之相。天綱謂淹曰：「公蘭臺成就，學堂寬博，必得親糾察之官，以文藻見知。」謂王曰：「公三亭成就，天地相臨，從今十年已外，必得五品要職。」謂韋曰：「公面似大獸之面，交友極誠，必得士友攜接，初爲武職。」

復謂淹等「二十年外，終恐三賢同被責黜，暫去即還。」淹尋遷侍御史，武德中爲天策府兵曹、文學館學士。王珪爲太子中允。韋挺，隋末與隱太子友善，後太子引以爲率。至武德六年，俱配流嶲州。淹等至益州，見天綱曰：「袁公洛邑之言，則信矣。未知今日之後何如？」天綱曰：「公等骨法，大勝往時，終當俱受榮貴。」至九年，被召入京，共造天綱，天綱謂杜公曰：「即當得三品要職，年壽非天綱所知。王、韋二公，在後當得三品官，兼有年壽，然晚途皆不稱愜，韋公尤甚。」淹至京，拜御史大夫、檢校吏部尙書。王珪尋授侍中，出爲同州刺史。韋挺歷御史大夫、太常卿，貶象州刺史。皆如天綱之言。

大業末，竇軌客遊德陽，嘗問天綱，天綱謂曰：「君額上伏犀貫玉枕，輔角又成，必於梁、益州大樹功業。」武德初，軌爲益州行臺僕射，引天綱，深禮之。天綱又謂軌曰：「骨法成就，不異往時之言。然目氣赤脈貫瞳子，語則赤氣浮面，如爲將軍，恐多殺人。願深自誡愼。」武德九年，軌坐事被徵，將赴京，謂天綱曰：「更得何官？」曰：「面上家人坐仍未見動，輔角右畔光澤，更有喜色，至京必承恩，還來此任。」其年果重授益州都督。

則天初在襁褓，天綱來至第中，謂其母曰：「唯夫人骨法，必生貴子。」乃召諸子，令天綱相之。見元慶、元爽曰：「此二子皆保家之主，官可至三品。」見韓國夫人曰：「此女亦大貴，然不利其夫。」乳母時抱則天，衣男子之服，天綱曰：「此郎君子神色爽徹，不可易知，試令行看。」於是步於牀前，仍令舉目，天綱大驚曰：「此郎君子龍睛鳳頸，貴人之極也。」更轉側視之，又驚曰：「必若是女，實不可窺測，後當爲天下之主矣。」

貞觀八年，太宗聞其名，召至九成宮。時中書舍人岑文本令視之，天綱曰：「舍人學堂成就，眉覆過目，文才振於海內，頭又生骨，猶未大成，若得三品，恐是損壽之徵。」文本官至中書令，尋卒。其年，侍御史張行成、馬周同問天綱，天綱曰：「馬侍御伏犀貫腦，兼有玉枕，又背如負物，當富貴不可言。近古已來，君臣道合，罕有如公者。公面色赤，命門色暗，耳後骨不起，耳無根，只恐非壽者。」周後位至中書令、兼吏部尙書，年四十八卒。謂行成曰：「公五嶽四瀆成就，下亭豐滿，得官雖晚，終居宰輔之地。」行成後至尙書右僕射。天綱相人所中，皆此類也。申國公高士廉嘗謂曰：「君更作何官？」天綱曰：「自知相命，今年四月盡矣。」果至是月而卒。

孫思邈，京兆華原人也。七歲就學，日誦千餘言。弱冠，善談莊、老及百家之說，兼好釋典。洛州總管獨孤信見而歎曰：「此聖童也。但恨其器大，適小難爲用也。」周宣帝時，思邈以王室多故，乃隱居太白山。隋文帝輔政，徵爲國子博士，稱疾不起。嘗謂所親曰：「過五十年，當有聖人出，吾方助之以濟人。」及太宗即位，召詣京師，嗟其容色甚少，謂曰：「故知有道者誠可尊重，羨門、廣成，豈虛言哉！」將授以爵位，固辭不受。顯慶四年，高宗召見，拜諫議大夫，又固辭不受。

上元元年，辭疾請歸，特賜良馬，及鄱陽公主邑司以居焉。當時知名之士宋令文、孟詵、盧照鄰等，執師資之禮以事焉。思邈嘗從幸九成宮，照鄰留在其宅。時庭前有病梨樹，照鄰爲之賦，其序曰：「癸酉之歲，余臥疾長安光德坊之官舍。父老云：『是鄱陽公主邑司。昔公主未嫁而卒，故其邑廢。』時有孫思邈處士居之。邈道合古今，學殫數術。高談正一，則古之蒙莊子；深入不二，則今之維摩詰耳。其推步甲乙，度量乾坤，則洛下閎、安期先生之儔也。」照鄰有惡疾，醫所不能愈，乃問思邈：「名醫愈疾，其道何如？」思邈曰：「吾聞善言天者，必質之於人；善言人者，亦本之於天。天有四時五行，寒暑迭代，其轉運也，和而爲雨，怒而爲風，凝而爲霜雪，張而爲虹蜺，此天地之常數也。人有四支五藏，一覺一寐，呼吸吐納，精氣往來，流而爲榮衞，彰而爲氣色，發而爲音聲，此人之常數也。陽用其形，陰用其精，天人之所同也。及其失也，蒸則生熱，否則生寒，結而爲瘤贅，陷而爲癰疽，奔而爲喘乏，竭而爲燋枯，診發乎面，變動乎形。推此以及天地亦如之。故五緯盈縮，星辰錯行，日月薄蝕，孛彗飛流，此天地之危診也。寒暑不時，天地之蒸否也；石立土踊，天地之瘤贅也；山崩土陷，天地之癰疽也；奔風暴雨，天地之喘乏也；川瀆竭涸，天地之燋枯也。良醫導之以藥石，救之以鍼劑，聖人和之以至德，輔之以人事，故形體有可愈之疾，天地有可消之災。」又曰：「膽欲大而心欲小，智欲圓而行欲方。詩曰：『如臨深淵，如履薄冰』，謂小心也；『赳赳武夫，公侯干城』，謂大膽也。『不爲利回，不爲義疚』，行之方也；『見機而作，不俟終日』，智之圓也〔一〕。」

思邈自云開皇辛酉歲生，至今年九十三矣，詢之鄉里，咸云數百歲人，話周、齊間事，歷歷如眼見，以此參之，不啻百歲人矣。然猶視聽不衰，神采甚茂，可謂古之聰明博達不死者也。

初，魏徵等受詔脩齊、梁、陳、周、隋五代史，恐有遺漏，屢訪之，思邈口以傳授，有如目覩。東臺侍郎孫處約將其五子侹、儆、俊、佑、佺以謁思邈，思邈曰：「俊當先貴；佑當晚達；佺最名重，禍在執兵。」後皆如其言。太子詹事盧齊卿童幼時，請問人倫之事，思邈曰：「汝後五十年位登方伯，吾孫當爲屬吏，可自保也。」後齊卿爲徐州刺史，思邈孫溥果爲徐州蕭縣丞。思邈初謂齊卿之時，溥猶未生，而預知其事。凡諸異迹，多此類也。

永淳元年卒。遺令薄葬，不藏冥器，祭祀無牲牢。經月餘，顏貌不改，舉屍就木，猶若空衣，時人異之。自注老子、莊子，撰千金方三十卷，行於代。又撰福祿論三卷，攝生眞錄及枕中素書、會三教論各一卷。子行，天授中爲鳳閣侍郎。

明崇儼，洛州偃師人。其先平原士族，世仕江左。父恪，豫州刺史。崇儼年少時，隨父任安喜令，父之小吏有善役召鬼神者，崇儼盡能傳其術。乾封初，應封嶽舉，授黃安丞。會刺史有女病篤，崇儼致他方殊物以療之，其疾乃愈。高宗聞其名，召與語，悅之，擢授冀王府文學。儀鳳二年，累遷正諫大夫，特令入閤供奉。崇儼每因謁見，輒假以神道，頗陳時政得失，帝深加允納。潤州棲霞寺，是其五代祖梁處士山賓故宅，帝特爲製碑文，親書於石，論者榮之。四年，爲盜所殺。時語以爲崇儼密與天后爲厭勝之法，又私奏章懷太子不堪承繼大位，太子密知之，潛使人害之。優制贈侍中，謚曰莊，仍拜其子珪爲祕書郎。珪，開元中仕至懷州刺史。

張憬藏，許州長社人。少工相術，與袁天綱齊名。太子詹事蔣儼年少時，嘗遇憬藏，因問祿命，憬藏曰：「公從今二年，當得東宮掌兵之官，秩未終而免職。免職之後，厄在三尺土下，又經六年，據此合是死徵。然後當享富貴，名位俱盛，即又不合中夭，年至六十一，爲蒲州刺史，十月三十日午時祿絕。」儼後皆如其言。嘗奉使高麗，被莫離支囚於地窖中，經六年，然後得歸。及在蒲州，年六十一矣，至期，召人吏妻子與之告別，自云當死，俄而有敕，許令致仕。左僕射劉仁軌微時，嘗與鄉人靖思賢各齎絹贈憬藏以問官祿。憬藏謂仁軌曰：「公居五品要官，雖暫解黜，終當位極人臣。」仁軌後自給事中坐事，令白衣向海東効力。固辭思賢之贈，曰：「公當孤獨客死。」及仁軌爲僕射，思賢尙存，謂人曰：「張憬藏相劉僕射，則妙矣。吾今已有三子，田宅自如，豈其言亦有不中也？」俄而三子相繼而死，盡貨田宅，寄死於所親園內。憬藏相人之妙，皆此類。竟不仕，以壽終。

李嗣眞，滑州匡城人也。父彥琮，趙州長史。嗣眞博學曉音律，兼善陰陽推算之術。弱冠明經舉，補許州司功。時左侍極賀蘭敏之受詔於東臺修撰，奏嗣眞弘文館參預其事。嗣眞與同時學士劉獻臣、徐昭俱稱少俊，館中號爲「三少」。敏之既恃寵驕盈，嗣眞知其必敗，謂所親曰：「此非庇身之所也。」因咸亨年京中大饑，乃求出，補義烏令。無何，敏之敗，修撰官皆連坐流放，嗣眞獨不預焉。調露中，爲始平令，風化大行。時章懷太子居春宮，嗣眞嘗於太清觀奏樂，謂道士劉槩、輔儼曰：「此曲何哀思不和之甚也？」槩、儼曰：「此太子所作寶慶樂也。」居數日，太子廢爲庶人。槩等以其事聞奏，高宗大奇之，徵拜司禮丞，仍掌五禮儀注，加中散大夫，封常山子。

永昌中，拜右御史中丞，知大夫事。時酷吏來俊臣構陷無罪，嗣眞上書諫曰：「臣聞陳平事漢祖，謀疏楚君臣，乃用黃金五萬斤，行反間之術。項王果疑臣下，陳平反間果行。今告事紛紜，虛多實少，焉知必無陳平先謀疏陛下君臣，後謀除國家良善，臣恐爲社稷之禍。伏乞陛下特迴天慮，察臣狂瞽，然後退就鼎鑊，實無所恨。」疏奏不納。尋被俊臣所陷，配流嶺南。萬歲通天年，徵還，至桂陽，自筮死日，預託桂陽官屬備凶器。依期暴卒。則天深加憫惜，敕州縣遞靈輿還鄉，贈濟州刺史。神龍初，又贈御史大夫。撰明堂新禮十卷，孝經指要、詩品、書品、畫品各一卷。

張文仲，洛州洛陽人也。少與鄉人李虔縱、京兆人韋慈藏並以醫術知名。文仲，則天初爲侍御醫。時特進蘇良嗣於殿庭因拜跪便絕倒，則天令文仲、慈藏隨至宅候之。文仲曰：「此因憂憤邪氣激也，若痛衝脅，則劇難救。」自朝候之，未及食時，即苦衝脅絞痛。文仲曰：「若入心，即不可療。」俄頃心痛，不復下藥，日旰而卒。文仲尤善療風疾。其後則天令文仲集當時名醫共撰療風氣諸方，仍令麟臺監王方慶監其脩撰。文仲奏曰：「風有一百二十四種，氣有八十種。大抵醫藥雖同，人性各異，庸醫不達藥之行使，冬夏失節，因此殺人。唯脚氣頭風上氣，常須服藥不絕，自餘則隨其發動，臨時消息之。但有風氣之人，春末夏初及秋暮，要得通洩，即不困劇。」於是撰四時常服及輕重大小諸方十八首表上之。文仲久視年終於尙藥奉御。撰隨身備急方三卷，行於代。

虔縱，官至侍御醫。慈藏，景龍中光祿卿。自則天、中宗已後，諸醫咸推文仲等三人爲首。

尙獻甫，衞州汲人也。尤善天文。初出家爲道士。則天時召見，起家拜太史令，固辭曰：「臣久從放誕，不能屈事官長。」則天乃改太史局爲渾儀監，不隸祕書省，以獻甫爲渾儀監。數顧問災異，事皆符驗。又令獻甫於上陽宮集學者撰方域圖。長安二年，獻甫奏曰：「臣本命納音在金，今熒惑犯五諸侯太史之位。熒，火也，能尅金，是臣將死之徵。」則天曰：

「朕爲卿禳之。」遽轉獻甫爲水衡都尉，謂曰：「水能生金，今又去太史之位，卿無憂矣。」其秋，獻甫卒，則天甚嗟異惜之。復以渾儀監爲太史局，依舊隸祕書監。

時又有雍州人裴知古，善於音律。長安中爲太樂丞。神龍元年正月春享西京太廟，知古預其事，謂萬年令元行沖曰：「金石諧和，當有吉慶之事，其在唐室子孫乎？」其月，中宗卽位，復改國爲唐。知古又能聽婚夕環珮之聲，知其夫妻終始。後卒於太樂令。

孟詵，汝州梁人也。舉進士。垂拱初，累遷鳳閣舍人。詵少好方術，嘗於鳳閣侍郎劉禕之家，見其敕賜金，謂禕之曰：「此藥金也。若燒火其上，當有五色氣。」試之果然。則天聞而不悅，因事出爲台州司馬。後累遷春官侍郎。睿宗在藩，召充侍讀。長安中，爲同州刺史，加銀青光祿大夫。神龍初致仕，歸伊陽之山第，以藥餌爲事。詵年雖晚暮，志力如壯，嘗謂所親曰：「若能保身養性者，常須善言莫離口，良藥莫離手。」睿宗卽位，召赴京師，將加任用，固辭衰老。景雲二年，優詔賜物一百段，又令每歲春秋二時特給羊酒糜粥。開元初，河南尹畢構以詵有古人之風，改其所居爲子平里。尋卒，年九十三。

誂所居官，好勾剝爲政，雖繁而理。撰家、祭禮各一卷，喪服要二卷，補養方、必效方各三卷。

嚴善思，同州朝邑人也。少以學涉知名，尤善天文曆數及卜相之術。初應消聲幽藪科舉擢第。則天時爲監察御史，兼右拾遺、內供奉。數上表陳時政得失，多見納用。稍遷太史令。聖曆二年，熒惑入輿鬼，則天以問善思，善思對曰：「商姓大臣當之。」其年，文昌左相王及善卒。長安中，熒惑入月，鎭星犯天關，善思奏曰：「法有亂臣伏罪，且有臣下謀上之象。」歲餘，張柬之、敬暉等起兵誅張易之、昌宗。其占驗皆此類也。

神龍初，遷給事中。則天崩，將合葬乾陵，善思奏議曰：

謹按天元房錄葬法云：「尊者先葬，卑者不合於後開入。」則天太后卑於天皇大帝，今欲開乾陵合葬，卽是以卑動尊，事旣不經，恐非安穩。臣又聞乾陵玄闕，其門以石閉塞，其石縫隙，鑄鐵以固其中，今若開陵，必須鐫鑿。然以神明之道，體尙幽玄，今乃動衆加功，誠恐多所驚黷。又若別開門道，以入玄宮，卽往者葬時，神位先定，今更改作，爲害益深。又以修築乾陵之後，國頻有難，遂至則天太后權總萬機，二十餘年，其難始定。今乃更加營作，伏恐還有難生。

但合葬非古，著在禮經，緣情爲用，無足依准，況今事有不安，豈可復循斯制。伏見漢時諸陵，皇后多不合葬，魏、晉已降，始有合者。然以兩漢積年，向餘四百，魏、晉之後，祚皆不長。雖受命應期，有因天假，然以循機享德，亦在天時。但陵墓所安，必資勝地，後之胤嗣，用託靈根，或有不安，後嗣亦難長享。伏望依漢朝之故事，改魏、晉之頹綱，於乾陵之傍，更擇吉地，取生墓之法，別起一陵，旣得從葬之儀，又成固本之業。臣伏以合葬者，人緣私情；不合者，前修故事。若以神道有知，幽途自得通會；若以死者無知，合之復有何益。然以山川精氣，上爲星象，若葬得其所，則神安後昌，若葬失其宜，則神危後損。所以先哲垂範，具之葬經，欲使生人之道必安，死者之神必泰。伏望少迴天眷，俯覽臣言，行古昔之明規，割私情之愛欲，使社稷長享，天下乂安，凡在懷生，孰不慶幸。

疏奏不納。

景龍中，遷禮部侍郎，出爲汝州刺史。睿宗在藩，善思嘗謂姚元之曰：「相王必登帝位。」及踐祚，元之以事聞奏，由是召拜右散騎常侍。唐隆元年，鄭愔謀册譙王重福爲帝，乃草僞制，除善思爲禮部尙書，知吏部選事。及譙王下獄，景雲元年，大理寺奏：「善思與逆人重福通謀，合從極法。」給事中韓思復奏曰：「議獄緩死，列聖明規；刑疑惟輕，有國恆典。嚴善思往在先朝，屬韋氏擅內，恃寵宮掖，謀危社稷。善思此時，乃能先覺，因詣相府，有所發明，進論聖躬，必登宸極。雖交遊重福，謀陷韋氏，敕追善思，書至便發，向懷逆節，寧卽奔命？一面疏網，誠合順生；三驅取禽，來而有宥。唯刑是恤，理合昭詳。請付刑部集羣官議定奏裁，以符愼獄。」時議者多云「善思合從原宥」，有司仍執前議請誅之，思復又駁奏懇直，睿宗納其奏，竟免善思死，配流靜州。無幾，遇赦還。年八十五，開元十七年卒。

初，善思爲御史時，中書舍人劉允濟爲酷吏所陷，當死，善思愍其老，密表奏請，允濟乃得免誅。善思後見允濟，竟不自言其事。韓思復奏免善思之罪，亦未曾有所言謝。時人稱其長者。

善思子向，乾元中爲鳳翔尹，寶應中授太常員外卿。始善思父徐州長史延及善思俱年八十五而卒；廣德二年，向卒，又年八十五。向兄前趙郡司馬宙，長向十歲，向卒時，宙並無恙。

金梁鳳，不知何許人也。天寶十三載，客於河西。善相人，又言玄象。時哥舒翰爲節度使，詔入京師，裴冕爲祠部郎中，知河西留後，在武威。梁鳳謂冕曰：「玄象有變，半年間有兵起，郎中此時當得中丞，不拜中丞，卽得宰相，不離天子左右，大富貴。」冕曰：「公乃狂言，冕何至此？」梁鳳曰：「有一日向東京，一日入蜀川，一日來向朔方，此時公得相。」冕懼其言，深謝絕之。其後安祿山反，南犯洛陽，僭稱僞位。哥舒翰東守潼關，累月，奏冕爲御史中丞，追赴京。冕又詰曰：「事驗也。」冕又問三日之兆，梁鳳曰：「東京日卽自磨滅，蜀川日亦不能久，此間日何轉分明，不可說。」冕志之。既潼關失守，玄宗幸蜀，肅宗北如靈武，冕會之，勸成策立，改元爲至德元年，冕果爲中書侍郎、平章事。冕奏之，肅宗召拜都水使者。

梁鳳在河隴，謂呂諲曰：「判官骨相，合得宰相。須得一大驚怖，卽得。」諲後至驛，責讓驛長，搒之。驛吏武將，性粗猛，持弓矢突入，射諲，矢兩發，幾中諲面，諲逾牆得免。以報梁鳳，梁鳳曰：「此必入相。」逾年，諲自黃門侍郎知政事。梁鳳在鳳翔，李揆、盧允二人同見之，俱素服，自稱選人。梁鳳謂之曰：「公等並至清望官，那得云無官。」揆、允以實對。梁鳳遣二人行，謂揆曰：「公從舍人卽入相，一年內事。」謂允曰：「公好卽是吏部郎中。」及尅復兩京，揆自中書舍人知禮部侍郎事，入爲中書侍郎、平章事，乃以允爲吏部郎中。其驗多此類。爾後佯聾以自晦。冕爲右僕射、兼御史大夫、成都尹、劍南節度使，有進止，令將梁鳳行。後乃病卒。

張果者，不知何許人也。則天時，隱於中條山，往來汾、晉間，時人傳其有長年祕術，自云年數百歲矣。嘗著陰符經玄解，盡其玄理。則天遣使召之，果佯死不赴。後人復見之，往來恆州山中。開元二十一年，恆州刺史韋濟以狀奏聞。玄宗令通事舍人裴晤往迎之，果對使絕氣如死，良久漸蘇，晤不敢逼，馳還奏狀。又遣中書舍人徐嶠齎璽書以邀迎之，果乃隨嶠至東都，肩輿入宮中。

玄宗初卽位，親訪理道及神仙方藥之事，及聞變化不測而疑之。有邢和璞者，善算人而知夭壽善惡，玄宗令算果，則懵然莫知其甲子。又有師夜光者，善視鬼，玄宗召果與之密坐，令夜光視之，夜光進曰：「果今安在？」夜光對面終莫能見。玄宗謂力士曰：「吾聞飲堇汁無苦者，眞奇士也。」會天寒，使以堇汁飲果。果乃引飲三卮，醺然如醉所作，顧曰：「非佳酒也。」乃寢。頃之，取鏡視齒，則盡燋且黧。命左右取鐵如意擊齒墮，藏於帶。乃懷中出神仙藥，微紅，傅墮齒之齗。復寐良久，齒皆出矣，粲然潔白，玄宗方信之。

玄宗好神仙，而欲果尚公主，果固未知之，謂祕書少監王迥質、太常少卿蕭華曰：「諺云娶婦得公主，眞可畏也。」迥質與華相顧，未曉其言。卽有中使至，宣曰：「玉眞公主早歲好道，欲降先生。」果大笑，竟不奉詔。迥質等方悟向來之言。後懇辭歸山，因下制曰：「恆州張果先生，遊方外者也。跡先高尙，深入窈冥。是渾光塵，應召城闕。莫詳甲子之數，且謂羲皇上人。問以道樞，盡會宗極。今特行朝禮，爰昇寵命。可銀青光祿大夫，號曰通玄先生。」其年請入恆山，錫以衣服及雜綵等，便放歸山。乃入恆山，不知所之。玄宗爲造棲霞觀於隱所，在蒲吾縣，後改爲平山縣。

道士葉法善，括州括蒼縣人。自曾祖三代爲道士，皆有攝養占卜之術。法善少傳符籙，尤能厭劾鬼神。顯慶中，高宗聞其名，徵詣京師，將加爵位，固辭不受。求爲道士，因留在內道場，供待甚厚。時高宗令廣徵諸方道術之士，合鍊黃白。法善上言：「金丹難就，徒費財物，有虧政理，請覈其眞僞。」帝然其言，因令法善試之，由是乃出九十餘人，因一切罷之。法善又嘗於東都凌空觀設壇醮祭，城中士女競往觀之，俄頃數十人自投火中，觀者大驚，救之而免。法善曰：「此皆魅病，爲吾法所攝耳。」問之果然。法善悉爲禁劾，其病乃愈。法善自高宗、則天、中宗歷五十年，常往來名山，數召入禁中，盡禮問道。然排擠佛法，議者或譏其向背。以其術高，終莫之測。睿宗即位，稱法善有冥助之力，先天二年，拜鴻臚卿，封越國公，仍依舊爲道士，止於京師之景龍觀，又贈其父爲歙州刺史。當時尊寵，莫與爲比。法善生於隋大業之丙子，死於開元之庚子，凡一百七歲。八年卒。詔曰：「故道士鴻臚卿員外置越國公葉法善，天真精密，妙理玄暢，包括祕要，發揮靈符，固以冥默難源，希夷罕測。而情棲蓬閬，迹混朝伍，保黃冠而不杖，加紫綬而非榮，卓爾孤秀，泠然獨往。勝氣絕俗，貞風無塵，金骨外聳，珠光內應。斯乃體應中仙，名升上德。朕當聽政之暇，屢詢至道；公以理國之法，數奏昌言。謀參隱諷，事宣弘益。歎徽音之未泯，悲形解之俄留，曾莫憖遺，殲良奄及。永惟平昔，感愴于懷，宜申禮命，式旌泉壤。可贈越州都督。」

僧玄奘，姓陳氏，洛州偃師人。大業末出家，博涉經論。嘗謂翻譯者多有訛謬，故就西域，廣求異本以參驗之。貞觀初，隨商人往遊西域。玄奘既辯博出羣，所在必爲講釋論難，蕃人遠近咸尊伏之。在西域十七年，經百餘國，悉解其國之語，仍採其山川謠俗，土地所有，撰西域記十二卷。貞觀十九年，歸至京師。太宗見之，大悅，與之談論。於是詔將梵本六百五十七部於弘福寺翻譯，仍敕右僕射房玄齡、太子左庶子許敬宗，廣召碩學沙門五十餘人，相助整比。

高宗在東宮，爲文德太后追福，造慈恩寺及翻經院，內出大幡，敕九部樂及京城諸寺幡蓋衆伎，送玄奘及所翻經像、諸高僧等入住慈恩寺。顯慶元年，高宗又令左僕射于志寧、侍中許敬宗、中書令來濟李義府杜正倫、黄門侍郎薛元超等，共潤色玄奘所定之經，國子博士范義碩、太子洗馬郭瑜、弘文館學士高若思等，助加翻譯。凡成七十五部，奏上之。後以京城人衆競來禮謁，玄奘乃奏請逐靜翻譯，敕乃移於宜君山故玉華宮。六年卒，時年五十六，歸葬於白鹿原，士女送葬者數萬人。

僧神秀，姓李氏，汴州尉氏人。少遍覽經史，隋末出家爲僧。後遇蘄州雙峯山東山寺僧弘忍，以坐禪爲業，乃歎伏曰：「此眞吾師也。」便往事弘忍，專以樵汲自役，以求其道。

昔後魏末，有僧達摩者，本天竺王子，以護國出家，入南海，得禪宗妙法，云自釋迦相傳，有衣鉢爲記，世相付授。達摩齎衣鉢航海而來，至梁，詣武帝，帝問以有爲之事，達摩不說。乃之魏，隱於嵩山少林寺，遇毒而卒。其年，魏使宋雲於葱嶺回，見之，門徒發其墓，但有衣履而已。達摩傳慧可，慧可嘗斷其左臂，以求其法；慧可傳璨；璨傳道信；道信傳弘忍。

弘忍姓周氏，黄梅人。初，弘忍與道信並住東山寺，故謂其法爲東山法門。神秀既師事弘忍，弘忍深器異之，謂曰：「吾度人多矣，至於懸解圓照，無先汝者。」弘忍以咸亨五年卒，神秀乃往荆州，居於當陽山。則天聞其名，追赴都，肩輿上殿，親加跪禮，敕當陽山置度門寺以旌其德。時王公已下及京都士庶，聞風爭來謁見，望塵拜伏，日以萬數。中宗即位，尤加敬異。中書舍人張說嘗問道，執弟子之禮，退謂人曰：「禪師身長八尺，龐眉秀耳，威德巍巍，王霸之器也。」

初，神秀同學僧慧能者，新州人也，與神秀行業相埒。弘忍卒後，慧能住韶州廣果寺。韶州山中，舊多虎豹，一朝盡去，遠近驚歎，咸歸伏焉。神秀嘗奏則天，請追慧能赴都，慧能固辭。神秀又自作書重邀之，慧能謂使者曰：「吾形貌矬陋，北土見之，恐不敬吾法。又先師以吾南中有緣，亦不可違也。」竟不度嶺而死。天下乃散傳其道，謂神秀爲北宗，慧能爲南宗。

神秀以神龍二年卒，士庶皆來送葬。有詔賜謚曰大通禪師。又於相王舊宅置報恩寺，岐王範、張說及徵士盧鴻一皆爲其碑文。神秀卒後，弟子普寂、義福，並爲時人所重。

普寂姓馮氏，蒲州河東人也。年少時徧尋高僧，以學經律。時神秀在荆州玉泉寺，普寂乃往師事，凡六年，神秀奇之，盡以其道授焉。久視中，則天召神秀至東都，神秀因薦普寂，乃度爲僧。及神秀卒，天下好釋氏者咸師事之。中宗聞其高年，特下制令普寂代神秀統其法衆。開元十三年，敕普寂於都城居止。時王公士庶，競來禮謁，普寂嚴重少言，來者難見其和悅之容，遠近尤以此重之。二十七年，終于都城興唐寺，年八十九。時都城士庶曾謁者，皆制弟子之服。有制賜號爲大照禪師。及葬，河南尹裴寬及其妻子，並衰麻列于門徒之次，士庶傾城哭送，閭里爲之空焉。

義福姓姜氏，潞州銅鞮人。初止藍田化感寺，處方丈之室，凡二十餘年，未嘗出宇之外。後隸京城慈恩寺。開元十一年，從駕往東都，途經蒲、虢二州，刺史及官吏士女，皆齎幡花迎之，所在途路充塞。以二十年卒，有制賜號大智禪師。葬於伊闕之北，送葬者數萬人。中書侍郎嚴挺之爲製碑文。

神秀，禪門之傑，雖有禪行，得帝王重之，而未嘗聚徒開堂傳法。至弟子普寂，始於都城傳教，二十餘年，人皆仰之。

僧一行，姓張氏，先名遂，魏州昌樂人，襄州都督、郯國公公謹之孫也。父擅，武功令。

一行少聰敏，博覽經史，尤精曆象、陰陽、五行之學。時道士尹崇博學先達，素多墳籍。一行詣崇，借揚雄太玄經，將歸讀之。數日，復詣崇，還其書。崇曰：「此書意指稍深，吾尋之積年，尚不能曉，吾子試更研求，何遽見還也？」一行曰：「究其義矣。」因出所撰大衍玄圖及義決一卷以示崇。崇大驚，因與一行談其奧賾，甚嗟伏之，謂人曰：「此後生顏子也。」一行由是大知名。武三思慕其學行，就請與結交，一行逃匿以避之。尋出家爲僧，隱於嵩山，師事沙門普寂。睿宗卽位，敕東都留守韋安石以禮徵，一行固辭以疾，不應命。後步往荆州當陽山，依沙門悟眞以習梵律。

開元五年，玄宗令其族叔禮部郎中洽齎敕書就荆州强起之。一行至京，置於光太殿，數就之，訪以安國撫人之道，言皆切直，無有所隱。開元十年，永穆公主出降，敕有司優厚發遣，依太平公主故事。一行以爲高宗末年，唯有一女，所以特加其禮，又太平驕僭，竟以得罪，不應引以爲例。上納其言，遽追敕不行，但依常禮。其諫諍皆此類也。

一行尤明著述，撰大衍論三卷，攝調伏藏十卷，天一太一經及太一局遁甲經、釋氏系錄各一卷。時麟德曆經推步漸疏，敕一行考前代諸家曆法，改撰新曆，又令率府長史梁令瓚等與工人創造黃道游儀，以考七曜行度，互相證明。於是一行推周易大衍之數，立衍以應之，改撰開元大衍曆經。至十五年卒，年四十五，賜謚曰大慧禪師。

初，一行從祖東臺舍人太素，撰後魏書一百卷，其天文志未成，一行續而成之。上爲一行製碑文，親書於石，出內庫錢五十萬，爲起塔於銅人之原。明年，幸温湯，過其塔前，又駐騎徘徊，令品官就塔以告其出豫之意，更賜絹五十匹，以蒔塔前松柏焉。

初，一行求訪師資，以窮大衍，至天台山國清寺，見一院，古松十數，門有流水，一行立於門屛間，聞院僧於庭布算聲，而謂其徒曰：「今日當有弟子自遠求吾算法，已合到門，豈無人導達也？」卽除一算。又謂曰：「門前水當却西流，弟子亦至。」一行承其言而趨入，稽首請法，盡受其術焉，而門前水果却西流。道士邢和璞嘗謂尹愔曰：「一行其聖人乎？漢之洛下閎造曆，云：『後八百歲當差一日，必有聖人正之。』今年期畢矣，而一行造大衍正其差謬，則洛下閎之言信矣，非聖人而何？」

時又有黃州僧泓者，善葬法。每行視山原，卽爲之圖，張說深信重之。

桑道茂者，大曆中遊京師，善太一遁甲五行災異之說，言事無不中。代宗召之禁中，待詔翰林。建中初，神策軍脩奉天城，道茂請高其垣牆，大爲制度，德宗不之省。及朱泚之亂，帝蒼卒出幸，至奉天，方思道茂之言，時道茂已卒，命祭之。

贊曰：術數之精，事必前知。粲如垂象，變告無疑。怪誕之夫，誣罔蓍龜。致彼庸妄，幸時艱危。

校勘記

〔一〕不爲利回不爲義疚行之方也見機而作不俟終日智之圓也　按「不爲利回，不爲義疚」二句見左傳昭公三十一年；「見機而作，不俟終日」二句見周易繫辭下。冊府卷八三六「不爲利回」上有「傳曰」二字，「見機而作」上有「易曰」二字。

舊唐書卷一百九十二

列傳第一百四十二

隱逸

王績　田遊巖　史德義　王友貞　盧鴻一　王希夷　衛大經
李元愷　王守慎　徐仁紀　孫處玄　白履忠　王遠知　潘師正
劉道合　司馬承禎　吳筠　孔述睿子敏行　陽城　崔覲

前代賁丘園，招隱逸，所以重貞退之節，息貪競之風。故蒙叟矯讓王之篇，玄晏立高人之傳，箕、潁之迹，粲然可觀。而漢二龔之流，乃心王室，不事莽朝，忍渴盜泉，本非絕俗，甚可嘉也。皇甫謐、陶淵明慢世逃名，放情肆志，逍遙泉石，無意於出處之間，又其善也。即有身在江湖之上，心遊魏闕之下，託薜蘿以射利，假巖壑以釣名，退無肥遁之貞，進乏濟時之具，山移見誚，海鳥興譏，無足多也。阮嗣宗傲世佯狂，王無功嗜酒放蕩，才不足而智有餘，傷其時而晦其用，深識之士也。高宗天后，訪道山林，飛書巖穴，屢造幽人之宅，堅迴隱士之車。而遊巖、德義之徒，所高者獨行；盧鴻一、承禎之比，所重者逃名。至於出處語默之大方，未足與議也。今存其舊說，以備雜篇。

王績字無功，絳州龍門人。少與李播、呂才爲莫逆之交。隋大業中，應孝悌廉潔舉，授揚州六合縣丞，非其所好，棄官還鄉里。績河渚中先有田數頃，鄰渚有隱士仲長子先，服食養性，績重其眞素，願與相近，乃結廬河渚，以琴酒自樂。嘗遊北山，因爲北山賦以見志，詞多不載。績嘗躬耕於東皐，故時人號東皐子。或經過酒肆，動經數日，往往題壁作詩，多爲好事者諷詠。貞觀十八年卒。臨終自剋死日，遺命薄葬，兼預自爲墓誌。有文集五卷。又撰隋書，未就而卒。

兄通，字仲淹，隋大業中名儒，號文中子，自有傳。

田遊巖，京兆三原人也。初補太學生，後罷歸，遊於太白山，每遇林泉會意，輒留連不能去。其母及妻子並有方外之志，與遊巖同遊山水二十餘年。後入箕山，就許由廟東築室而居，自稱「許由東鄰」。調露中，高宗幸嵩山，遣中書侍郎薛元超就問其母，遊巖山衣田冠出拜，帝令左右扶止之，謂曰：「先生養道山中，比得佳否？」遊巖曰：「臣泉石膏肓，煙霞痼疾，既逢聖代，幸得逍遙。」帝曰：「朕今得卿，何異漢獲四皓乎？」薛元超曰：「漢高祖欲廢嫡立庶，黃、綺方來，豈如陛下崇重隱淪，親問巖穴。」帝甚歡，因將遊巖就行宮，并家口給傳乘赴都，授崇文館學士，令與太子少傅劉仁軌談論。帝後將營奉天宮于嵩山，遊巖舊宅先居宮側，特令不毀，仍親書題額懸其門，曰「隱士田遊巖宅」。文明中，進授朝散大夫，拜太子洗馬。垂拱初，坐與裴炎交結，特放還山。

史德義，蘇州崑山人也。咸亨初，隱居武丘山，以琴書自適，或騎牛帶瓢，出入郊郭廛市，號爲逸人。高宗聞其名，徵赴洛陽。尋稱疾東歸，公卿已下，皆賦詩餞別，德義亦以詩留贈，其文甚美。天授初，江南道宣勞使、文昌左丞周興表薦之，則天徵赴都，詔曰：「蘇州隱士史德義，志尙虛玄，業履貞確，謙沖彰於里閈，孝友表於闔庭。固辭徵辟，長往嚴陵之瀨；多謝簪裾，高蹈愚公之谷。博聞強識，說禮敦詩，繕性丘園，甘心畎畝。朕承天革命，建極開階，寤寐星雲，物色林壑。順禎期而捐薜帶，應休運而解荷裳，粵自海隅，來遊魏闕，行藏之理斯得，去就之節無違。風操可嘉，啓沃攸佇，特宜優獎，委以諫曹。可朝散大夫〔二〕。」後周興伏誅，德義坐爲所薦免官，以朝散大夫放歸丘壑，自此聲譽稍減於隱居之前。

王友貞，懷州河內人也。父知敬，則天時麟臺少監，以工書知名。友貞弱冠時，母病篤，醫言唯啖人肉乃差。友貞獨念無可求治，乃割股肉以飴親，母病尋差。則天聞之，令就其家驗問，特加旌表。友貞素好學，讀九經皆百遍，訓誨子弟，如嚴君焉。口不言人過，尤好釋典，屏絕羶味，出言未曾負諾，時論以爲眞君子也。

長安年，歷任長水令。後罷歸田里。中宗在春宮，召爲司議郎，不就。神龍初，又拜太子中舍，仍令所司以禮徵赴，及至，固以疾辭。詔曰：

敦夷齊之行，可以激貪；尚顏閔之道，用能勸俗。新除太子中舍人王友貞，德義泉藪，人倫茂異，孝始於事親，信表於行己。富有文史，廉於財貨，久歷官政，累聞課績。有古人之風，保君子之德。乃抗志塵外，棲情物表，深歸解脫之門，誓守薰脩之誠。頃加徵命，作護儲闈，固在辭榮，累陳情懇。堅持淨義，不登於車服；味茲禪悅，靡求於珍饌。朕方崇獎廉退，懲抑澆浮，雖思廊廟之賢，豈違山林之願，宜加優秩，仍遂雅懷。可太子中舍人員外置，給全祿以畢其身，任其在家修道。仍令所在州縣存問，四時送祿至其任所。

玄宗在東宮，又表請禮徵之，以年老，竟辭疾不赴。年九十餘，開元四年卒。特下制曰：「貴德尊賢，飾終念遠，此聖人所以治天下、厚風俗也。王友貞稟氣元精，遊心大朴。孝惟不匱，獨貫於神明；道則難名，高謝於人代。言念錫類，方期鎮俗，遽爾凋殂，良深愍悼。生無大位，雖隔外臣之儀；歿有餘榮，宜贈上卿之服。可贈銀青光祿大夫，仍委本縣令長特加弔祭。」

盧鴻一字浩然，本范陽人，徙家洛陽。少有學業，頗善籀篆楷隸，隱於嵩山。開元初，遣備禮再徵不至。五年，下詔曰：

朕以寡薄，忝膺大位。嘗恨玄風久替，淳化未昇，每用翹想遺賢，冀聞上皇之訓。

以卿黄中通理，鉤深詣微，窮太一之道，踐中庸之德，確乎高尚，足侔古人。故比下徵書，佇諧善績，而每輒託辭，拒違不至。使朕虚心引領，于今數年，雖得素履幽人之貞，而失考父滋恭之命。豈朝廷之故與生殊趣耶？將縱欲山林不能反乎？禮有大倫，君臣之義，不可廢也。今城闕密邇，不足爲難，便敕齎束帛之貺，重宣斯旨，想有以翻然易節，副朕意焉。

鴻一赴徵。六年，至東都，謁見不拜。宰相遣通事舍人問其故，奏曰：「臣聞老君言，禮者，忠信之所薄，不足可依。山臣鴻一敢以忠信奉見。」上别召升内殿，賜之酒食。詔曰：「盧鴻一應辟而至，訪之至道，有會淳風，爰舉逸人，用勸天下。特宜授諫議大夫。」鴻一固辭，又制曰：

昔在帝堯，全許由之節；緬惟大禹，聽伯成之高。則知天子有所不臣，諸侯有所不友，遯之時義大矣哉！嵩山隱士盧鴻一，抗迹幽遠，凝情篆素，隱居以求其志，行義以達其道，雲臥林壑，多歷年載。傳不云乎：「舉逸人，天下之人歸心焉。」是乃飛書巖穴，備禮徵聘，方佇獻替，式弘政理。而矯然不羣，確乎難拔，靜己以鎮其操，洗心以激其流，固辭榮寵，將厚風俗，不降其志，用保厥躬。會稽嚴陵，未可名屈；太原王霸，終以病歸。宜以諫議大夫放還山。歲給米百石、絹五十匹，充其藥物，仍令府縣送隱居之所。若知朝廷得失，具以狀聞。

將還山，又賜隱居之服，并其草堂一所，恩禮甚厚。

王希夷，徐州滕縣人也。孤貧好道。父母終，爲人牧羊，收傭以供葬。葬畢，隱於嵩山，師道士黃頤，向四十年，盡能傳其閉氣導養之術。頤卒，更居兗州徂來山中，與道士劉玄博爲棲遁之友。好易及老子，嘗餌松柏葉及雜花散。景龍中，年七十餘，氣力益壯。刺史盧齊卿就謁致禮，因訪以字人之術，希夷曰：「孔子稱『己所不欲，勿施於人』，可以終身行之矣。」及玄宗東巡，敕州縣以禮徵，召至駕前，年已九十六。上令中書令張說訪以道義，宦官扶入宮中，與語甚悅。開元十四年，下制曰：「徐州處士王希夷，絕學棄智，抱一居貞，久謝囂塵，獨往林壑。朕爲封巒展禮，側席旌賢，賁然來思，克應嘉召。雖紆綺季之跡，已過伏生之年，宜命秩以尊儒，俾全高於尙齒。可朝散大夫，守國子博士，聽致仕還山。州縣春秋致束帛酒肉，仍賜衣一副、絹一百匹。」尋壽終。

自則天、中宗已後，有蒲州人衞大經、邢州人李元愷，皆潔志不仕；蒲州人王守愼、常州人徐仁紀、潤州人孫處玄，皆退身辭職，爲時所稱。

衞大經者，篤學善易，口無二言。則天降詔徵之，辭疾不赴。與魏州人夏侯乾童有舊，聞乾童母卒，徒步往弔之，鄉人止之曰：「當夏溽暑，豈可步涉千里，致書可也。」大經曰：「尺書無能盡意。」遂行。至魏州，會乾童出行，大經造門設席，行弔禮，不訊其家人而還。開元初，畢構爲刺史，謂解令孔愼言曰：「衞生德厚，宜有旌異。古人式干木之閭，禮賢故也。」愼言造門就謁，時大經已年老，辭疾不見。嘗預筮死日，鑿墓自爲誌文，果如筮而終。

李元愷者，博學善天文律曆，然性恭愼，口未嘗言人之過。鄉人宋璟，年少時師事之，及璟作相，使人遺元愷束帛，將薦舉之，皆拒而不答。景龍中，元行沖爲洺州刺史，邀元愷至州，問以經義，因遺衣服，元愷辭曰：「微軀不宜服新麗，但恐不能勝其美以速咎也。」行沖乃以泥塗汙而與之，不獲已而受。及還，乃以己之所鬻素絲五兩以酬行沖，曰：「義不受無妄之財。」先是，定州人崔元鑒明三禮，鄉人張易之寵幸用事，薦之，起家拜朝散大夫，致仕于家，在鄉請半祿。元愷誚之曰：「無功受祿，災也。」元愷年八十餘，壽終。

王守愼者，有美名。垂拱中爲監察御史。時羅織事起，守愼舅秋官侍郎張知默推詔獄，奏守愼同知其事，守愼以疾辭，因請爲僧。則天初甚怪之，守愼陳情，詞理甚高，則天欣然從之，賜號法成。識鑒高雅，爲時賢所重。以壽終。

徐仁紀者，聖曆中徵拜左拾遺。三上書論得失，不納，謂人曰：「三諫不聽，可去矣。」遂移病歸鄉里。神龍初，宣慰使舉仁紀之行可以激俗，又徵拜左補闕。三上書，又不省，乃詣執政求出，俄授靈昌令。妻子不之官，廨舍唯衣履及書疏而已，餘無所蓄。

孫處玄，長安中徵爲左拾遺。頗善屬文，嘗恨天下無書以廣新文。神龍初，功臣桓彥範等用事，處玄遺彥範書，論時事得失，彥範竟不用其言，乃去官還鄉里。以病卒。

白履忠，陳留浚儀人也。博涉文史。嘗隱居于古大梁城，時人號爲梁丘子。景雲中，徵拜校書郎。尋棄官而歸。開元十年，刑部尚書王志愔表薦履忠隱居讀書，貞苦守操，有古人之風，堪代褚無量、馬懷素入閣侍讀。十七年，國子祭酒楊瑒又表薦履忠堪爲學官，乃徵赴京師。及至，履忠辭以老病，不任職事。詔曰：「處士前祕書省校書郎白履忠，學優紬簡，道賁丘園，探賾以見其微，隱居能達其志。故以汲引洙、泗，物色夷門，素風自高，玄冕非貴。几杖云暮，章秩宜加，俾承禮命之優，式副寵賢之美。可朝散大夫。」履忠尋表請還鄉，手詔曰：「孝悌立身，靜退放俗，年過從耄，不雜風塵。盛德予聞，通班是錫，豈惟旌賁山藪，實欲獎勸人倫。且遊上京，徐還故里。」乃停留數月而歸。履忠鄉人左庶子吳兢謂履忠曰：「吾子家室屢空，竟不霑斗米匹帛，雖得五品，何益於實也？」履忠欣然曰：「往歲契丹入寇，家家盡著括排門夫，履忠特以少讀書籍，縣司放免，至今惶愧。今雖不得，且是吾家終身高臥，免徭役，豈易得也！」尋壽終。著三玄精辯論一卷，註老子及黃庭內景經，有文集十卷。

道士王遠知，琅邪人也。祖景賢，梁江州刺史。父曇選，陳揚州刺史。遠知母，梁駕部郎中丁超女也。嘗晝寢，夢靈鳳集其身，因而有娠，又聞腹中啼聲，沙門寶誌謂曇選曰：「生子當爲神仙之宗伯也。」遠知少聰敏，博綜羣書。初入茅山，師事陶弘景，傳其道法。後又師事宗道先生臧兢。陳主聞其名，召入重陽殿，令講論，甚見嗟賞。及隋煬帝爲晉王，鎭揚州，使王子相、柳顧言相次召之，遠知乃來謁見，斯須而鬚髮變白，晉王懼而遣之，少頃又復其舊。煬帝幸涿郡，遣員外郎崔鳳舉就邀之，遠知見於臨朔宮，煬帝親執弟子之禮，敕都城起玉清玄壇以處之。及幸揚州，遠知諫不宜遠去京國，煬帝不從。

高祖之龍潛也，遠知嘗密傳符命。武德中，太宗平王世充，與房玄齡微服以謁之，遠知迎謂曰：「此中有聖人，得非秦王乎？」太宗因以實告，遠知曰：「方作太平天子，願自惜也。」太宗登極，將加重位，固請歸山。至貞觀九年，敕潤州於茅山置太受觀，幷度道士二十七人。降璽書曰：「先生操履夷簡，德業沖粹，屛棄塵雜，棲志虛玄，吐故納新，食芝餌朮，念衆妙於三淸之表，返華髮於百齡之外，道邁前烈，聲高自古。非夫得祕訣於金壇，受幽文於玉笈者，其孰能與此乎！朕昔在藩朝，早獲問道，眷言風範，無忘寤寐。近覽來奏，請歸舊山，已有別敕，不違高志，幷許置觀，用表宿心。未知先生早晚已屆江外，所營棟宇，何當就功？佇聞委曲，副茲引領。近已令太史薛頤等往詣，令宣朕意。」其年，遠知謂弟子潘師正曰：「吾見仙格，以吾小時誤損一童子吻，不得白日昇天。見署少室伯，將行在卽。」翌日，沐浴，加冠衣，焚香而寢，卒，年一百二十六歲。調露二年，追贈遠知太中大夫，諡曰昇眞先生。則天臨朝，追贈金紫光祿大夫。天授二年，改諡曰昇玄先生。

潘師正，趙州贊皇人也。少喪母，廬於墓側，以至孝聞。大業中，度爲道士，師事王遠知，盡以道門隱訣及符籙授之。師正淸淨寡欲，居於嵩山之逍遙谷，積二十餘年，但服松葉飲水而已。高宗幸東都，因召見與語，問師正：「山中有何所須？」師正對曰：「所須松樹淸泉，山中不乏。」高宗與天后甚尊敬之，留連信宿而還。尋敕所司於師正所居造崇唐觀，嶺上別起精思觀以處之。初置奉天宮，帝令所司於逍遙谷口特開一門，號曰仙遊門，又於苑北面置尋眞門，皆爲師正立名焉。時太常奏新造樂曲，帝又令以祈仙、望仙、翹仙爲名。前後贈詩，凡數十首。師正以永淳元年卒，時年九十八。高宗及天后追思不已，贈太中大夫，賜諡曰體玄先生。

道士劉道合者，陳州宛丘人。初與潘師正同隱於嵩山。高宗聞其名，令於隱所置太一觀以居之。召入宮中，深尊禮之。及將封太山，屬久雨，帝令道合於儀鸞殿作止雨之術，俄而霽朗，帝大悅。又令道合馳傳先上太山，以祈福祐。前後賞賜，皆散施貧乏，未嘗有所蓄積。高宗又令道合合還丹，丹成而上之。咸亨中卒。及帝營奉天宮，遷道合之殯室，弟子開棺將改葬，其尸惟有空皮，而背上開坼，有似蟬蛻，盡失其齒骨，衆謂尸解。高宗聞之不悅，曰：「劉師爲我合丹，自服仙去。其所進者，亦無異焉。」

道士司馬承禎，字子微，河內温人。周晉州刺史、琅邪公裔玄孫。少好學，薄於爲吏，遂爲道士。事潘師正，傳其符籙及辟穀導引服餌之術。師正特賞異之，謂曰：「我自陶隱居傳正一之法，至汝四葉矣。」承禎嘗遍遊名山，乃止於天台山。則天聞其名，召至都，降手敕以讚美之。及將還，敕麟臺監李嶠餞之於洛橋之東。

景雲二年，睿宗令其兄承禕就天台山追之至京，引入宮中，問以陰陽術數之事。承禎對曰：「道經之旨：『爲道日損，損之又損，以至於無爲。』且心目所知見者，每損之尚未能已，豈復攻乎異端，而增其智慮哉！」帝曰：「理身無爲，則清高矣。理國無爲，如何？」對曰：

「國猶身也。老子曰：『遊心於澹，合氣於漠，順物自然而無私焉，而天下理。』易曰：『聖人者，與天地合其德。』是知天不言而信，不爲而成。無爲之旨，理國之道也。」睿宗歎息曰：「廣成之言，卽斯是也。」承禎固辭還山，仍賜寶琴一張及霞紋帔而遣之，朝中詞人贈詩者百餘人。

開元九年，玄宗又遣使迎入京，親受法籙，前後賞賜甚厚。十年，駕還西都，承禎又請還天台山，玄宗賦詩以遣之。十五年，又召至都。玄宗令承禎於王屋山自選形勝，置壇室以居焉。承禎因上言：「今五嶽神祠，皆是山林之神，非正眞之神也。五嶽皆有洞府，各有上淸眞人降任其職，山川風雨，陰陽氣序，是所理焉。冠冕章服，佐從神仙，皆有名數。請別立齋祠之所。」玄宗從其言，因敕五嶽各置眞君祠一所，其形象制度，皆令承禎推按道經，創意爲之。承禎頗善篆隸書，玄宗令以三體寫老子經，因刊正文句，定著五千三百八十言爲眞本以奏上之。以承禎王屋所居爲陽臺觀，上自題額，遣使送之。賜絹三百匹，以充藥餌之用。俄又令玉眞公主及光祿卿韋縚至其所居修金籙齋，復加以錫賚。

是歲，卒於王屋山，時年八十九。其弟子表稱：「死之日，有雙鶴遶壇，及白雲從壇中涌出，上連于天，而師容色如生。」玄宗深歎之，乃下制曰：「混成不測，入寥自化。雖獨立有象，而至極則冥。故王屋山道士司馬子微，心依道勝，理會玄遠，遍遊名山，密契仙洞。存觀其妙，逍遙得意之場；亡復其根，宴息無何之境。固以名登眞格，位在靈官。林壑未改，遐霄已曠，言念高烈，有愴于懷，宜贈徽章，用光丹籙。可銀青光祿大夫，號眞一先生。」仍爲親製碑文。

吳筠，魯中之儒士也。少通經，善屬文，舉進士不第。性高潔，不奈流俗，乃入嵩山，依潘師正爲道士，傳正一之法，苦心鑽仰，乃盡通其術。開元中，南遊金陵，訪道茅山。久之，東遊天台。筠尤善著述，在剡與越中文士爲詩酒之會，所著歌篇，傳於京師。玄宗聞其名，遣使徵之。既至，與語甚悅，令待詔翰林。帝問以道法，對曰：「道法之精，無如五千言，其諸枝詞蔓說，徒費紙札耳。」又問神仙脩鍊之事，對曰：「此野人之事，當以歲月功行求之，非人主之所宜適意。」每與緇黃列坐，朝臣啓奏，筠之所陳，但名敎世務而已，間之以諷詠，以達其誠。玄宗深重之。

天寶中，李林甫、楊國忠用事，綱紀日紊。筠知天下將亂，堅求還嵩山，累表不許，乃詔於嶽觀別立道院。祿山將亂，求還茅山，許之。既而中原大亂，江淮多盜，乃東遊會稽。嘗於天台剡中往來，與詩人李白、孔巢父詩篇酬和，逍遙泉石，人多從之。竟終於越中。文集二十卷。其玄綱三篇、神仙可學論等，爲達識之士所稱。筠在翰林時，特承恩顧，由是爲羣僧之所嫉。驃騎高力士素奉佛，嘗短筠于上前，筠不悅，乃求還山。故所著文賦，深詆釋氏，亦爲通人所譏。然詞理宏通，文彩煥發，每製一篇，人皆傳寫。雖李白之放蕩，杜甫之壯麗，能兼之者，其唯筠乎！

孔述睿，越州人也。曾祖昌寓，膳部郎中。祖舜，監察御史。父齊參，寶鼎令。述睿少與兄克符、弟克讓，皆事親以孝聞。既孤，俱隱於嵩山。述睿好學不倦，大曆中，轉運使劉晏累表薦述睿有顏、閔之行，游、夏之學。代宗以太常寺協律郎徵之，轉國子博士，歷遷尙書司勳員外郎、史館修撰。述睿每加恩命，暫至朝廷謝恩，旬日卽辭疾，却歸舊隱。德宗踐祚，以諫議大夫銀章朱紱，命河南尹趙惠伯齎詔書、玄纁束帛，就嵩山以禮徵聘。述睿既至，召對於別殿，特賜第宅，給以廐馬，兼爲皇太子侍讀。旬日後累表固辭，依前乞還舊山，詔報之曰：「卿懷伊摯匡時之道，有廣成嘉遁之風。養素丘園，屢辭命秩。朕以崆山問道，渭水求師，亦何必務執勞謙，固求退讓。無違朕旨，且啓乃心。」述睿既懇辭不獲，方就職。久之，改祕書少監，兼右庶子，再加史館修撰。述睿精於地理，在館乃重修地

理誌，時稱詳究。而又性謙和退讓，與物無競，每親朋集會，嘗恂恂然似不能言者，人皆敬

之。時令狐峘亦充修撰，與沭睿同職，多以細碎之事侵沭睿，沭睿皆讓之，竟不與爭，時人

稱爲長者。

貞元四年，命齎詔幷御饌、衣服數百襲，往平涼盟會處祭陷歿將士骸骨，以沭睿性精慤

故也。九年，以疾上表，請罷官。詔不許，報之曰：「朕以卿德重朝端，行敦風俗，不言之教，

所賴攸深，未依來請，想宜悉也。」沭睿再三上表，方獲允許，乃以太子賓客賜紫金魚袋致

仕，放還鄉里，仍賜帛五十匹、衣一襲。故事，致仕還鄉者皆不給公乘，德宗優寵儒者，特命

給而遣之。貞元十六年九月卒，年七十一。贈工部尙書。子敏行。

敏行字至之，舉進士，元和五年禮部侍郎崔樞下擢第。呂元膺廉問岳鄂，辟爲賓佐。

丁母憂而罷。後元膺爲東都留守，移鎭河中，敏行皆從之。十四年，入爲右拾遺，遷左補

闕。長慶中，爲起居郎，改左司員外郞，歷司勳郎中，充集賢殿學士，遷吏部郎中，俄拜諫議

大夫。上疏論興元監軍楊叔元陰激募卒爲亂，殺節度使李絳。人不敢發其事，敏行上表極

諍之，故叔元得罪，時論稱美。敏行名臣之子，少而修潔，爲人所稱；及游宦，與當時豪俊

爲友，雖名華爲一時冠，而貞規雅操，與父遠矣。大和九年正月卒，年四十九，贈尙書工部

侍郎。

陽城字亢宗，北平人也。代爲宦族。家貧不能得書，乃求爲集賢寫書吏，竊官書讀之，晝夜不出房，經六年，乃無所不通。既而隱於中條山，遠近慕其德行，多從之學。閭里相訟者，不詣官府，詣城請決。陝虢觀察使李泌聞其名，親詣其里訪之，與語甚悅。泌爲宰相，薦爲著作郎，德宗令長安縣尉楊寧齎束帛詣夏縣所居而召之，城乃衣褐赴京，上章辭讓。德宗遣中官持章服衣之而後召，賜帛五十匹。尋遷諫議大夫。

初未至京，人皆想望風彩，曰：「陽城山人能自刻苦，不樂名利，今爲諫官，必能以死奉職。」人咸畏憚之。及至，諸諫官紛紜言事，細碎無不聞達，天子益厭苦之；而城方與二弟及客日夜痛飲，人莫能窺其際，皆以虛名譏之。有造城所居，將問其所以者。城望風知其意，引之與坐，輒強以酒。客辭，城輒引自飲，客不能已，乃與城酬酢。客或時先醉仆席上，城或時先醉臥客懷中，不能聽客語。約其二弟云：「吾所得月俸，汝可度吾家有幾口，月食米當幾何，買薪、菜、鹽凡用幾錢，先具之，其餘悉以送酒媼，無留也。」未嘗有所蓄積。雖所服用有切急不可闕者，客稱某物佳可愛，城輒喜，舉而授之。有陳萇者，候其始請月俸，常往稱其錢帛之美，月有獲焉。

時德宗在位，多不假宰相權，而左右得以因緣用事。於是裴延齡、李齊運、韋渠牟等以姦佞相次進用，誣譖時宰，毀詆大臣，陸贄等咸遭枉黜，無敢救者。城乃伏閤上疏，與拾遺王仲舒共論延齡姦佞，贄等無罪。德宗大怒，召宰相入議，將加城罪。時順宗在東宮，爲城獨開解之，城賴之獲免。於是金吾將軍張萬福聞諫官伏閤諫，趨往，至延英門，大言賀曰：「朝廷有直臣，天下必太平矣。」乃造城及王仲舒等曰：「諸諫議能如此言事，天下安得不太平？」已而連呼「太平，太平」。萬福武人，年八十餘，自此名重天下。時朝夕欲相延齡，城曰：「脫以延齡爲相，城當取白麻壞之。」竟坐延齡事改國子司業。

城既至國學，乃召諸生，告之曰：「凡學者所以學爲忠與孝也。諸生寧有久不省其親者乎？」明日，告城歸養者二十餘人。有薛約者，嘗學於城，性狂躁，以言事得罪，徙連州，客寄無根蒂，臺吏以蹤跡求得之於城家。城坐臺吏於門，與約飲酒訣別，涕泣送之郊外。德宗聞之，以城黨罪人，出爲道州刺史。太學生王魯卿、季償等二百七十人詣闕乞留，經數日，吏遮止之，疏不得上。

在道州，以家人法待吏人，宜罰者罰之，宜賞者賞之，不以簿書介意。道州土地產民多矮，每年常配鄉戶貢其男，號爲「矮奴」。城不平其以良爲賤，又憫其編甿歲有離異之苦，乃抗疏論而免之，自是乃停其貢，民皆賴之，無不泣荷。前刺史有贓罪，觀察使方推鞫之，吏有幸於前刺史者，拾其不法事以告，自爲功，城立杖殺之。賦稅不登，觀察使數加誚讓。州上考功第，城自署其第曰：「撫字心勞，徵科政拙，考下下。」觀察使遣判官督其賦，至州，怪城不出迎，以問州吏，吏曰：「刺史聞判官來，以爲有罪，自囚於獄，不敢出。」判官大驚，馳入謁城於獄，曰：「使君何罪，某奉命來候安否耳。」留一二日未去，城因不復歸館，門外有故門扇橫地，城晝夜坐臥其上，判官不自安，辭去。其後又遣他判官往按之，他判官義不欲按，乃載妻子行，中道而自逸。

順宗卽位，詔徵之，而城已卒，士君子惜之。是歲四月，賜其家錢二百貫文，仍令所在州縣給遞，以喪歸葬焉。

崔覲，梁州城固人。爲儒不樂仕進，以耕稼爲業。老而無子，乃以田宅家財分給奴婢，令各爲生業。覲夫妻遂隱於城固南山，家事一不問，約奴婢遞過其舍，至則供給酒食而已。夫婦林泉相對，以嘯咏自娛。山南西道節度使鄭餘慶高其行，辟爲節度參謀，累邀方至府第。爲吏無方略，苦不達人事，餘慶以長者優容之。大和八年，左補闕王直方上疏論事，得召見，文宗便殿訪以時事。直方亦興元人，與覿城固山爲鄰，是日因薦覿有高行，詔以起居郎徵之，覿辭疾不起。卒於山。

贊曰：高士忘懷，不隱不顯。依隱釣名，眞風漸鮮。結廬泉石，投紱市朝。心無出處，是日逍遙。

校勘記

〔一〕朝散大夫　御覽卷五〇六作「諫議大夫」。

舊唐書卷一百九十三

列傳第一百四十三

列女

衡方厚妻武昌縣君程氏　女道士李玄眞　孝女王和子　鄭神佐女附

女子稟陰柔之質，有從人之義。前代誌貞婦烈女，蓋善其能以禮自防。至若失身賊庭，不汚非義，臨白刃而慷慨，誓丹衷而激發，粉身不顧，視死如歸，雖在壯夫，恐難守節，窈窕之操，不其賢乎！其次梁鴻之妻，無辭偕隱，共姜之誓，不踐二庭，婦道母儀，克彰圖史，又其長也。末代風靡，貞行寂寥，聊播椒蘭，以貽閨壼，彤管之職，幸無忽焉。

李德武妻裴氏，字淑英，戶部尚書、安邑公矩之女也。性婉順有容德，事父母以孝聞。適德武，經一年而德武坐從父金才事徙嶺表。矩時爲黃門侍郎，奏請德武離婚，煬帝許之。德武將與裴別，謂曰：「燕婉始爾，便事分離，方遠投瘴癘，恐無還理。尊君奏留，必欲改嫁耳，於此卽事長訣矣！」裴泣而對曰：「婦人事夫，無再醮之禮。夫者，天也，何可背乎！守之以死，必無他志。」因操刀欲割耳自誓，保者禁之乃止。裴與德武別後，容貌毁悴，常讀佛經，不御膏澤。李氏之姊妹在都邑者，歲時朔望，必命左右致敬而省焉。裴又嘗讀烈女傳，見稱述不改嫁者，乃謂所親曰：「不踐二庭，婦人常理，何爲以此載於記傳乎？」後十餘年間，與德武音信斷絕，矩欲奪其志。時有柳直求婚，許之，期有定日，乃以翦刀斷其髮，悲泣絕粒，矩不可奪，乃止。德武已於嶺表娶爾朱氏爲妻，及遇赦得還，至襄州，聞裴守節，乃出其後妻，重與裴合。生三男四女。貞觀中，德武終於鹿城令，裴歲餘亦卒。

楊慶妻王氏，世充兄之女也。慶即隋河間王弘之子，大業末，封郇王，爲滎陽太守。後陷於世充，世充以兄女妻之，授管州刺史。及太宗攻圍洛陽，慶謀背世充，欲與其妻俱來歸國。妻謂慶曰：「鄭國以妾奉箕箒於公者，所以結公心耳。今既二三其行，負恩背義，自爲身謀，妾將奈何？若至長安，則公家之婢耳！願送至東都，公之惠也。」慶不聽。伺慶出後，謂侍者曰：「唐兵若勝，我家則滅。鄭國無危，吾夫又死。進退維谷，何以生焉？」乃飲藥而卒。慶既入朝，官至宜州刺史。

時又有獨孤武都，謀叛王世充歸國，事覺誅死。武都子師仁，年始三歲，世充以其年幼不殺，使禁掌之。乳母王氏，號蘭英，請髡鉗，求入保養，世充許之。蘭英撫育提攜，備盡筋力。時喪亂年饑，人多餓死，蘭英扶路乞丐捃拾，遇有所得，便歸與師仁，蘭英唯啖土飲水而已。後詐採拾，乃竊師仁歸于京師，高祖嘉其義，下詔曰：「師仁乳母王氏，慈惠有聞，撫鞠無倦，提攜遺幼，背逆歸朝。宜有褒隆，以錫其號。可封永壽郡君。」

楊三安妻李氏，雍州涇陽人也。事舅姑以孝聞。及舅姑亡沒，三安亦死，二子孩童，家至貧窶。李晝則力田，夜則紡緝，數年間葬舅姑及夫之叔姪兄弟者七喪，深爲遠近所嗟尙。太宗聞而異之，賜帛二百段，遣州縣所在存恤之。

魏衡妻王氏，梓州郪人也。武德初，薛仁杲舊將房企地侵掠梁郡，因獲王氏，逼而妻之。後企地漸強盛，衡謀以城應賊，企地領衆將趨梁州，未至數十里，飲酒醉臥，王氏取其佩刀斬之，攜其首入城，賊衆乃散。高祖大悅，封爲崇義夫人，捨衡同賊之罪。

樊會仁母敬氏，字像子，蒲州河東人也。年十五，適樊氏，生會仁而夫喪，事舅姑姊姒以謹順聞。及服終，母兄以其盛年，將奪其志，微加諷諭，便悲恨嗚咽，如此者數四。母兄乃潛許人爲婚，矯稱母患以召之。凡所營具，皆寄之鄰里。像子既至，省母無疾，鄰家復具餚饍，像子知爲所欺，佯爲不悟者。其嫂復請像子沐浴，像子私謂會仁曰：「吾不幸孀居，誓與汝父同穴。所以不死者，徒以我母羸老，汝身幼弱。今汝舅欲奪吾志，將加逼迫，於汝何如！」會仁失聲啼泣，像子撫之曰：「汝勿啼。吾向僞不覺者，令汝舅不我爲意，聞汝啼，知吾覺悟，必加防備，則吾難爲計矣。」會仁便佯睡，像子於是伺隙攜之遁歸，中路，兄使追及之，將逼與俱返，像子誓以必死，辭情甚切，其兄感歎而止。後會仁年十八病卒，時像子母已終，既葬，像子謂其所親曰：「吾老母不幸，又夫死子亡，義無久活。」於是號慟不食，數日而死。

絳州孝女衞氏，字無忌，夏縣人也。初，其父爲鄉人衞長則所殺，無忌年六歲，母又改嫁，無兄弟。及長，常思復讎。無忌從伯常設宴爲樂，長則時亦預坐，無忌以磚擊殺之。既而詣吏，稱父讎既報，請就刑戮。巡察大使、黃門侍郎褚遂良以聞，太宗嘉其孝烈，特令免罪，給傳乘徙於雍州，并給田宅，仍令州縣以禮嫁之。

孝女賈氏，濮州鄄城人也。年始十五，其父爲宗人玄基所害。其弟強仁年幼，賈氏撫育之，誓以不嫁。及強仁成童，思共報復，乃候玄基殺之，取其心肝，以祭父墓。遣強仁自列於縣司，斷以極刑。賈氏詣闕自陳己爲，請代強仁死。高宗哀之，特下制賈氏及強仁免罪，移其家於洛陽。

鄭義宗妻盧氏，幽州范陽人，盧彥衡之女也。略涉書史，事舅姑甚得婦道。嘗夜有強盜數十人，持杖鼓譟，踰垣而入，家人悉奔竄，唯有姑獨在室。盧冒白刃往至姑側，爲賊捶擊之，幾至於死。賊去後，家人問曰：「羣凶擾橫，人盡奔逃，何獨不懼？」答曰：「人所以異於禽獸者，以其仁義也。昔宋伯姬守義赴火，流稱至今。吾雖不敏，安敢忘義。且鄰里有急，尚相赴救，況在於姑，而可委棄！若萬一危禍，豈宜獨生。」其姑每嘆云：「古人稱歲寒然後知松柏之後凋也，吾今乃知盧新婦之心矣。」貞觀中卒。

劉寂妻夏侯氏，滑州胙城人，字碎金。父長雲，爲鹽城縣丞，因疾喪明。碎金乃求離其夫，以終侍養。經十五年，兼事後母，以至孝聞。及父卒，毁瘠殆不勝喪，被髮徒跣，負土成墳，廬於墓側，每日一食，如此者積年。貞觀中，有制表其門閭，賜以粟帛。

楚王靈龜妃上官氏，秦州上邽人。父懷仁，右金吾將軍。上官年十八，歸于靈龜，繼楚哀王後。本生具存，朝夕侍奉，恭謹彌甚，凡有新味，非舅姑嘗訖，未曾先嘗。經數載，靈龜薨。及將葬，其前妃閻氏，嫁不踰年而卒，又無近族，衆議欲不舉之，上官氏曰：「必神而靈，寧可使孤魂無託！」於是備禮同葬，聞者莫不嘉歎。服終，諸兄姊謂曰：「妃年尚少，又無所生，改醮異門，禮儀常範。妃可思之。」妃掩泣對曰：「丈夫以義烈標名，婦人以守節爲行。未能即先犬馬，以殉溝壑，寧可復飾粧服，有他志乎！」遽將刀截鼻割耳以自誓，諸兄姊知其志不可奪，歎息而止。尋卒。

楊紹宗妻王氏，華州華陰人也。初年二歲，所生母亡，爲繼母鞠養。至年十五，父又征遼而歿。繼母尋亦卒。王乃收所生及繼母屍柩，并立父形像，招魂遷葬訖，廬於墓側，陪其祖父母及父母墳。永徽中，詔曰：「故楊紹宗妻王氏，因心爲孝，率性成道。年迫桑榆，筋力衰謝。以往在隋朝，父歿遼左，招魂遷葬，負土成墳，又葬其祖父母等，竭此老年，親加板築。痛結晨昏，哀感行路。永言志行，嘉尙良深。宜標其門閭，用旌敏德。」賜物三十段、粟五十石。

于敏直妻張氏，營州都督、皖城公儉之女也。數歲時父母微有疾，卽觀察顏色，不離左右，晝夜省侍，宛若成人。及稍成長，恭順彌甚。適延壽公于欽明子敏直。初聞儉有疾，便卽號踊自傷，期於必死。儉卒後，凶問至，號哭一慟而絕。高宗下詔，賜物百段，仍令史官錄之。

冀州鹿城女子王阿足者，早孤，無兄弟，唯姊一人。阿足初適同縣李氏，未有子而夫亡。時年尙少，人多聘之。爲姊年老孤寡，不能捨去，乃誓不嫁，以養其姊。每晝營田業，夜便紡績，衣食所須，無非阿足出者，如此二十餘年。及姊喪，葬送以禮。鄉人莫不稱其節行，競令妻女求與相識。後數歲，竟終于家。

樊彥琛妻魏氏，楚州淮陰人。彥琛病篤，將卒，魏泣而言曰：「幸以愚陋，託身明德，奉侍衣裳，二十餘載。豈意釁妨所招，遽見此禍，同入黃泉，是其願也。」彥琛答曰：「死生常道，無所多恨。君宜勉勵，養諸孤，使其成立。若相從而死，適足貽累，非吾所取也。」彥琛卒後，屬李敬業之亂，乃爲賊所獲。賊黨知其素解絲竹，逼令彈箏，魏氏歎曰：「我夫不幸亡歿，未能自盡，苟復偷生，今復見逼管絃，豈非禍從手發耶？」乃引刀斬指，棄之於地。賊黨又欲妻之，魏以必死自固，賊等忿怒，以刃加頸，語云：「若不從我，卽當殞命。」乃厲聲罵曰：「爾等狗盜，乃欲汚辱好人，今得速死，會我本志。」賊乃斬之，聞者莫不傷惜。

鄧保英妻奚氏，不知何許人也。萬歲通天年，契丹賊李盡忠來寇平州，保英時任刺史，領兵討擊。既而城孤援寡，勢將欲陷，奚氏乃率家僮及城內女丁相助固守。賊退，所司以聞，優制封爲誠節夫人。

時有古玄應妻高氏，亦能固守飛狐縣城，卒免爲突厥所陷。下詔曰：「頃屬默啜攻城，咸憂陷沒，丈夫固守，猶不能堅，婦人懷忠，不憚流矢，由茲感激，危城重安。如不褒升，何以獎勸。古玄應妻可封爲徇忠縣君。」

宋庭瑜妻魏氏，定州鼓城人，隋著作郎彥泉之後也，世爲山東士族。父克己，有詞學，則天時爲天官侍郎。魏氏善屬文。先天中，庭瑜自司農少卿左遷涪州別駕，魏氏隨夫之任，中路作南征賦以敍志，詞甚典美。開元中，庭瑜累遷慶州都督。初，中書令張說年少時爲克己所重，魏氏恨其夫爲外職，乃作書與說，敍亡父疇昔之事，幷爲庭瑜申理，乃錄南征賦寄說。說歎曰：「曹大家東征之流也。」庭瑜尋轉廣州都督，道病卒。魏氏旬日亦殞，時人莫不傷之。

崔繪妻盧氏，幽州范陽人也，爲山東著姓。祖幼孫，常州刺史。父獻，有美名，則天時歷鸞臺侍郎、文昌左丞，天授中爲酷吏來俊臣所陷，左遷西鄉令而卒。繪早終，盧既年少，諸兄常欲嫁之，盧輒稱病固辭。盧亡姊之夫李思沖，神龍初爲工部侍郎，又求續親。時思沖當朝美職，諸兄不之拒，將婚之夕，方以告盧，盧又固辭不可，仍令人防其門。盧謂左右曰：「吾自誓久已定矣。」乃夜中出自竇中，奔歸崔氏，髮面盡爲糞穢所汚，宗族見者皆爲之垂淚。因出家爲尼，諸尼欽其操行，皆尊事之。開元中，以老病而卒。

奉天縣竇氏二女伯娘、仲娘，雖長於村野，而幼有志操。住與邠州接界。永泰中，草賊數千人，持兵刃入其村落行剽劫，聞二女有容色，姊年十九，妹年十六，藏於岩窟間。賊徒擬爲逼辱，乃先曳伯娘出，行數十步，又曳仲娘出，賊相顧自慰。行臨深谷，伯娘曰：「我豈受賊汚辱！」乃投之於谷。賊方驚駭，仲娘又投於谷。谷深數百尺，姊尋卒，仲娘脚折面破，血流被體，氣絕良久而蘇，賊義之而去。京兆尹第五琦感其貞烈，奏之，詔旌表門閭，長免丁役，二女葬事官給。京兆戶曹陸海著賦以美之。

原武尉盧甫妻李氏，隴西成紀人也。父瀾，永泰元年春任蘄縣令。界內先有草賊二千餘人，瀾挺身入賊，結以誠信，賊並降附，百姓復業者二百餘家。時曹昇任徐州刺史，知賊降，領兵掩襲，賊得脫後，入縣殺瀾。瀾將被殺，從父弟渤，詣賊救瀾，請代兄死。瀾又請留弟，弟兄爭死。瀾女盧甫妻，又泣請代父死。並爲賊所害。宣慰使、吏部侍郎李季卿以節義聞。

又有尉氏尉王泛妻裴氏，儀王傅巨卿之女也。素有容範，爲賊所俘，賊逼之，裴曰：「吾衣冠之子，當死卽死，終不苟全一命，受汚於賊。」賊脅之以兵，逼之以刀，裴堅罵抗之，賊怒，乃支解裴氏，至死不屈。季卿亦以狀迹聞。

詔曰：「鄭州原武縣尉盧甫亡妻李氏、汴州尉氏縣尉王泛亡妻裴氏等，懿範傳家，柔明植性，頃因寇難，克彰義烈。或請代父死，表因心之孝；或誓逐夫亡，摽難奪之節。宜膺贈飾，俾光休美。李氏可贈孝昌縣君，裴氏可贈河東縣君，仍編入史册。」瀾、渤亦贈官秩。

鄒待徵妻薄氏。待徵，大曆中爲常州江陰縣尉〔一〕，其妻爲海賊所掠。薄氏守節，出待徵官告於懷中，託付村人，使謂待徵曰：「義不受辱。」乃投江而死。賊退潮落，待徵於江岸得妻屍焉。江左文士，多著節婦文以紀之。

李湍妻。湍，吳元濟之軍人也。元和中，淮南未平，湍心懷向順，乃急渡溵河，東降烏重胤。其妻遂爲賊束縛在樹，臠而食之，至死，叫其夫曰：「善事烏僕射。」觀者義之。至是，重胤以其事請列史册。十三年，憲宗下詔從之。

董昌齡母楊氏。昌齡常爲泗州長史，世居于蔡。少孤，受訓於母。累事吳少誠、少陽，至元濟時，爲吳房令。楊氏潛誡曰：「逆順之理，成敗可知，汝宜圖之。」昌齡志未果，元濟又署爲郾城令。楊氏復誡曰：「逆黨欺天，天所不福。汝當速降，無以前敗爲慮，無以老母爲念。汝爲忠臣，吾雖歿無恨矣。」及王師逼郾城，昌齡乃以城降，且說賊將鄧懷金歸款於李光顏。憲宗聞之喜，急召昌齡至闕，眞授郾城令、兼監察御史，仍賜緋魚。昌齡泣謝曰：「此皆老母之訓。」憲宗嗟歎良久。元濟囚楊氏，欲殺之而止者數矣。蔡平，楊氏幸無恙。元和十五年，陳許節度使李遜疏楊氏之強明節義以聞，乃封北平郡太君。

韋雍妻蕭氏。雍，故太子賓客。張弘靖鎮幽州日，奏授觀察判官，攝監察御史。時屬朝廷制置未備，幽州俗本凶悍，尤不樂文儒爲主帥，賓佐習於常態，忿其變通，議論不密，卒然起亂。雍時家亦從劫，蕭氏聞難號呼，專執夫袂，左右格去，以死不從。及雍臨刃，蕭氏涕而告曰：「妾不幸年少，義不苟活，今日之事，願先就死。」執刃者斷其臂而殺雍，蕭氏詞氣不撓，雖凶悍圜視，無不嗟嘆。其夕，蕭氏亦卒。大和六年，節度使楊志誠表明其事，因降敕追封蘭陵縣君。

衡方厚妻程氏。方厚，大和中任邕州都督府錄事參軍，爲招討使董昌齡誣枉殺之。程氏力不能免，乃抑其哀，如非冤者。昌齡雅不疑慮，聽其歸葬。程氏故得以徒行詣闕，截耳於右銀臺門，告夫被殺之冤。御史臺鞫之，得實，諫官亦有章疏，故昌齡再受譴逐。程氏，開成元年降敕曰：「乃者吏爲不道，虐殺爾夫，詣闕申冤，徒行萬里，崎嶇逼畏，濱於危亡。血誠既昭，幽憤果雪，雖古之烈婦，何以加焉。如聞孤孀無依，晝哭待盡，俾榮祿養，仍賜疏封。可封武昌縣君，仍賜一子九品正員官。」

女道士李玄眞，越王貞之玄孫。曾祖珍子，越王第六男也，先天中得罪，配流嶺南。玄眞祖、父，皆亡歿於嶺外。雖曾經恩赦，而未昭雪。玄眞進狀曰：「去開成三年十二月內得嶺南節度使盧鈞出俸錢接措，哀妾三代旅櫬暴露，各在一方，特與發遣，歸就大塋合祔。今護四喪，已到長樂旅店權下，未委故越王墳所在，伏乞天恩，允妾所奏，許歸大塋。妾年已六十三，孤露家貧，更無依倚。」詔曰：「越王事跡，國史著明，枉陷非辜，尋已洗雪。其珍子他事配流，數代漂零，不還京國。玄眞弱女，孝節卓然，啓護四喪，綿歷萬里，況是近族，必可加恩。行路猶或嗟稱，朝廷固須恤助。委宗正寺、京兆府與訪越王墳墓報知。如不是陪陵，任祔塋次卜葬。其葬事仍令京兆府接措，必使備禮。葬畢，玄眞如願住京城，便配咸宜觀安置。」

孝女王和子者，徐州人。其父及兄爲防秋卒，戍涇州。元和中，吐蕃寇邊，父兄戰死，無子，母先亡。和子時年十七，聞父兄歿於邊上，被髮徒跣縗裳，獨往涇州，行丐取父兄之喪，歸徐營葬，手植松柏，剪髮壞形，廬於墓所。節度使王智興以狀聞，詔旌表之。

又大中五年，兗州瑕丘縣人鄭神佐女，年二十四，先許適驍雄牙官李玄慶。神佐亦爲官健，戍慶州。時党項叛，神佐戰死，其母先亡，無子。女以父戰歿邊城，無由得還，乃剪髮壞形，自往慶州護父喪還，至瑕丘縣進賢鄉馬青村，與母合葬。便廬於墳所，手植松檟，誓不適人。節度使蕭俶以狀奏之曰：「伏以閭里之中，罕知禮教，女子之性，尤昧義方。鄭氏女痛結窮泉，哀深陟岵，投身沙磧，歸父遺骸，遠自邊陲，得還閭里。感蓼莪以積恨，守丘墓以誓心，克彰孝理之仁，足厲貞方之節。」詔旌表門閭。

贊曰：政教隆平，男忠女貞。禮以自防，義不苟生。彤管有煒，蘭閨振聲。關雎合雅，始號文明。

校勘記

〔一〕爲常州江陰縣尉　「江」字各本原作「山」，據新書卷二〇五列女傳改。

舊唐書卷一百九十四上

列傳第一百四十四上

突厥上

突厥之始，啓民之前，隋書載之備矣，祇以入國之事而述之。

始畢可汗咄吉者，啓民可汗子也。隋大業中嗣位，值天下大亂，中國人奔之者衆。其族強盛，東自契丹、室韋，西盡吐谷渾、高昌諸國，皆臣屬焉，控弦百餘萬，北狄之盛，未之有也，高視陰山，有輕中夏之志。可汗者，猶古之單于，妻號可賀敦，猶古之閼氏也。其子弟謂之特勤，別部領兵者皆謂之設，其大官屈律啜，次阿波，次頡利發，次吐屯，次俟斤，並代居其官而無員數，父兄死則子弟承襲。

高祖起義太原，遣大將軍府司馬劉文靜聘于始畢，引以爲援。始畢遣其特勤康稍利等獻馬千匹，會于絳郡，又遣二千騎助軍，從平京城。及高祖卽位，前後賞賜，不可勝紀。始畢自恃其功，益驕踞，每遣使者至長安，頗多横恣，高祖以中原未定，每優容之。武德元年，始畢使骨咄祿特勤來朝，宴于太極殿，奏九部樂，賚錦綵布絹各有差。二年二月，始畢帥兵渡河至夏州，賊帥梁師都出兵會之，謀入抄掠，授馬邑賊帥劉武周兵五百餘騎，遣入句注，又追兵大集，欲侵太原。是月，始畢卒，其子什鉢苾以年幼不堪嗣位，立爲泥步設，使居東偏，直幽州之北，立其弟俟利弗設，是爲處羅可汗。

處羅可汗嗣位，又以隋義成公主爲妻，遣使入朝告喪。高祖爲之舉哀，廢朝三日，詔百官就館弔其使者，又遣內史舍人鄭德挺往弔處羅，賻物三萬段。處羅此後頻遣使朝貢。先是，隋煬帝蕭后及齊王暕之子政道陷于竇建德，三年二月，處羅迎之，至于牙所，立政道爲隋王。隋末中國人在虜庭者，悉隸于政道，行隋正朔，置百官，居于定襄城，有徒一萬。時太宗在藩，受詔討劉武周，師次太原，處羅遣其弟步利設率二千騎與官軍會。六月，處羅至幷州，總管李仲文出迎勞之，留三日，城中美婦人多爲所掠，仲文不能制。俄而處羅卒，義成公主以其子奥射設醜弱，廢不立之，遂立處羅之弟咄苾，是爲頡利可汗。

頡利可汗者，啓民可汗第三子也，初爲莫賀咄設，牙直五原之北。高祖入長安，薛舉猶據隴右，遣其將宗羅睺攻陷平涼郡，北與頡利連結。高祖患之，遣光祿卿宇文歆齎金帛以賂頡利。歆說之，令絕交於薛舉。初，隋五原太守張長遜因亂以其所部五原城隸於突厥。歆又說頡利遣長遜入朝，以五原地歸于我。頡利並從之，因發突厥兵及長遜之衆，並會於太宗軍所。武德三年，頡利又納義成公主爲妻，以始畢之子什鉢苾爲突利可汗，遣使入朝，告處羅死，高祖爲之罷朝一日，詔百官就館弔其使。

頡利初嗣立，承父兄之資，兵馬強盛，有憑陵中國之志。高祖以中原初定，不遑外略，每優容之，賜與不可勝計，頡利言辭悖傲，求請無厭。四年四月，頡利自率萬餘騎，與馬邑賊苑君璋將兵六千人共攻雁門，定襄王李大恩擊走之。先是漢陽公瓌〔一〕、太常卿鄭元璹、左驍衞大將軍長孫順德等各使于突厥，頡利並拘之，我亦留其使前後數輩，至是爲大恩所挫，於是乃懼，仍放順德還，更請和好，獻魚膠數十斤，欲令二國同於此膠。高祖嘉之，放其使者特勤熱寒、阿史德等還蕃，賜以金帛。

五年春，李大恩奏言突厥飢荒，馬邑可圖。詔大恩與殿內少監獨孤晟帥師討苑君璋，期以二月會于馬邑，晟後期不至，大恩不能獨進，頓兵新城以待之。頡利遣數萬騎與劉黑闥合軍，進圍大恩，王師敗績，大恩歿于陣，死者數千人。六月，劉黑闥又引突厥萬餘騎入抄河北，頡利復自率五萬騎南侵，至于汾州，又遣數千騎西入靈、原等州，詔隱太子出豳州道，太宗出蒲州道以討之。時頡利攻圍并州，又分兵入汾、潞等州，掠男女五千餘口，聞太宗兵至蒲州，乃引兵出塞。

七年八月，頡利、突利二可汗舉國入寇，道自原州，連營南上，太宗受詔北討，齊王元吉隸焉。初，關中霖雨，糧運阻絶，太宗頗患之，諸將憂見於色，頓兵於豳州。頡利、突利率萬餘騎奄至城西，乘高而陣，將士大駭。太宗乃親率百騎馳詣虜陣，告之曰：「國家與可汗誓不相負，何爲背約深入吾地？我秦王也，故來一決。可汗若自來，我當與可汗兩人獨戰；若欲兵馬總來，我唯百騎相禦耳。」頡利弗之測，笑而不對。太宗又前，令騎告突利曰：「爾往與我盟，急難相救，爾今將兵來，何無香火之情也？亦宜早出，一決勝負。」突利亦不對。太宗前，將渡溝水，頡利見太宗輕出，又聞香火之言，乃陰猜突利，因遣使曰：「王不須渡，我無惡意，更欲共王自斷當耳。」於是稍引却，各斂軍而退。太宗因縱反間於突利，突利悅而歸心焉，遂不欲戰。其叔姪內離，頡利欲戰不可，因遣突利及夾畢特勤阿史那思摩奉見請和，許之。突利因自託於太宗，願結爲兄弟。思摩初奉見，高祖引升御榻，頓顙固辭，高祖謂曰：「頡利誠心遣特勤朝拜，今見特勤，如見頡利。」固引之，乃就坐，尋封思摩爲和順王。

八年七月，頡利集兵十餘萬，大掠朔州，又襲將軍張瑾于太原，瑾全軍並沒，脫身奔於李靖。出師拒戰，頡利不得進，屯于并州。太宗帥師討之，次蒲州，頡利引兵而去，太宗旋師。九年七月，頡利自率十餘萬騎進寇武功，京師戒嚴。己卯，進寇高陵，行軍總管左武候大將軍尉遲敬德與之戰于涇陽，大破之，獲俟斤阿史德烏沒啜，斬首千餘級。癸未，頡利遣其腹心執失思力入朝爲覘，自張形勢云：「二可汗總兵百萬，今已至矣。」太宗謂之曰：「我與突厥面自和親，汝則背之，我實無愧。又義軍入京之初，爾父子並親從我，賜汝玉帛，前後極多，何故輒將兵入我畿縣？爾雖突厥，亦須頗有人心，何故全忘大恩，自誇強盛？我當先戮爾矣。」思力懼而請命，太宗不許，縶之於門下省。

太宗與侍中高士廉、中書令房玄齡、將軍周範馳六騎幸渭水之上，與頡利隔津而語，責以負約，其酋帥大驚，皆下馬羅拜。俄而衆軍繼至，頡利見軍容大盛，又知思力就拘，由是大懼。太宗獨與頡利臨水交言，麾諸軍却而陣焉。蕭瑀以輕敵固諫于馬前，上曰：「吾已籌之，非卿所知也。突厥所以掃其境內，直入渭濱，應是聞我國家初有內難，朕又新登九五，將謂不敢拒之。朕若閉門，虜必大掠，強弱之勢，在今一舉。朕故獨出，以示輕之；又耀軍容，使知必戰。事出不意，乖其本圖，虜入既深，理當自懼。與戰則必克，與和則必固，制服匈奴，自兹始矣。」是日，頡利請和，詔許焉，車駕卽日還宮。乙酉，又幸城西，刑白馬，與頡利同盟于便橋之上，頡利引兵而退。蕭瑀進曰：「初，頡利之未和也，謀臣猛將多請戰，而陛下不納，臣以爲疑。既而虜自退，其策安在？」上曰：「我觀突厥之兵，雖衆而不整，君臣之計，唯財利是視。可汗獨在水西，酋帥皆來謁我，我因而襲擊其衆，勢同拉朽。然我已令無忌、李靖設伏於幽州以待之〔二〕，虜若奔還，伏兵邀其前，大軍躡其後，覆之如反掌矣。我所以不戰者，卽位日淺，爲國之道，安靜爲務，一與虜戰，必有死傷；又匈虜一敗，或當懼而修德，結怨於我，爲患不細。我今卷甲韜戈，啗以玉帛，頑虜驕恣，必自此始，破亡之漸，其在茲乎！將欲取之，必固與之，此之謂也。」九月，頡利獻馬三千匹，羊萬口，上不受，詔頡利所掠中國戶口者悉令歸之。

貞觀元年，陰山已北薛延陀、迴紇、拔也古等餘部皆相率背叛，擊走其欲谷設。頡利遣突利討之，師又敗績，輕騎奔還。頡利怒，拘之十餘日，突利由是怨望，內欲背之。其國大雪，平地數尺，羊馬皆死，人大飢，乃懼我師出乘其弊，引兵入朔州，揚言會獵，實設備焉。侍臣咸曰：「夷狄無信，先自猜疑，盟後將兵，忽踐疆境。可乘其便，數以背約，因而討之。」太宗曰：「匹夫一言，尚須存信，何況天下主乎！豈有親與之和，利其災禍而乘危迫險以滅之耶？諸公爲可，朕不爲也。縱突厥部落叛盡，六畜皆死，朕終示以信，不妄討之，待其無禮，方擒取耳。」

二年〔三〕，突利遣使奏言與頡利有隙，奏請擊之，詔秦武通以并州兵馬隨便應接。三年，薛延陀自稱可汗于漠北，遣使來貢方物。頡利始稱臣，尙公主，請修壻禮。頡利每委任諸胡，疏遠族類，胡人貪冒，性多翻覆，以故法令滋彰，兵革歲動，國人患之，諸部攜貳。頻年大雪，六畜多死，國中大餒，頡利用度不給，復重斂諸部，由是下不堪命，內外多叛之。上以其請和，後復援梁師都，詔兵部尙書李靖、代州都督張公謹出定襄道，并州都督李勣、右武衞將軍丘行恭出通漢道，左武衞大將軍柴紹出金河道，衞孝節出恆安道，薛萬徹出暢武道，並受靖節度以討之。十二月，突利可汗及郁射設、蔭奈特勤等並帥所部來奔。

四年正月，李靖進屯惡陽嶺，夜襲定襄，頡利驚擾，因徙牙於磧口，胡酋康蘇密等遂以隋蕭后及楊政道來降。二月，頡利計窘，竄于鐵山，兵尙數萬，使執失思力入朝謝罪，請舉國內附。太宗遣鴻臚卿唐儉、將軍安修仁持節安撫之，頡利稍自安。靖乘間襲擊，大破之，遂滅其國。頡利乘千里馬，獨騎奔于從姪沙鉢羅部落。三月，行軍副總管張寶相率衆奄至沙鉢羅營，生擒頡利送于京師。太宗謂曰：「凡有功於我者，必不能忘，有惡於我者，終亦不記。論爾之罪狀，誠爲不小，但自渭水曾面爲盟，從此以來，未有深犯，所以錄此，不相責耳。」仍詔還其家口，館於太僕，廩食之。頡利鬱鬱不得志，與其家人或相對悲歌而泣。帝見羸憊，授虢州刺史，以彼土多麞鹿，縱其畋獵，庶不失物性。頡利辭不願往，遂授右衞大將軍，賜以田宅。五年，太宗謂侍臣曰：「天道福善禍淫，事猶影響。昔啓民亡國奔隋，文帝不吝粟帛，大興士衆，營衞安置，乃得存立，旣而強盛，當須子子孫孫思念報德。纔至始畢，卽起兵圍煬帝於雁門；及隋國將亂，又恃強深入，遂使昔安立其家國者，身及子孫，並爲頡利兄弟之所屠戮。今頡利破亡，豈非背恩忘義所致也！」八年卒，詔其國人葬之，從其俗禮，焚屍於灞水之東，贈歸義王，謚曰荒。其舊臣胡祿達官吐谷渾邪自刎以殉。

渾邪者，頡利之母婆施氏之媵臣也，頡利初誕，以付渾邪，至是哀慟而死。太宗聞而異之，贈中郎將，仍葬於頡利墓側，樹碑以紀之。

突利可汗什鉢苾者，始畢可汗之嫡子，頡利之姪也。隋大業中，突利年數歲，始畢遣領其東牙之兵，號爲泥步設。隋淮南公主之北也，遂妻之。頡利嗣位，以爲突利可汗，牙直幽州之北。突利在東偏，管奚、霫等數十部，徵稅無度，諸部多怨之。貞觀初，奚、霫等並來歸附，頡利怒其失衆，遣北征延陀，又喪師旅，遂囚而撻焉。

突利初自武德時，深自結於太宗，太宗亦以恩義撫之，結爲兄弟，與盟而去。後頡利政亂，驟徵兵於突利，拒之不與，由是有隙。貞觀三年，表請入朝，上謂侍臣曰：「朕觀前代爲國者，勞心以憂萬姓，世祚乃長；役人以奉其身，社稷必滅。今北蕃百姓喪亡，誠由其君不君之故也。至使突利情願入朝，若非困迫，何能至此？夷狄弱則邊境無虞，亦甚爲慰，然見其顚狽，又不能不懼，所以然者，慮己有不逮，恐禍變亦爾。朕今視不能遠見，聽不能遠聞，唯藉公等盡忠匡弼，無得惰於諫諍也。」突利尋爲頡利所攻，遣使來乞師，太宗謂近臣曰：「朕與突利結爲兄弟，不可以不救。」杜如晦進曰：「夷狄無信，其來自久，國家雖爲守約，彼必背之。不若因其亂而取之，所謂取亂侮亡之道。」太宗然之。因令將軍周範屯太原以圖進取，突利乃率其衆來奔，太宗禮之甚厚，頻賜以御膳。四年，授右衞大將軍，封北平郡王，食邑封七百戶，以其下兵衆置順、祐等州，帥部落還蕃。太宗謂曰：「昔爾祖啓民亡失兵馬，一身投隋，隋家竪立，遂至強盛，荷隋之恩，未嘗報德。至爾父始畢反爲隋家之患，自爾已後，無歲不侵擾中國。天實禍淫，大降災變，爾衆散亂，死亡略盡。既事窮後，乃來投我，我所以不立爾爲可汗者，正爲啓民前事故也。改變前法，欲中國久安，爾宗族永固，是以授爾都督。當須依我國法，整齊所部，不得妄相侵掠，如有所違，當獲重罪。」五年，徵入朝，至并州，道病卒，年二十九。太宗爲之擧哀，詔中書侍郎岑文本爲其碑文，子賀邏鶻嗣。

突利弟結社率，貞觀初入朝，歷位中郎將。十三年，從幸九成宮，陰結部落得四十餘人，并擁賀邏鶻，相與夜犯御營，踰第四重幕，引弓亂發，殺衞士數十人。折衝孫武開率兵奮擊，乃退，北走渡渭水，欲奔其部落。尋皆捕而斬之，詔原賀邏鶻，流于嶺外。

頡利之敗也，其部落或走薛延陀，或走西域，而來降者甚衆。詔議安邊之術。朝士多言突厥恃強，擾亂中國，爲日久矣。今天實喪之，窮來歸我，本非慕義之心。因其歸命，分其種落，俘之河南兗、豫之地，散居州縣，各使耕織，百萬胡虜可得化爲百姓，則中國有加戶之利，塞北可常空矣。唯中書令温彥博議請準漢建武時置降匈奴於五原塞下，全其部落，得爲捍蔽，又不離其土俗，因而撫之，一則實空虛之地，二則示無猜心。若遣向河南兗、豫，則乖物性，故非含育之道。太宗將從之。祕書監魏徵奏言：「突厥自古至今，未有如斯之破敗者也，此是上天勦絕，宗廟神武。且其世寇中國，百姓冤讎，陛下以其降伏，不能誅滅，卽宜遣還河北，居其故土。匈奴人面獸心，非我族類，強必寇盜，弱則卑服，不顧恩義，其天性也。秦、漢患其若是，故發猛將以擊之，收取河南，以爲郡縣。陛下奈何以內地居之。且今降者幾至十萬，數年之間，孳息百倍，居我肘腋，密邇王畿，心腹之疾，將爲後患，尤不可河南處也。」温彥博奏曰：「天子之於物也，天覆地載，有歸我者則必養之。今突厥破滅之餘，歸心降附，陛下不加憐愍，棄而不納，非天地之道，阻四夷之意，臣愚甚謂不可。遣居河南，所謂死而生之，亡而存之，懷我德惠，終無叛逆。」魏徵又曰：「晉代有魏時胡落，分居近郡，平吳已後，郭欽、江統勸武帝逐出塞外，不用欽等言，數年之後，遂傾瀍、洛。前代覆車，殷鑒不遠，陛下必用彥博之言遣居河南，所謂養獸自遺患也。」彥博又曰：「聞聖人之道，無所不通，古先哲王，有教無類。突厥餘魂，以命歸我，我援護之，收居內地，稟我指麾，教以禮法，數年之後，盡爲農民，選其酋首，遣居宿衞，畏威懷德，何患之有？光武居南單于於內郡，爲漢藩翰，終乎一代，不有叛逆。」彥博旣口給，引類百端，太宗遂用其計，於朔方之地，自幽州至靈州置順、祐、化、長四州都督府，又分頡利之地六州，左置定襄都督府，右置雲中都督府，以統其部衆。其酋首至者皆拜爲將軍、中郎將等官，布列朝廷，五品以上百餘人，因而入居長安者數千家。自結社率之反也，太宗始患之。又上書者多云處突厥於中國，殊謂非便，乃徙於河北，立右武候大將軍、化州都督、懷化郡王思摩爲乙彌泥孰俟利苾可汗，賜姓李氏，率所部建牙於河北。

思摩者，頡利族人也。始畢、處羅以其貌似胡人，不類突厥，疑非阿史那族類，故歷處羅、頡利世，常爲夾畢特勤，終不得典兵爲設。武德初，數來朝貢，高祖封爲和順郡王。及其國亂，諸部多歸中國，唯思摩隨逐頡利，竟與同擒。太宗嘉其忠，除右武候大將軍、化州都督，令統頡利舊部落於河南之地，尋改封懷化郡王。

及將徙於白道之北，思摩等咸憚薛延陀，不肯出塞，太宗遣司農卿郭嗣本賜延陀璽書曰：「突厥頡利可汗未破已前，自恃強盛，抄掠中國，百姓被其殺者不可勝紀。我發兵擊破之，諸部落悉歸化。我略其舊過，嘉其從善，並授官爵，同我百僚，所有部落，愛之如子，與我百姓不異。但中國禮義，不滅爾國，前破突厥，止爲頡利一人爲百姓之害，所以廢而黜之，實不貪其土地，利其人馬也。自黜廢頡利以後，恆欲更立可汗，是以所降部落等並置河南，任其放牧，今戶口羊馬日向滋多。元許册立，不可失信，卽欲遣突厥渡河，復其國土。我策爾延陀日月在前，今突厥理是居後，後者爲小，前者爲大。爾在磧北，突厥居磧南，各守土境，鎭撫部落。若其踰越，故相抄掠，我卽將兵各問其罪。此約既定，非但有便爾身，貽厥子孫，長守富貴也。」於是命禮部尙書趙郡王孝恭齎書就思摩部落，築壇於河上以拜之，并賜之鼓纛。突厥及胡在諸州安置者，並令渡河北，還其舊部。又以左屯衞將軍阿史那忠爲左賢王，左武衞將軍阿史那泥孰爲右賢王以貳之。

薛延陀聞太宗遣思摩渡河北，慮其部落翻附磧北，預蓄輕騎，伺至而擊之。太宗遣敕之曰：「擅相侵者，國有常刑。」延陀曰：「至尊遣莫相侵掠，敢不奉詔。然突厥翻覆難信，其未破前，連年殺中國人，動以千萬計。至尊破突厥，須收爲奴婢，將與百姓，而反養之如子，結社率竟反，此輩獸心，不可信也。臣荷恩甚深，請爲至尊誅之。」時思摩下部衆渡河者凡十萬，勝兵四萬人，思摩不能撫其衆，皆不愜服。至十七年，相率叛之，南渡河，請分處於勝、夏二州之間，詔許之。思摩遂輕騎入朝，尋授右武衛將軍，從征遼東，爲流矢所中，太宗親爲吮血，其見顧遇如此。未幾，卒于京師。贈兵部尚書、夏州都督，陪葬昭陵，立墳以象白道山，詔爲立碑於化州。

先是，貞觀中，突厥別部有車鼻者，亦阿史那之族也，代爲小可汗，牙在金山之北。頡利可汗之敗，北荒諸部將推爲大可汗，遇薛延陀爲可汗，車鼻不敢當，遂率所部歸於延陀。爲人勇烈，有謀略，頗爲衆附。延陀惡而將誅之，車鼻密知其謀，竄歸於舊所，其地去京師萬里，勝兵三萬人，自稱乙注車鼻可汗。西有歌羅祿，北有結骨，皆附隸之。自延陀破後，遣其子沙鉢羅特勤來朝，貢方物，又請身自入朝。太宗遣將軍郭廣敬徵之，竟不至，太宗大怒。貞觀二十三年，遣右驍衛郎將高侃潛引迴紇、僕骨等兵衆襲擊之。其酋長歌邏祿泥孰闕俟利發及拔塞匐處木昆莫賀咄俟斤等率部落背車鼻〔四〕，相繼來降。永徽元年，侃軍次阿息山。車鼻聞王師至，召所部兵，皆不赴，遂攜其妻子從數百騎而遁，其衆盡降。侃率精騎追車鼻，獲之，送于京師，仍獻于社廟，又獻于昭陵。高宗數其罪而赦之，拜左武衛將軍，賜宅於長安，處其餘衆於鬱督軍山，置狼山都督以統之。車鼻長子羯漫陀先統拔悉密部。

車鼻未敗前，遣其子菴鑠入朝，太宗嘉之，拜左屯衞將軍，更置新黎州以統其衆。

車鼻既破之後，突厥盡爲封疆之臣，於是分置單于、瀚海二都護府。單于都護領狼山雲中桑乾三都督、蘇農等一十四州，瀚海都護領瀚海金微新黎等七都督、仙蕚賀蘭等八州，各以其首領爲都督、刺史。高宗東封泰山，狼山都督葛邏祿社利等首領三十餘人，並扈從至嶽下，勒名於封禪之碑。自永徽已後，殆三十年，北鄙無事。

調露元年，單于管內突厥首領阿史德温傅、奉職二部落始相率反叛，立泥孰匐爲可汗，二十四州並叛應之。高宗遣鴻臚卿蕭嗣業、右千牛將軍李景嘉率衆討之，反爲温傅所敗，兵士死者萬餘人。又詔禮部尚書裴行儉爲定襄道行軍大總管，率太僕少卿李思文、營州都督周道務等統衆三十餘萬，討擊温傅，大破之，泥孰匐爲其下所殺，幷擒奉職而還。永隆元年，突厥又迎頡利從兄之子阿史那伏念於夏州，將渡河立爲可汗，諸部落復響應從之。又詔裴行儉率將軍曹繼叔、程務挺、李崇直、李文暕等討之。伏念窘急，詣行儉降。行儉遂虜伏念詣京師，斬于東市。永淳二年，突厥阿史那骨咄祿復反叛。

骨咄祿者，頡利之疏屬，亦姓阿史那氏。其祖父本是單于右雲中都督舍利元英下首領，世襲吐屯啜。伏念旣破，骨咄祿鳩集亡散，入總材山，聚爲羣盜，有衆五千餘人。又抄掠九姓，得羊馬甚多，漸至強盛，乃自立爲可汗，以其弟默啜爲殺，咄悉匐爲葉護。時有阿史德元珍，在單于檢校降戶部落，嘗坐事爲單于長史王本立所拘縶，會骨咄祿入寇，元珍請依舊檢校部落，本立許之，因而便投骨咄祿。骨咄祿得之，甚喜，立爲阿波達干，令專統兵馬事。

永淳二年，進寇蔚州，豐州都督崔智辯擊之，反爲賊所殺。文明元年，又寇朔州，殺掠人吏，則天詔左武威衞大將軍程務挺爲單于道安撫大使以備之。垂拱二年，骨咄祿又寇朔、代等州，左玉鈐衞中郎將淳于處平爲陽曲道總管，與副將中郎將蒲英節率兵赴援，行至忻州，與賊戰，大敗，死者五千餘人。三年，骨咄祿及元珍又寇昌平，詔左鷹揚衞大將軍黑齒常之擊卻之。其年八月，又寇朔州，復以常之爲燕然道大總管，擊賊於黃花堆，大破之，追奔四十餘里，賊衆遂散走磧北。右監門衞中郎將爨寶壁又率精兵一萬三千人出塞窮追，反爲骨咄祿所敗，全軍盡沒，寶壁輕騎遁歸。初，寶壁見常之破賊，遽表請窮其餘黨，則天詔常之與寶壁計議，遙爲聲援。寶壁以爲破賊在朝夕，貪功先行，又令人出塞二千餘里覘候，見元珍等部落皆不設備，遂率衆掩襲之。旣至，又遣人報賊，令得設備出戰，遂爲賊所覆，寶璽坐此伏誅。則天大怒，因改骨咄祿爲不卒祿。元珍後率兵討突騎施，臨陣戰死。骨咄祿，天授中病卒。

默啜者，骨咄祿之弟也。骨咄祿死時，其子尚幼，默啜遂篡其位，自立爲可汗。長壽二年〔五〕，率衆寇靈州，殺掠人吏。則天遣白馬寺僧薛懷義爲代北道行軍大總管，領十八將軍以討之，既不遇賊，尋班師焉。默啜俄遣使來朝，則天大悅，册授左衞大將軍，封歸國公，賜物五千段。明年，復遣使請和，又加授遷善可汗。

萬歲通天元年，契丹首領李盡忠、孫萬榮反叛，攻陷營府，默啜遣使上言：「請還河西降戶，卽率部落兵馬爲國家討擊契丹。」制許之。默啜遂攻討契丹，部衆大潰，盡獲其家口，默啜自此兵衆漸盛。則天尋遣使册立默啜爲特進、頡跌利施大單于、立功報國可汗。聖曆元年，默啜表請與則天爲子，并言有女，請和親。初，咸亨中，突厥諸部落來降附者，多處之豐、勝、靈、夏、朔、代等六州，謂之降戶。默啜至是又索此降戶及單于都護府之地，兼請農器、種子，則天初不許。默啜大怨怒，言辭甚慢，拘我使人司賓卿田歸道，將害之。時朝廷懼其兵勢，納言姚璹、鸞臺侍郎楊再思建議請許其和親，遂盡驅六州降戶數千帳，并種子四萬餘碩、農器三千事以與之，默啜𡨋強由此也。
其年，則天令魏王武承嗣男淮陽王延秀就納其女爲妃，遣右豹韜衞大將軍閻知微攝春官尚書，右武威衞郎將楊齊莊攝司賓卿，大齎金帛，送赴虜庭。行至黑沙南庭，默啜謂知微等曰：「我女擬嫁與李家天子兒，你今將武家兒來，此是天子兒否？我突厥積代已來，降附李家，今聞李家天子種末總盡，唯有兩兒在，我今將兵助立。」遂收延秀等，拘之別所，僞號知微爲可汗，與之率衆十餘萬，襲我靜難及平狄、淸夷等軍，靜難軍使左玉鈐衞將軍慕容玄崱以兵五千人降之。俄進寇嬀、檀等州，則天令司屬卿武重規爲天兵中道大總管，右武威衞將軍沙吒忠義爲天兵西道前軍總管，幽州都督張仁亶爲天兵東道總管，率兵三十萬擊之。右羽林衞大將軍閻敬容爲天兵西道後軍總管，統兵十五萬以爲後援。默啜又出自恆岳道，寇蔚州，陷飛狐縣。俄進攻定州，殺刺史孫彥高，焚燒百姓廬舍，虜掠男女，無少長皆殺之。則天大怒，購斬默啜者封王，改默啜號爲斬啜。尋又圍逼趙州，長史唐波若翻城應之，刺史高叡抗節不從，遂遇害。則天乃立廬陵王爲皇太子，令充河北道行軍大元帥，軍未發而默啜盡抄掠趙、定等州男女八九萬人，從五回道而去，所過殘殺，不可勝紀。沙吒忠義及後軍總管李多祚等皆持重兵，與賊相望，不敢戰。河北道元帥納言狄仁傑總兵十萬追之，無所及。
二年，默啜立其弟咄悉匐爲左廂察，骨咄祿子默矩爲右廂察，各主兵馬二萬餘人。又立其子匐俱爲小可汗，位在兩察之上，仍主處木昆等十姓兵馬四萬餘人，又號爲拓西可汗，自是連歲寇邊。久視元年，掠隴右諸監馬萬餘匹而去。制右肅政御史大夫魏元忠爲靈武道行軍大總管以備之，又命安北大都護相王旦爲天兵道元帥〔六〕，統諸軍討擊，竟未行而賊退。

長安三年，默啜遣使莫賀達干請以女妻皇太子之子，則天令太子男平恩王重俊、義興王重明廷立見之〔七〕。默啜遣大臣移力貪汗入朝，獻馬千匹及方物以謝許親之意。則天讌之於宿羽亭，太子、相王及朝集使三品以上並預會，重賜以遣之。中宗卽位，默啜又寇靈州鳴沙縣，靈武軍大總管沙吒忠義拒戰久之，官軍敗績，死者六千餘人，賊遂進寇原、會等州，掠隴右羣牧馬萬餘匹而去，忠義坐免。中宗下制絕其請婚，仍購募能斬獲默啜者封國王，授諸衞大將軍，賞物二千段。又命內外官各進破突厥之策。右補闕盧俌上疏曰：

臣聞有虞咸熙，苗人逆命，殷宗大化，鬼方不賓，則戎狄交侵，其來遠矣。漢高帝納婁敬之議，與匈奴和親，妻以宗女，賂以鉅萬，冒頓益驕，邊寇不止。則遠荒之地，凶悍之俗，難以德綏，可以威制，而降自三代，無聞上策。今匈奴不臣，擾我亭障，皇赫斯怒，將整元戎。臣聞方叔帥師，功歌周雅，去病耀武，勳勒燕山，則萬里折衝，在於擇將。春秋謀元帥，取其說禮樂、敦詩書。晉臣杜預射不穿札，而建平吳之勳，是知中權制謀，不在一夫之勇。其蕃將沙吒忠義等身雖驍悍，志無遠圖，此乃騎將之材，本不可當大任。且師出以律，將軍死綏。秦克長平，趙括受戮，胡去馬邑，王恢坐誅，則棄軍有刑，古之常典。近者嗚沙之役，主將先逃，輕挫國威，須正邦憲。又其中軍既敗，陣亂矢窮，義勇之士，猶能死戰，功合紀錄，以勸戎行，賞罰既明，將士盡節，此擒敵之術也。

臣聞以蠻夷攻蠻夷，中國之長算，故陳湯統西域而郅支滅，常惠用烏孫而匈奴敗。請購辯勇之士，班、傅之儔，旁結諸蕃，與圖攻取，此又掎角之勢也。臣聞昔置新秦以實塞下，宜因古法，募人徙邊，選其勝兵，免其行役，次廬伍，明敎令，則狃習戎事，究識夷險，其所虜獲，因而賞之。近戰則守家，遠戰則利貨，趨赴鋒鏑，不勞訓誓，朝賦「楊柳」，夕歌杕杜，十年之後，可以久安。

臣聞漢拜郅都，匈奴避境；趙命李牧，林胡遠竄。則朔方之安危，邊城之勝負，地方千里，制在一賢。其邊州刺史不可不愼擇，得其人而任之。蒐乘訓兵，屯田積粟，謹設烽燧，精飾戈矛，來則懲而禦之，去則備而守之，此又古之善經也。去歲亢陽，天下不稔，利在保境，不可窮兵。使內郡黔黎，各安其業，擇其宰牧，輕其賦徭，事無過擧，爵不以私。愛人之財，節其徭役；惜人之力，不廣臺榭。察地利天時以趨耕穫，命秋獮冬狩以敎戰陣。則數年之後，有勇知方，帑藏山積，金革犀利。然後整六軍，絕大漠，雷擊萬里，風掃二庭，斬蹛林之酋，懸藁街之邸，使百蠻震怖，五兵載戢，則上合天時，下順人事。理內以及外，綏近以來遠，以惠中國，以靜四方。臣少慕文儒，不習軍旅，奇正之術，多媿前良，獻替是司，輕陳瞽議。

上覽而善之。默啜於是殺我行人假鴻臚卿臧思言。思言對賊不屈節，特贈鴻臚卿，仍命左屯衞大將軍張仁亶攝右御史臺大夫，充朔方道大總管以禦之。仁亶始於河外築三受降城，絕其南寇之路。

睿宗踐祚，默啜又遣使請和親，制以宋王成器女為金山公主許嫁之。默啜乃遣其男楊我支特勤來朝，授右驍衞員外大將軍。俄而睿宗傳位，親竟不成。

初，默啜景雲中率兵西擊娑葛，破滅之。契丹及奚自神功之後，常受其徵役，其地東西萬餘里，控弦四十萬，自頡利之後最為強盛，自恃兵威，虐用其衆。默啜既老，部落漸多逃散。開元二年，遣其子移涅可汗及同俄特勤、妹壻火拔頡利發石阿失畢率精騎圍逼北庭。右驍衞將軍郭虔瓘嬰城固守，俄而出兵擒同俄特勤于城下，斬之。虜因退縮，火拔懼不敢歸，攜其妻來奔，制授左衞大將軍，封燕北郡王，封其妻為金山公主，賜宅一區，奴婢十人，馬十匹，物千段。明年，十姓部落左廂五咄六啜、右廂五弩失畢五俟斤及子壻高麗莫離支高文簡、䟓跌都督䟓跌思泰等各率其衆，相繼來降，前後總萬餘帳。制令居河南之舊地；授高文簡左衛員外大將軍，封遼西郡王；跌跌思泰爲特進、右衛員外大將軍兼跌跌都督，封樓煩郡公。自餘首領封拜賜物各有差。默啜女壻阿史德胡祿俄又歸朝，授以特進。其秋，默啜與九姓首領阿布思等戰于磧北，九姓大潰，人畜多死，阿布思率衆來降。

四年，默啜又北討九姓拔曳固，戰于獨樂河，拔曳固大敗。默啜負勝輕歸，而不設備，遇拔曳固迸卒頡質略於柳林中，突出擊默啜，斬之，便與入蕃使郝靈荃傳默啜首至京師。骨咄祿之子闕特勤鳩合舊部，殺默啜子小可汗及諸弟幷親信略盡，立其兄左賢王默棘連，是爲毗伽可汗。

毗伽可汗以開元四年即位，本蕃號爲小殺。性仁友，自以得國是闕特勤之功，固讓之，闕特勤不受，遂以爲左賢王，專掌兵馬。是時奚、契丹相率款塞，突騎施蘇祿自立爲可汗，突厥部落頗多攜貳，乃召默啜時衙官暾欲谷爲謀主。初，默啜下衙官盡爲闕特勤所殺，暾欲谷以女爲小殺可敦，遂免死，廢歸部落，及復用，年已七十餘，蕃人甚敬伏之。

俄而降戶阿悉爛、跌跌思泰等復自河曲叛歸。初，降戶南至單于，左衛大將軍單于副都護張知運盡收其器仗，令渡河而南，蕃人怨怒。御史中丞姜晦爲巡邊使，蕃人訴無弓矢，不得射獵，晦悉給還之，故有抗敵之具。張知運既不設備，與降戶戰于青剛嶺，爲降戶所敗，臨陣生擒知運，擬送與突厥，朔方總管薛訥率兵追討之。賊至大斌縣，又爲將軍郭知運所擊，賊衆大潰，散投黑山呼延谷，釋張知運而去。上以張知運喪師，斬之以徇。小殺既得降戶，謀欲南入爲寇，暾欲谷曰：「唐主英武，人和年豐，未有間隙，不可動也。我衆新集，猶尚疲羸，須且息養三數年，始可觀變而舉。」小殺又欲修築城壁，造立寺觀，暾欲谷曰：「不可。突厥人戶寡少，不敵唐家百分之一，所以常能抗拒者，正以隨逐水草，居處無常，射獵爲業，又皆習武。強則進兵抄掠，弱則竄伏山林，唐兵雖多，無所施用。若築城而居，改變舊俗，一朝失利，必將爲唐所併。且寺觀之法，教人仁弱，本非用武爭強之道，不可置也。」小殺等深然其策。

八年冬，御史大夫王晙爲朔方大總管，奏請西徵拔悉密，東發奚、契丹兩蕃，期以明年秋初，引朔方兵數道俱入，掩突厥衙帳於稽落河上。小殺聞之，大恐。暾欲谷曰：「拔悉密今在北庭，與兩蕃東、西相去極遠，勢必不合。王晙兵馬，計亦無能至此。必若能來，候其臨到，卽移衙帳向北三日，唐兵糧盡，自然去矣。且拔悉密輕而好利，聞命必是先來，王晙與張嘉貞不協，奏請有所不愜，必不敢動。若王晙兵馬不來，拔悉密獨至，卽須擊取之，勢易爲也。」九年秋，拔悉密果臨突厥衙帳，而王晙兵及兩蕃不至。拔悉密懼而引退，突厥欲擊之，暾欲谷曰：「此衆去家千里，必將死戰，未可擊也，不如以兵躡之。」去北庭二百里，暾欲谷分兵間道先掩北庭，因縱卒擊拔悉密之還衆，遂散走投北庭，而城陷不得入，盡爲突厥所擒，幷虜其男女而還。暾欲谷迴兵，因出赤亭以掠涼州羊馬。時楊敬述爲涼州都督，遣副將盧公利、判官元澄出兵邀擊之。暾欲谷曰：「敬述若守城自固，卽與連和；若出兵相當，卽須決戰。我今乘勝，必有功矣。」公利等兵至删丹，遇賊，元澄令兵士揎臂持滿，仍急結其袖，會風雪凍烈，盡墜弓矢，由是官軍大敗，元澄脫身而走。敬述坐削除官爵，白衣檢校涼州事。小殺由是大振，盡有默啜之衆。俄又遣使請和，乞與玄宗爲子，上許之。仍請尙公主，上但厚賜而遣之。

十三年，玄宗將東巡，中書令張說謀欲加兵以備突厥，兵部郎中裴光庭曰：「封禪者告成之事，忽此徵發，豈非名實相乖？」說曰：「突厥比雖請和，獸心難測。且小殺者仁而愛人，衆爲之用；闕特勤驍武善戰，所向無前；暾欲谷深沉有謀，老而益智，李靖、徐勣之流也。三虜協心，動無遺策，知我舉國東巡，萬一窺邊，何以禦之？」光庭請遣使徵其大臣扈從，則突厥不敢不從，又亦難爲舉動。說然其言，乃遣中書直省袁振攝鴻臚卿，往突厥以告其意。小殺與其妻及闕特勤、暾欲谷等環坐帳中設宴，謂振曰：「吐蕃狗種，唐國與之爲婚；奚及契丹舊是突厥之奴，亦尙唐家公主；突厥前後請結和親，獨不蒙許，何也？」袁振曰：

可汗既與皇帝爲子，父子豈合爲婚姻？」小殺等曰：「兩蕃亦蒙賜姓，猶得尚主，但依此例，有何不可？且聞入蕃公主，皆非天子之女，今之所求，豈問眞假，頻請不得，實亦羞見諸蕃。」振許爲奏請，小殺乃遣其大臣阿史德頡利發入朝貢獻，因扈從東巡。

玄宗發都，至嘉會頓，引頡利發及諸蕃酋長入仗，仍與之弓箭。時有兔起於御馬之前，上引弓傍射，一發獲之。頡利發便下馬捧兔蹈舞曰：「聖人神武超絕，若天上則不知，人間無也。」上因令問飢否，對曰：「仰觀聖武如此，十日不食，猶爲飽也。」自是常令突厥入仗馳射，起居舍人呂向上疏曰：

臣聞鴟梟不鳴，未爲瑞鳥，猛虎雖伏，豈齊仁獸，是由醜性毒行，久務常積故也。今夫突厥者，正與此類，安忍殘賊，莫顧君親。陛下持武義臨之，修文德來之，既慴威靈，又沐聲教，以力以勢，不得不庭，故稽顙稱臣，奔命遣使。陛下乃能收其傾効，雜以從官，赴封禪之禮，參玉帛之會，此德業自盛，固不可名焉。因復詔許侍遊，召入禁仗，仰英姿之四照，送神藝之百發，恩意俱極，誠無得踰焉。乃更賜以馳逐，使操弓矢競飛鏃於前，同獲獸之樂，是屑略太過，未敢取也。雖聖胸豁達，與物無猜，而愚心徘徊，與時加慄。儻此等各懷犬吠，交肆盜憎，荆卿詭動，何羅竊至，暫逼嚴蹕，稍冒淸塵，縱卽殪玄方，墟幽土，單于爲醢，穹廬爲污，何塞過責？特願陛下勿復親近，使知分限，待不失常，歸於得所，以謂迴兩曜之鑒，祛九宇之憂，孰不幸甚！上納其言，遂令諸蕃先發。東封迴，上爲頡利發設讌，厚賜而遣之，竟不許其和親。

十五年，小殺使其大臣梅錄啜來朝，獻名馬三十匹。時吐蕃與小殺書，將計議同時入寇，小殺幷獻其書。上嘉其誠，引梅錄啜宴於紫宸殿，厚加賞賚，仍許於朔方軍西受降城爲互市之所，每年齎縑帛數十萬匹就邊以遺之。二十年，闕特勤死，詔金吾將軍張去逸、都官郎中呂向齎璽書入蕃弔祭，幷爲立碑，上自爲碑文，仍立祠廟，刻石爲像，四壁畫其戰陣之狀。二十年，小殺爲其大臣梅錄啜所毒，藥發未死，先討斬梅錄啜，盡滅其黨。既卒，國人立其子爲伊然可汗。詔宗正卿李佺往申弔祭，幷册立伊然，爲立碑廟，仍令史官起居舍人李融爲其碑文。無幾，伊然病卒，又立其弟爲登利可汗。

登利者，猶華言果報也。登利年幼，其母卽暾欲谷之女，與其小臣飫斯達干姦通，干預國政，不爲蕃人所伏。登利從叔父二人分掌兵馬，在東者號爲左殺，在西者號爲右殺，其精銳皆分在兩殺之下。二十八年，上遣右金吾將軍李質齎璽書册立登利爲可汗。俄而登利與其母誘斬西殺，盡併其衆，而左殺懼禍及己，勒兵攻登利，殺之，自立，號烏蘇米施可汗。左殺又不爲國人所附，拔悉密部落起兵擊之，左殺大敗，脫身遁走，國中大亂。西殺妻子及默啜之孫勃德支特勤、毗伽可汗女大洛公主、伊然可汗小妻余塞匐、登利可汗女余燭公主及阿布思頡利發等，並率其部衆相次來降。天寶元年八月，降虜至京師，上令先謁太廟，仍於殿庭引見，御華萼樓以宴之，上賦詩以紀其事。

校勘記

〔一〕漢陽公瓌　「瓌」上各本原有「蘇」字，據本書卷六〇漢陽王瓌傳、冊府卷九八〇刪。

〔二〕幽州　通鑑卷一九一同，胡注云：「幽州當作豳州。」合鈔卷二五五突厥傳作豳州。

〔三〕二年　各本原作「三年」，通典卷一九七、寰宇記卷一九五均作「二年」。且下文既又有「三年」，此處當以作「二年」爲是，據改。

〔四〕及拔塞匐處木昆　「及」字各本原作「乃」，據寰宇記卷一九六改。

〔五〕長壽二年　通典卷一九八、寰宇記卷一九六均作「長壽三年」。

〔六〕安北大都護　「護」字各本原作「督」，據新書卷二一五上突厥傳、通鑑卷二〇七改。

〔七〕平恩王重俊義興王重明　按本書卷八六中宗諸子傳，平恩王當爲重福，義興王當爲重俊，史文當有訛誤。

舊唐書卷一百九十四下

列傳第一百四十四下

突厥下

西突厥本與北突厥同祖。初，木杆與沙鉢略可汗有隙，因分爲二。其國卽烏孫之故地，東至突厥國，西至雷翥海，南至疏勒，北至瀚海，在長安北七千里。自焉耆國西北七日行，至其南庭；又正北八日行，至其北庭。鐵勒、龜茲及西域諸胡國，皆歸附之。其人雜有都陸及弩失畢、歌邏祿、處月、處密、伊吾等諸種。風俗大抵與突厥同，唯言語微差。其官有葉護，有特勤，常以可汗子弟及宗族爲之；又有乙斤屈利啜、閻洪達、頡利發、吐屯、俟斤等官，皆代襲其位。

處羅可汗，隋煬帝大業中與其弟闕達設及特勤大奈入朝。仍從煬帝征高麗，賜號爲曷薩那可汗。遇江都之亂，從宇文化及至河北。化及敗，歸長安，高祖爲之降榻，引與同坐，封歸義郡王。獻大珠於高祖，高祖勞之曰：「珠信爲寶，朕所重者赤心，珠無所用。」竟不受之。先與始畢有隙，及在京師，始畢遣使請殺之，高祖不許。羣臣諫曰：「今若不與，則是存一人而失一國也，後必爲患。」太宗曰：「人窮來歸我，殺之不義。」驟諫於高祖，由是遲迴者久之。不得已，乃引曷薩那於內殿，與之縱酒，既而送至中書省，縱北突厥使殺之。太宗即位，令以禮改葬。

闕達設初居於會寧，有部落三千餘騎。至隋末，自稱闕達可汗。武德初，遣使內屬，拜吐烏過拔闕可汗，厚加撫慰。尋爲李軌所滅。

特勤大奈，隋大業中與曷薩那可汗同歸中國。及從煬帝討遼東，以功授金紫光祿大夫。後分其部落於樓煩。會高祖舉兵，大奈率其衆以從。隋將桑顯和襲義軍於飲馬泉，諸軍多已奔退，大奈將數百騎出顯和後，掩其不備，擊大破之，諸軍復振。拜光祿大夫。及平京城，以力戰功，賞物五千段，賜姓史氏。武德初，從太宗破薛舉。又從平王世充，破竇建德、劉黑闥，並有殊功。賜宮女三人，雜綵萬餘段。貞觀三年，累遷右武衞大將軍、檢校豐州都督，封竇國公，實封三百戶。十二年卒，贈輔國大將軍。初，曷薩那之朝隋也，爲煬帝所拘，其國人遂立薩那之叔父，曰射匱可汗。

射匱可汗者，達頭可汗之孫也。既立後，始開土宇，東至金山，西至海，自玉門已西諸國皆役屬之。遂與北突厥爲敵，乃建庭於龜茲北三彌山。尋卒。弟統葉護可汗代立。

統葉護可汗，勇而有謀，善攻戰。遂北幷鐵勒，西拒波斯，南接罽賓，悉歸之，控弦數十萬，霸有西域，據舊烏孫之地。又移庭於石國北之千泉。其西域諸國王悉授頡利發，幷遣吐屯一人監統之，督其征賦。西戎之盛，未之有也。

武德三年，遣使貢條支巨卵。時北突厥作患，高祖厚加撫結，與之幷力以圖北蕃，統葉護許以五年冬。大軍將發，頡利可汗聞之大懼，復與統葉護通和，無相征伐。統葉護尋遣使來請婚，高祖謂侍臣曰：「西突厥去我懸遠，急疾不相得力，今請婚，其計安在？」封德彝對曰：「當今之務，莫若遠交而近攻，正可權許其婚，以威北狄。待之數年後，中國盛全，徐思其宜。」高祖遂許之婚，令高平王道立至其國，統葉護大悅。遇頡利可汗頻歲入寇，西蕃路梗，由是未果爲婚。

貞觀元年，遣眞珠統俟斤與高平王道立來獻萬釘寶鈿金帶，馬五千疋。時統葉護自負強盛，無恩於國，部衆咸怨，歌邏祿種多叛之。頡利可汗不悅中國與之和親，數遣兵入寇，又遣人謂統葉護曰：「汝若迎唐家公主，要須經我國中而過。」統葉護患之，未克婚。爲其伯父所殺而自立，是爲莫賀咄侯屈利俟毗可汗。太宗聞統葉護之死，甚悼之，遣齎玉帛至其死所祭而焚之。會其國亂，不果至而止。

莫賀咄侯屈利俟毗可汗，先分統突厥種類爲小可汗，及此自稱大可汗，國人不附。弩失畢部共推泥孰莫賀設爲可汗，泥孰不從。時統葉護之子咥力特勤避莫賀咄之難，亡在康居，泥孰遂迎而立之，是爲乙毗鉢羅肆葉護可汗。連兵不息，俱遣使來朝，各請婚於我。太宗答之曰：「汝國擾亂，君臣未定，戰爭不息，何得言婚。」竟不許。仍諷令各保所部，無相征伐。其西域諸國及鐵勒先役屬於西突厥者，悉叛之，國內虛耗。

肆葉護既是舊主之子，爲衆心所歸，其西面都陸可汗及莫賀咄可汗部豪帥，多來附之。又興兵以擊莫賀咄，大敗之。莫賀咄遁於金山，尋爲咄陸可汗所害，國人乃奉肆葉護爲大可汗。肆葉護可汗立，大發兵北征鐵勒，薛延陀逆擊之，反爲所敗。肆葉護性猜狠信讒，無統馭之略。有乙利可汗者，於肆葉護功最多，由是授小可汗，以非罪族滅之。羣下震駭，莫能自固。肆葉護素憚泥孰，而陰欲圖之，泥孰遂適焉耆。其後設卑達干與突厥弩失畢二部豪帥潛謀擊之，肆葉護以輕騎遁於康居，尋卒。國人迎泥孰於焉耆而立之，是爲咄陸可汗。

咄陸可汗泥孰者，亦稱大渡可汗。父莫賀設，本隸統葉護。武德中，嘗至京師。時太宗居藩，務加懷輯，與之結盟爲兄弟。既被推爲可汗，遣使詣闕請降，太宗遣使賜以名號及鼓纛。貞觀七年，遣鴻臚少卿劉善因至其國，册授爲吞阿婁拔奚利邲咄陸可汗。明年，泥孰卒，其弟同娥設立，是爲沙鉢羅咥利失可汗。

沙鉢羅咥利失可汗以貞觀九年上表請婚，獻馬五百疋。朝廷唯厚加撫慰，未許其婚。俄而其國分爲十部，每部令一人統之，號爲十設。每設賜以一箭，故稱十箭焉。又分十箭爲左右廂，一廂各置五箭。其左廂號五咄六部落，置五大啜，一啜管一箭；其右廂號爲五弩失畢，置五大俟斤，一俟斤管一箭，都號爲十箭。其後或稱一箭爲一部落，大箭頭爲大首領。五咄六部落居於碎葉已東，五弩失畢部落居於碎葉已西，自是都號爲十姓部落。

咥利失既不爲衆所歸，部衆攜貳，爲其統吐屯所襲，麾下亡散。咥利失以左右百餘騎拒之，戰數合，統吐屯不利而去。咥利失奔其弟步利設，與保焉耆。其阿悉吉闕俟斤與統吐屯等召國人，將立欲谷設爲大可汗，以咥利失爲小可汗。統吐屯爲人所殺，欲谷設兵又爲其俟斤所破，咥利失復得舊地，弩失畢、處密等並歸咥利失。

十二年，西部竟立欲谷設爲乙毗咄陸可汗。乙毗咄陸可汗既立，與咥利失大戰，兩軍多死，各引去。因與咥利失中分，自伊列河已西屬咄陸，已東屬咥利失。咄陸可汗又建庭於鏃曷山西，謂爲北庭。自厥越失、拔悉彌、駁馬、結骨、火燖、觸木昆諸國皆臣之〔一〕。十三年，咥利失爲其吐屯俟利發與欲谷設通謀作難，咥利失窮蹙，奔拔汗那而死。弩失畢部落酋帥迎咥利失弟伽那之子薄布特勤而立之，是爲乙毗沙鉢羅葉護可汗。

乙毗沙鉢羅葉護可汗既立，建庭於睢合水北，謂之南庭。東以伊列河爲界，自龜茲、鄯善、且末、吐火羅、焉耆、石國、史國、何國、穆國、康國，皆受其節度。累遣使朝貢，太宗降璽書慰勉。貞觀十五年，令左領軍將軍張大師往授焉，賜以鼓纛。于時咄陸可汗與葉護頻相攻擊。會咄陸遣使詣闕，太宗諭以敦睦之道。咄陸于時兵衆漸強，西域諸國復來歸附。未幾，咄陸遣石國吐屯攻葉護，擒之，送於咄陸，尋爲所殺。

咄陸可汗旣幷其國，弩失畢諸姓心不服咄陸，皆叛之。咄陸復率兵擊吐火羅，破之。自恃其強，專擅西域。遣兵寇伊州，安西都護郭恪率輕騎二千自烏骨邀擊，敗之。咄陸又遣處月、處密等圍天山縣，郭恪又擊走之。恪乘勝進拔處月俟斤所居之城，追奔及於遏索山，斬首千餘級，降其處密之衆而歸。咄陸初以泥孰啜自擅取所部物，斬之以徇；尋爲泥孰啜部將胡祿居所襲，衆多亡逸，其國大亂。貞觀十五年，部下屋利啜等謀欲廢咄陸，各遣使詣闕，請立可汗。太宗遣使齎璽書立莫賀咄乙毗可汗之子，是爲乙毗射匱可汗。

乙毗射匱可汗立，乃發弩失畢兵就白水擊咄陸。自知不爲衆所附〔三〕，乃西走吐火羅國。中國使人先爲咄陸所拘者，射匱悉以禮資送歸長安，復遣使貢方物，請賜婚。太宗許之，詔令割龜茲、于闐、疏勒、朱俱波、葱嶺等五國爲聘禮。及太宗崩，賀魯反叛，射匱部落爲其所倂。

阿史那賀魯者，曳步利設射匱特勤之子也。初，阿史那步眞旣來歸國，咄陸可汗乃立賀魯爲葉護，以繼步眞，居於多邏斯川，在西州直北一千五百里，統處密、處月、姑蘇、歌邏祿、弩失畢五姓之衆。其後，咄陸西走吐火羅國，射匱可汗遣兵迫逐，賀魯不常厥居。貞觀二十二年，乃率其部落內屬，詔居庭州。尋授左驍衞將軍、瑤池都督。高宗卽位，進拜左驍衞大將軍，瑤池都督如故。

永徽二年，與其子咥運率衆西遁，據咄陸可汗之地，總有西域諸郡，建牙于雙河及千泉，自號沙鉢羅可汗，統攝咄陸、弩失畢十姓。其咄陸有五啜：一曰處木昆律啜；二曰胡祿居闕啜，賀魯以女妻之；三曰攝舍提暾啜；四曰突騎施賀邏施啜；五曰鼠尼施處半啜。弩失畢有五俟斤：一曰阿悉結闕俟斤，最爲強盛；二曰哥舒闕俟斤；三曰拔塞幹暾沙鉢俟斤；四曰阿悉結泥孰俟斤；五曰哥舒處半俟斤。各有所部，勝兵數十萬，並羈屬賀魯。西域諸國，亦多附隸焉。

賀魯尋立咥運爲莫賀咄葉護，數侵擾西蕃諸部，又進寇庭州。三年，詔遣左武候大將軍梁建方、右驍衞大將軍契苾何力率燕然都護所部迴紇兵五萬騎討之，前後斬首五千級，虜渠帥六十餘人。四年，咄陸可汗死，其子眞珠葉護與五弩失畢請擊賀魯，破其牙帳，斬首千餘級。

顯慶二年，遣右屯衞將軍蘇定方，燕然都護任雅相，副都護蕭嗣業，左驍衞大將軍、瀚海都督迴紇婆閏等率師討擊，仍使右武衞大將軍阿史那彌射、左屯衞大將軍阿史那步眞爲安撫大使。定方行至曳咥河西，賀魯率胡祿居闕啜等二萬餘騎列陣而待。定方率副總管任雅相等與之交戰，賊衆大敗，斬大首領都搭達干等二百餘人。賀魯及闕啜輕騎奔竄，渡伊麗河，兵馬溺死者甚衆。嗣業至千泉賀魯下牙之處，彌射進軍至伊麗水，處月、處密等部各率衆來降。彌射又進次雙河，賀魯先使步失達干鳩集散卒，據柵拒戰。彌射、步眞攻之，大潰；又與蘇定方攻賀魯於碎葉水，大破之。

賀魯與咥運欲投鼠耨設，至石國之蘇咄城傍，人馬飢乏，城主伊涅達干詐將酒食出迎〔三〕，賀魯信其言入城，遂被拘執。蕭嗣業既至石國，鼠耨設乃以賀魯屬之。賀魯謂嗣業曰：「我破亡虜耳！先帝厚我，而我背之，今日之敗，天怒我也。舊聞漢法，殺人皆於都市，至京殺我，請向昭陵，使得謝罪於先帝，是本願也。」高宗聞而愍之。及俘賀魯至京師，令獻於昭陵及太廟，詔特免死。分其種落置崑陵、濛池二都護府，其所役屬諸國，皆分置州府，西盡于波斯，並隸安西都護府。四年，賀魯卒。詔葬于頡利墓側，刻石以紀其事。

阿史那彌射者，室點密可汗五代孫也。初，室點密從單于統領十大首領，有兵十萬衆，往平西域諸胡國，自爲可汗，號十姓部落，世統其衆。彌射在本蕃爲莫賀咄葉護〔四〕。貞觀六年，詔遣鴻臚少卿劉善因就蕃立爲奚利邲咄陸可汗，賜以鼓纛、綵帛萬段。其族兄步眞欲自立爲可汗，遂謀殺彌射弟姪二十餘人。彌射既與步眞有隙，以貞觀十三年率所部處月、處密部落入朝，授右監門大將軍。其後步眞遂自立爲咄陸葉護，其部落多不服，委之遁去。步眞復攜家屬入朝，授左屯衞大將軍。

彌射後從太宗征高麗有功，封平襄縣伯。顯慶二年，轉右武衞大將軍。及討平賀魯，乃册立彌射爲興昔亡可汗兼右衞大將軍、崑陵都護，分押賀魯下五咄六部落；步眞授繼往絕可汗兼右衞大將軍、濛池都護，仍分押五弩失畢部落。因下詔曰：「自西蕃擾亂，三十餘年。比者賀魯猖狂，百姓重被劫掠。朕君臨四海，情均養育。不可使凶狡之虜，恣行侵漁；無辜之甿，久遭塗炭。故遣右屯衞將軍蘇定方等統率騎勇，北路討逐；卿等宣暢朝風，南道撫育。遂使凶渠畏威，夷人慕德，伐叛柔服，西域緫平。賀魯父子既已擒獲，諸頭部落須有統領。卿早歸闕庭，久參宿衞，深感恩義，甚知法式，所以册立卿等各爲一部可汗。但諸姓從賀魯，非其本情，卿等纔至卽降，亦是赤心向國。卿宜與盧承慶等準其部落大小，位望高下，節級授刺史以下官。」

龍朔中，又令彌射、步眞率所部從𨁂海道大總管蘇海政討龜茲。步眞嘗欲并彌射部落，遂密告海政云：「彌射欲謀反，請以計誅之。」時海政兵纔數千，懸師在彌射境內，遂集軍吏而謀曰：「彌射若反，我輩卽無噍類。今宜先擧事，則可克捷。」乃僞稱有敕，令大總管齎物數百萬段分賜可汗及諸首領。由是彌射率其麾下，隨例請物，海政盡收斬之。其後西蕃盛言彌射非反，爲步眞所誣，而海政不能審察，濫行誅戮。

則天臨朝，十姓無主數年，部落多散失。垂拱初，遂擢授彌射子左豹韜衞翊府中郎將元慶爲左玉鈐衞將軍兼崑陵都護，令襲興昔亡可汗，押五咄六部落；步眞子斛瑟羅爲右玉鈐衞將軍兼濛池都護，押五弩失畢部落。尋進授元慶左衞大將軍。如意元年，爲來俊臣誣謀反被害。其子獻，配流崖州。長安三年，召還。累授右驍衞大將軍，襲父興昔亡可汗，充安撫招慰十姓大使。獻本蕃漸爲默啜及烏質勒所侵，遂不敢還國。開元中，累遷右金吾大將軍。卒于長安。

阿史那步眞者，在本蕃授左屯衞大將軍。與彌射討平賀魯，加授驃騎大將軍、行右衞大將軍、濛池都護、繼往絕可汗，押五弩失畢部落。尋卒。其子斛瑟羅，本蕃爲步利設，垂拱初，授右玉鈐衞將軍兼濛池都護、襲繼往絕可汗，押五弩失畢部落。天授元年，拜左衞大將軍，改封竭忠事主可汗，仍賜濛池都護。尋卒。子懷道，神龍年累授右屯衞大將軍、光祿卿，轉太僕卿兼濛池都護、十姓可汗。自垂拱已後，十姓部落頻被突厥默啜侵掠，死散殆盡。及隨斛瑟羅纔六七萬人，徙居內地，西突厥阿史那氏於是遂絕。

突騎施烏質勒者，西突厥之別種也。初隸在斛瑟羅下，號爲莫賀達干。後以斛瑟羅用刑嚴酷，衆皆畏之，尤能撫恤其部落，由是爲遠近諸胡所歸附。其下置都督二十員，各統兵七千人。嘗屯聚碎葉西北界，後漸攻陷碎葉，徙其牙帳居之。東北與突厥爲鄰，西南與諸胡相接，東南至西、庭州。斛瑟羅以部衆削弱，自則天時入朝，不敢還蕃，其地並爲烏質勒所併。景龍二年，詔封爲西河郡王，令攝御史大夫解琬就加册立。未至，烏質勒卒。其長子娑葛代統其衆，詔便立娑葛爲金河郡王，仍賜以宮女四人。

初，娑葛代父統兵，烏質勒下部將闕啜忠節甚忌之，以兵部尙書宗楚客當朝任勢，密遣使齎金七百兩以賂楚客，請停娑葛統兵。楚客乃遣御史中丞馮嘉賓充使至其境，陰與忠節籌其事，并自致書以申意。在路爲娑葛遊兵所獲，遂斬嘉賓，仍進兵攻陷火燒等城，遣使上表以索楚客頭。景龍三年，娑葛弟遮弩恨所分部落少於其兄，遂叛入突厥，請爲鄉導，以討娑葛。默啜乃留遮弩，遣兵二萬人與其左右來討娑葛，擒之而還。默啜顧謂遮弩曰：「汝於兄弟尚不和協，豈能盡心於我。」遂與娑葛俱殺之。默啜兵還，娑葛下部將蘇祿鳩集餘衆，自立爲可汗。

蘇祿者，突騎施別種也。頗善綏撫，十姓部落漸歸附之，衆二十萬，遂雄西域之地，尋遣使來朝。開元三年，制授蘇祿爲左羽林軍大將軍、金方道經略大使，進爲特勤，遣侍御史解忠順齎璽書册立爲忠順可汗。自是每年遣使朝獻，上乃立史懷道女爲金河公主以妻之〔五〕。

時杜暹爲安西都護，公主遣牙官齎馬千疋詣安西互市，使者宣公主教與暹，暹怒曰：「阿史那氏女，豈合宣教與吾節度耶！」杖其使者，留而不遣，其馬經雪寒，死並盡。蘇祿大怒，發兵分寇四鎭。會杜暹入知政事，趙頤貞代爲安西都護，城守久之，由是四鎭貯積及人畜並爲蘇祿所掠，安西僅全。蘇祿旣聞杜暹入相，稍引退，俄又遣使入朝獻方物。十八年，蘇祿使至京師，玄宗御丹鳳樓設宴。突厥先遣使入朝，是日亦來預宴，與蘇祿使爭長。突厥使曰：「突騎施國小，本是突厥之臣，不宜居上。」蘇祿使曰：「今日此宴，乃爲我設，不合居下。」於是中書門下及百僚議，遂於東西幕下兩處分坐，突厥使在東，突騎施使在西。宴訖，厚賚而遣之。

蘇祿性尤清儉，每戰伐，有所克獲，盡分與將士及諸部落。其下愛之，甚爲其用。潛又遣使南通吐蕃，東附突厥〔六〕。突厥及吐蕃亦嫁女與蘇祿。既以三國女爲可敦，又分立數子爲葉護，費用漸廣，先既不爲積貯，晚年抄掠所得者，留不分之，又因風病，一手攣縮，其下諸部，心始攜貳。

有大首領莫賀達干、都摩度兩部落，最爲強盛。百姓又分爲黃姓、黑姓兩種，互相猜阻。二十六年夏，莫賀達干勒兵夜攻蘇祿，殺之。都摩度初與莫賀達干連謀，俄又相背，立蘇祿之子咄火仙爲可汗，以輯其餘衆，與莫賀達干自相攻擊。莫賀達干遣使告安西都護蓋嘉運，嘉運率兵討之，大敗都摩度之衆，臨陣擒咄火仙，并收得金河公主而還。又欲立史懷道之子昕爲可汗以鎮撫之，莫賀達干不肯，曰：「討平蘇祿，本是我之元謀，若立史昕爲主，則國家何以酬賞於我？」乃不立史昕，使令莫賀達干統衆。二十七年二月，嘉運率將士詣闕獻俘，玄宗御花萼樓以宴之，仍令將吐火仙獻于太廟。俄又黃姓、黑姓自相屠殺，各遣使降附。

史臣曰：中原多事，外國窺邊，周獫狁、漢匈奴之後，其類實繁，前史論之備矣。突厥自隋文修王道，肅軍容，示恩威以羈縻之；煬帝失政教，生戎心，肇亂離以啓發之。高祖借其力而入平京師，羣賊附其強而迭據河朔。高祖同御榻以延其使，太宗幸便橋以約其和。當其時焉，不其盛矣！竟滅其族而身死於國者，何也？咸謂太宗有馭夷狄之道，李勣著戡定之功。殊不知突厥之始也，賞罰明而將士戮力，遇煬帝之亂，亡命蓄怒者既附之，其興也宜哉！頡利之衰也，兄弟搆隙而部族離心，當太宗之理，謀臣猛將討逐之，其亡也宜哉！洎武后亂朝，默啜犯塞，玄宗纂嗣，傳首京師，東封太山，西戎扈蹕，開元之代，繼踵來降。西突厥諸族，遇其理，則衆心悅附而甲兵興焉；遇其亂，則族類怨怒而本根破矣！理亂一道，華夷一途，或質言於盛衰倚伏，未爲確論。

贊曰：中國失政，邊夷幸災。理亂之道，取鑒將來。

校勘記

〔一〕觸木昆　「木」字各本原作「水」，據通典卷一九九、寰宇記卷一九七改。

〔二〕自知不爲衆所附　通典卷一九九、寰宇記卷一九七,「自」上有「大敗之咄陸」五字。

〔三〕詐將酒食出迎　「詐」字各本原作「許」,據通典卷一九九、寰宇記卷一九七改。

〔四〕彌射在本蕃爲莫賀咄葉護　「彌射」二字各本原無,據通典卷一九九、寰宇記卷一九七補。

〔五〕金河公主　通典卷一九九、寰宇記卷一九七同。唐會要卷六、新書卷二一五下突厥傳作「交河公主」。

〔六〕東附突厥　「東」字各本原無,據通典卷一九九、寰宇記卷一九七補。

舊唐書卷一百九十五

列傳第一百四十五

迴紇

迴紇，其先匈奴之裔也，在後魏時，號鐵勒部落。其衆微小，其俗驍強，依託高車，臣屬突厥，近謂之特勒。無君長，居無恆所，隨水草流移，人性凶忍，善騎射，貪婪尤甚，以寇抄爲生。自突厥有國，東西征討，皆資其用，以制北荒。隋開皇末，晉王廣北征突厥，大破步迦可汗，特勒於是分散。大業元年，突厥處羅可汗擊特勒諸部，厚斂其物，又猜忌薛延陀，恐爲變，遂集其渠帥數百人盡誅之，特勒由是叛。特勒始有僕骨、同羅、迴紇、拔野古、覆羅，並號俟斤〔一〕，後稱迴紇焉。在薛延陀北境，居娑陵水側，去長安六千九百里，隨逐水草，勝兵五萬，人口十萬人。

初，有特健俟斤死，有子曰菩薩，部落以爲賢而立之。貞觀初，菩薩與薛延陀侵突厥北邊，突厥頡利可汗遣子欲谷設率十萬騎討之，菩薩領騎五千與戰，破之於馬鬣山，因逐北至於天山，又進擊，大破之，俘其部衆，迴紇由是大振。因率其衆附于薛延陀，號菩薩爲「活頡利發」，仍遣使朝貢。菩薩勁勇，有膽氣，善籌策，每對敵臨陣，必身先士卒，以少制衆，常以戰陣射獵爲務。其母烏羅渾主知爭訟之事，平反嚴明，部內齊肅。迴紇之盛，由菩薩之興焉。

貞觀中擒降突厥頡利等可汗之後，北虜唯菩薩、薛延陀爲盛。太宗册北突厥莫賀咄爲可汗，遣統迴紇、僕骨、同羅、思結、阿跌等部。迴紇酋帥吐迷度與諸部大破薛延陀多彌可汗，遂併其部曲，奄有其地。貞觀二十年，南過賀蘭山，臨黃河，遣使入貢，以破薛延陀功，賜宴內殿。太宗幸靈武，受其降款，因請迴鶻已南置郵遞，通管北方。太宗爲置六府七州，府置都督，州置刺史，府州皆置長史、司馬已下官主之。以迴紇部爲瀚海府，拜其俟利發吐迷度爲懷化大將軍兼瀚海都督。時吐迷度已自稱可汗，署官號皆如突厥故事。以多覽爲燕然府，僕骨爲金微府〔二〕，拔野古爲幽陵府，同羅爲龜林府，思結爲盧山府，渾部爲皐蘭州〔三〕，斛薩爲高闕州，阿跌爲雞田州，契苾爲榆溪州，跌結爲雞鹿州，阿布思爲蹛林州〔四〕，白霫爲寘顔州；又以迴紇西北結骨爲堅昆府，其北骨利幹爲玄闕州，東北俱羅勃爲燭龍州。於故單于臺置燕然都護府統之，以導賓貢。

貞觀二十二年，吐迷度爲其姪烏紇所殺。初，烏紇蒸其叔母，遂與俱陸莫賀達干俱羅勃潛謀殺吐迷度以歸車鼻。烏紇、俱羅勃，並車鼻之壻也，烏紇遂夜領騎十餘劫吐迷度，殺之。燕然副都護元禮臣遣人紿烏紇云：「將奏而爲都督，替吐迷度也。」烏紇輕騎至禮臣所，跪拜致謝，禮臣擒而斬之以聞。太宗恐迴紇部落攜離，十月，遣兵部尚書崔敦禮往安撫之，仍以敦禮爲金山道副將軍。贈吐迷度左衞大將軍，賻物及衣服設祭甚厚。以吐迷度子前左屯衞大將軍、翊衞左郎將婆閏爲左驍衞大將軍〔五〕、大俟利發、使持節迴紇部落諸軍事瀚海都督。後俱羅勃來朝，太宗留之不遣。詔西突厥可汗阿史那賀魯統五啜、五俟斤二十餘部，居多羅斯水南，去西州馬行十五日程。迴紇不肯西屬突厥。

永徽二年，賀魯破北庭，詔將軍梁建方、契苾何力領兵二萬，取迴紇五萬騎，大破賀魯，收復北庭。顯慶元年，賀魯又犯邊，詔程知節、蘇定方、任雅相、蕭嗣業領兵并迴紇大破賀魯於陰山，再破於金牙山，盡收所據之地，西逐至耶羅川。賀魯西奔石國，婆閏隨蘇定方逐賀魯至石國西北蘇咄城，城主伊涅達干執賀魯送洛陽。以其地置濛池、崑陵府，以阿史那彌射、阿史那步眞爲二府都督，統十姓右廂五弩失畢、左廂五咄陸〔六〕。以賀魯種落分置州縣，西盡波斯。加婆閏右衞大將軍兼瀚海都督。永徽六年，迴鶻遣兵隨蕭嗣業討高麗。龍朔中，婆閏死，姪比粟毒主領迴鶻〔七〕，與同羅、僕固犯邊，高宗命鄭仁泰討平僕固等，比粟毒敗走，因以鐵勒本部爲天山縣。永隆中獨解支，嗣聖中伏帝匐，開元中承宗、伏帝難，並繼爲酋長，皆受都督號以統蕃州，左殺右殺分管諸部。

開元中，迴鶻漸盛，殺涼州都督王君㚟，斷安西諸國入長安路，玄宗命郭知運等討逐，退保烏德健山，南去西城一千七百里，西城卽漢之高闕塞也。西城北去磧石口三百里〔八〕。有十一都督，本九姓部落：一曰藥羅葛，卽可汗之姓；二曰胡咄葛；三曰咄羅勿；四曰貊歌息訖；五曰阿勿嘀；六曰葛薩；七曰斛嗢素；八曰藥勿葛；九曰奚耶勿。每一部落一都督。破拔悉密，收一部落，破葛邏祿，收一部落，各置都督一人，統號十一部落。每行止鬬戰，常以二客部落爲軍鋒。

天寶初，其酋長葉護頡利吐發遣使入朝，封奉義王。三載，擊破拔悉密，自稱骨咄祿毗伽闕可汗，又遣使入朝，因册爲懷仁可汗。及至德元載七月，肅宗於靈武卽位。遣故邠王男承寀封爲燉煌王，將軍石定番，使于迴紇，以修好徵兵。及至其牙，可汗以女嫁於承寀，遣首領來朝，請和親，封迴紇公主爲毗伽公主。肅宗在彭原，遇之甚厚。二載二月，迴紇又使首領大將軍多攬等十五人入朝。九月戊寅，加承寀開府儀同三司，拜宗正卿，納迴紇公主爲妃。迴紇遣其太子葉護領其將帝德等兵馬四千餘衆，助國討逆，肅宗宴賜甚厚。又命元帥廣平王見葉護，約爲兄弟，接之頗有恩義。葉護大喜，謂王爲兄。

戊子，迴紇大首領達干等一十三人先至扶風，與朔方將士見僕射郭子儀，留之，宴設三日。葉護太子曰：「國家有難，遠來相助，何暇食爲。」子儀固留之，宴畢便發。其軍每日給羊二百口、牛二十頭、米四十石。及元帥廣平王率郭子儀等至香積寺東二十里，西臨灃水。賊埋精騎於大營東，將襲我軍之背。朔方左廂兵馬使僕固懷恩指迴紇馳救之，匹馬不歸，因收西京。十月，廣平王、副元帥郭子儀領迴紇兵馬，與賊戰於陜西。初次于曲沃，葉護使其將軍車鼻施吐撥裴羅等旁南山而東，遇賊伏兵于谷中，盡殪之。子儀至新店，遇賊戰，軍却數里。迴紇望見，踰山西嶺上曳白旗而趨擊之，直出其後，賊衆大敗，軍而北坑，逐北二十餘里，人馬相枕藉，蹂踐而死者不可勝數，斬首十餘萬，伏屍三十里。賊黨嚴莊馳告安慶緒，率其黨背東京北走渡河，而葉護從廣平王、僕射郭子儀入東京。

初收西京，迴紇欲入城劫掠，廣平王固止之。及收東京，迴紇遂入府庫收財帛，於市井村坊剽掠三日而止，財物不可勝計，廣平王又賚之以錦罽寶貝，葉護大喜。及肅宗還西京，十一月癸酉，葉護自東京至。敕百官於長樂驛迎，上御宣政殿宴勞之。葉護升殿，其餘酋長列於階下，賜錦繡繒綵金銀器皿。及辭歸蕃，上謂曰：「能爲國家就大事成義勇者，卿等力也。」葉護奏曰：「迴紇戰兵，留在沙苑，今且須歸靈夏取馬，更收范陽，討除殘賊。」己丑，詔曰：「功濟艱難，義存邦國，萬里絕域，一德同心，求之古今，所未聞也。迴紇葉護，特稟英姿，挺生奇略，言必忠信，行表温良，才爲萬人之敵，位列諸蕃之長。屬凶醜亂常，中原未靖，以可汗有兄弟之約，與國家興父子之軍，奮其智謀，討彼凶逆，一鼓作氣，萬里摧鋒，二旬之間，兩京克定。力拔山岳，精貫風雲，蒙犯不以辭其勞，急難無以踰其分。固可懸之日月，傳之子孫，豈惟裂土之封，誓河之賞而已矣。夫位之崇者，司空第一；名之大者，封王最高。可司空、仍封忠義王，每載送絹二萬匹至朔方軍，宜差使受領。」

乾元元年五月壬申朔，迴紇使多亥阿波八十人，黑衣大食酋長閤之等六人並朝見，至閤門爭長，通事舍人乃分爲左右，從東西門並入。六月戊戌，宴迴紇使於紫宸殿前。

秋七月丁亥，詔以幼女封爲寧國公主出降。其降蕃日，仍以堂弟漢中郡王瑀爲特進、試太常卿、攝御史大夫，充册命英武威遠毗伽可汗使；以堂姪左司郎中巽爲兵部郎中、攝御史中丞、鴻臚卿，副之，兼充寧國公主禮會使。特差重臣開府儀同三司、行尙書右僕射、冀國公裴冕送至界首。癸巳，以册立迴紇英武威遠毗伽可汗，上御宣政殿，漢中王瑀受册命。甲午，肅宗送寧國公主至咸陽磁門驛，公主泣而言曰：「國家事重，死且無恨。」上流涕而還。及瑀至其牙帳，毗伽闕可汗衣赭黃袍，胡帽，坐於帳中榻上，儀衞甚盛，引瑀立於帳外，謂瑀曰：「王是天可汗何親？」瑀曰：「是唐天子堂弟。」又問：「於王上立者爲誰？」瑀曰：「中使雷盧俊。」可汗又報曰：「中使是奴，何得向郎君上立？」雷盧俊竦懼，跳身向下立定。瑀不拜而立，可汗報曰：「兩國主君臣有禮，何得不拜？」瑀曰：「唐天子以可汗有功，故將女嫁與可汗結姻好。比者中國與外蕃親，皆宗室子女，名爲公主。今寧國公主，天子眞女，又有才貌，萬里嫁與可汗。可汗是唐家天子女壻，合有禮數，豈得坐於榻上受詔命耶！」可汗乃起奉詔，便受册命。翼日，册公主爲可敦，蕃酋歡欣曰：「唐國天子貴重，將眞女來。」瑀所送國信繒綵衣服金銀器皿，可汗盡分與衙官、酋長等。及瑀回，可汗獻馬五百匹、貂裘、白氎。八月，迴紇使王子骨啜特勤及宰相帝德等驍將三千人助國討逆。肅宗嘉其遠至，賜宴，命隨朔方行營使僕固懷恩押之。九月甲申，迴紇使大首領蓋將等謝公主下降，兼奏破堅昆五萬人，宴於紫宸殿，賜物有差。十二月甲午，迴紇使三婦人，謝寧國公主之聘也，賜宴紫宸殿。

乾元二年，迴紇骨啜特勤等率衆從郭子儀與九節度於相州城下戰，不利。三月壬子，迴紇王子骨啜特勤及宰相帝德等十五人自相州奔于西京，肅宗宴之于紫宸殿，賞物有差。其月庚寅，迴紇特勤辭還行營，上宴之于紫宸殿，賜物有差。乙未，以迴紇王子新除左羽林軍大將軍員外置骨啜特勤爲銀青光祿大夫、鴻臚卿員外置。

夏四月，迴紇毗伽闕可汗死。長子葉護先被殺，乃立其少子登里可汗，其妻爲可敦。六月丙午，以左金吾衞將軍李通爲試鴻臚卿、攝御史中丞，充弔祭迴紇使。毗伽闕可汗初死，其牙官、都督等欲以寧國公主殉葬，公主曰：「我中國法，壻死，卽持喪，朝夕哭臨，三年行服。今迴紇娶婦，須慕中國禮。若今依本國法，何須萬里結婚。」然公主亦依迴紇法，剺面大哭，竟以無子得歸。秋八月，寧國公主自迴紇還，詔百官於明鳳門外迎之。上元元年九月己丑，迴紇九姓可汗使大臣俱陸莫達干等入朝奉表起居。乙卯，迴紇使二十人於延英殿通謁，賜物有差。十一月戊辰，迴紇使延支伽羅等十人於延英殿謁見，賜物有差。

寶應元年，代宗初卽位，以史朝義尙在河洛，遣中使劉清潭徵兵於迴紇，又修舊好。其秋，清潭入迴紇庭，迴紇已爲史朝義所誘，云唐家天子頻有大喪，國亂無主，請發兵來收府庫。可汗乃領衆而南，已八月矣。清潭賫敕書國信至，可汗曰：「我聞唐家已無主，何爲更有敕書？」中使對曰：「我唐家天子雖棄萬國，嗣天子廣平王天生英武，往年與迴紇葉護兵馬同收兩京，破安慶緒，與可汗有故。又每年與可汗繒絹數萬匹，可汗豈忘之耶？」然迴紇業已發至三城北，見荒城無戍卒，州縣盡爲空壘，有輕唐色，乃遣使北收單于兵馬倉糧，又大辱清潭。清潭發使來奏云：「迴紇登里可汗傾國自來，有衆十萬，羊馬不知其數。」京師大駭。上使殿中監藥子昂馳勞之，及於太原北忻州南，子昂密數其丁壯，得四千人，老小婦人相兼萬餘人，戰馬四萬匹，牛羊不紀。

先是，毗伽闕可汗請以子婚，肅宗以僕固懷恩女嫁之。及是爲可敦，與可汗同來，請懷恩及懷恩母相見。上敕懷恩自汾州見之於太原，懷恩又諫國家恩信不可違背。初欲自蒲關入，取沙苑路，由潼關東向破賊，子昂說之云：「國家頻遭寇逆，州縣虛乏，難爲供擬，恐可汗失望。不如取土門路入，直取邢、洺、衞、懷。賊中兵馬盡在東京，可汗收其財帛，束裝南向，最爲上策。」可汗不從。又說「取懷州太行路，南據河陰之險，直扼賊之喉，亦上策也。」可汗又不從。又說「取陝州太陽津路，食太原倉粟而東，與澤潞、河南、懷鄭節度同入，亦上策也。」可汗從之。子昂因入奏，上以雍王适爲兵馬元帥，加懷恩同中書門下平章事。又以子昂兼御史中丞，與前潞府兼御史中丞魏琚爲左右廂兵馬使，以中書舍人韋少華充元帥判官兼掌書記，給事中李進兼御史中丞，充元帥行軍司馬，東會迴紇登里可汗營於陝州黃河北。

元帥雍王領子昂等從而見之，可汗責雍王不於帳前舞蹈，禮倨。子昂辭以元帥是嫡孫，兩宮在殯，不合有舞蹈。迴紇宰相及車鼻將軍庭詰曰：「唐天子與登里可汗約爲兄弟，今可汗卽雍王叔，叔姪有禮數，何得不舞蹈？」子昂苦辭以身有喪禮，不合。又報云：「元帥卽唐太子也，太子卽儲君也，豈有中國儲君向外國可汗前舞蹈。」相拒久之，車鼻遂引子昂、李進、少華、魏琚各搒捶一百，少華、琚因搒捶，一宿而死。以王少年未諳事，放歸本營。而懷恩與迴紇右殺爲先鋒，及諸節度同攻賊，破之，史朝義率殘寇而走。元帥雍王退歸靈寶。

迴紇可汗繼進於河陽，列營而止數月。去營百餘里，人被剽劫逼辱，不勝其弊。懷恩常爲軍殿。及諸節度收河北州縣，僕固瑒與迴紇之衆追躡二千餘里，至平州石城縣，梟朝義首而歸，河北悉平。懷恩自相州西出崞口路而西，可汗自河陽北出澤、潞與懷恩會，歷太原，遣使拔賀那上表賀收東京，并進逆賊史朝義旌旗等物。辭還蕃，代宗引見於內殿，賜綵二百段。

初，迴紇至東京，以賊平，恣行殘忍，士女懼之，皆登聖善寺及白馬寺二閣以避之。迴紇縱火焚二閣，傷死者萬計，累旬火焰不止。及是朝賀，又縱橫大辱官吏。以陝州節度使郭英乂權知東都留守。時東都再經賊亂，朔方軍及郭英乂、魚朝恩等軍不能禁暴，與迴紇縱掠坊市及汝、鄭等州，比屋蕩盡，人悉以紙爲衣，或有衣經者。

代宗御宣政殿，出册文，加册可汗爲登里頡咄登密施含俱錄英義建功毗伽可汗，可敦加册爲婆墨光親麗華毗伽可敦。「頡咄」，華言「祉稷法用」；「登密施」，華言「封竟」；「含俱錄」，華言「婁羅」；「毗伽」，華言「足意智」；「婆墨」，華言「得憐」。以散騎常侍兼御史大夫王翊充使，就可汗行營行册命焉。可汗、可敦及左右殺、諸都督、內外宰相已下，共加實封二千戶，令王翊就牙帳前禮册。左殺封爲雄朔王，右殺封爲寧朔王，胡祿都督封金河王，拔覽將軍封爲靜漠王，諸都督一十一人並封國公。

尋而懷恩叛，投靈武，有朔方舊將任敷、張韶等，收合餘燼，衆至數萬。廣德二年秋，乃引吐蕃之衆數萬人至奉天縣，朔方節度郭子儀率衆拒之而退。永泰元年秋，懷恩遣兵馬使范至誠、任敷將兵，又誘迴紇、吐蕃、吐谷渾、党項、奴剌之衆二十餘萬，以犯奉天、醴泉、鳳翔、同州等處，被其逆命。先以郭子儀屯涇陽，渾日進屯奉天，數摧其鋒。又聞懷恩死，吐蕃將馬重英等十月初引退，取邠州舊路而歸。迴紇首領羅達干等率其衆二千餘騎，詣涇陽請降，子儀許之，率衆被甲持滿數千人。迴紇譯曰：「此來非惡心，要見令公。」子儀曰：「我令公也。」迴紇曰：「請去甲。」子儀便脫兜鍪槍甲，策馬挺身而前，迴紇酋長相顧曰：「是也。」時太子太保李光進、兼御史大夫路嗣恭戎裝介馬在子儀之側，子儀指視迴紇曰：「此是渭北節度李太保。」又曰：「此是朔方軍糧使路大夫。」迴紇便下馬羅拜，子儀亦下馬，迴紇之衆爲左右翼，各數百人，漸進，子儀麾下亦馳而至，子儀麾退之。子儀命酒與之飲，贈之纏頭綵三千四。子儀執迴紇大將可汗弟合胡祿都督藥羅葛等手，責讓之曰：「我國家知汝迴紇有功，報汝大厚，汝何背約負信，犯我王畿？我須與汝戰，何乃降爲！我一身挺入汝營，任汝拘縶，我麾下將士，須與汝戰。」迴紇又譯曰：「懷恩負心，來報可汗，云唐國天子今已向江淮，令公亦不主兵，我是以敢來。今知天可汗見在上都〔九〕，令公爲將，懷恩天又殺之。今請追殺吐蕃，收其羊馬，以報國恩。然懷恩子，可敦兄弟，請勿殺之。」合胡祿都督等與宰相磨咄莫賀達干、宰相暾莫賀達干、宰相護都毗伽將軍、宰相揭拉裴羅達干、宰相梅錄大將軍羅達干、平章事海盈闕達干等，子儀先執杯，合胡祿都督請咒，子儀咒曰：「大唐天子萬萬歲！迴紇可汗亦萬歲！兩國將相亦萬歲！若起負心違背盟約者，身死陣前，家口屠戮。」合胡祿都督等失色，及杯至，卽譯曰：「如令公盟約。」皆喜曰：「初發本部來日，將巫師兩人來，云：『此行大安穩，然不與唐家兵馬鬬，見一大人卽歸。』今日領兵見令公，令公不爲疑，脫去衣甲，單騎相見，誰有此心膽！是不戰鬬見一大人，巫師有徵矣。」歡躍久之。子儀撫其背，首領等分纏頭綵以賞巫師，請諸將同擊吐蕃，子儀如其約。翌日，使領迴紇首領開府石野那等六人入京朝見〔10〕。

又五日，朔方先鋒兵馬使、開府、南陽郡王白元光與迴紇兵馬合於涇州靈臺縣西五十里赤山嶺，共破吐蕃等十餘萬衆，斬首五萬餘級，生擒一萬餘人，駝馬牛羊凡百里相繼，不可勝紀，收得蕃落五千餘人。初白元光等到靈臺縣西，探知賊勢，爲月明，思少陰晦，迴紇使巫師便致風雪。及遲明戰，吐蕃盡寒凍，弓矢皆廢，披氊徐進，元光與迴紇隨而殺之蔽野。僕固名臣，懷恩之姪，尤爲驍將，亦領千餘騎來降。尋而子儀又使迴紇宰相護地毗伽將軍，宰相梅錄大將軍、開府儀同三司、試太常卿羅達干等一百九十六人來見，上賜宴於延英殿，錫賚甚厚。閏月，子儀自涇陽領僕固名臣入奏，迴紇進馬，及宴別，前後賚繒綵十萬匹而還。

時帑藏空虛，朝官無祿俸，隨月給手力，謂之資課錢。稅朝官閏十月、十一月、十二月課以供之。

大曆六年正月，迴紇於鴻臚寺擅出坊市，掠人子女，所在官奪返，毆怒，以三百騎犯金光門、朱雀門。是日，皇城諸門盡閉，上使中使劉清潭宣慰，乃止。七年七月，迴紇出鴻臚寺，入坊市強暴，逐長安令邵說於含光門之街，奪說所乘馬將去。說脫身避走，有司不能禁。八年十一月，迴紇一百四十人還蕃，以信物一千餘乘。迴紇恃功，自乾元之後，屢遣使以馬和市繒帛，仍歲來市，以馬一匹易絹四十匹，動至數萬馬。其使候遣繼留於鴻臚寺者非一，蕃得帛無厭，我得馬無用，朝廷甚苦之。是時特詔厚賜遣之，示以廣恩，且俾知愧也。是月，迴紇使使赤心領馬一萬匹來求市，代宗以馬價出於租賦，不欲重困於民，命有司量入計許市六千匹。

十年九月，迴紇白晝刺人於東市，市人執之，拘於萬年縣。其首領赤心聞之，自鴻臚寺馳入縣獄，劫囚而出，斫傷獄吏。十三年正月，迴紇寇太原，過榆次、太谷，河東節度留後、太原尹、兼御史大夫鮑防與迴紇戰于陽曲，我師敗績，死者千餘人。代州都督張光晟與迴紇戰于羊武谷，破之，迴紇引退。先是辛雲京守太原，迴紇懼雲京，不敢窺并、代，知鮑防無武略，乃敢凌逼，賴光晟邀戰勝之，北人乃安。德宗初卽位，使中官梁文秀告哀於迴紇，且修舊好，可汗移地健不爲禮。而九姓胡素屬於迴紇者，又陳中國便利以誘其心，可汗乃舉國南下，將乘我喪。其宰相頓莫賀達干諫曰：「唐，大國也，且無負於我。前年入太原，獲羊馬數萬計，可謂大捷矣。以道途艱阻，比及國，傷耗殆盡。今若舉而不捷，將安歸乎？」可汗不聽。頓莫賀乘人之心，因擊殺之，并殺其親信及九姓胡所誘來者凡二千人。頓莫賀自立號爲合骨咄祿毗伽可汗，使其酋長建達干隨文秀來朝。命京兆尹源休持節册爲武義成功可汗。貞元三年八月，迴紇可汗遣首領墨啜達干、多覽將軍合闕達干等來貢方物，且請和親。四年十月，迴紇公主及使至自蕃，德宗御延喜門見之。時迴紇可汗喜於和親，其禮甚恭，上言：「昔爲兄弟，今爲子壻，半子也。」又詈辱吐蕃使者，及使大首領等妻妾凡五十六婦人來迎可敦，凡遣人千餘，納聘馬二千。德宗令朔州、太原分留七百人，其宰相首領皆至，分館鴻臚、將作。癸巳，見於宣政殿。乙未，德宗召迴紇公主、出使者對於麟德殿，各有頒賜。庚子，詔咸安公主降迴紇可汗，仍置府官屬視親王例。以殿中監、嗣滕王湛然爲咸安公主婚禮使，關播檢校右僕射、送咸安公主及册迴紇可汗使。貞元五年十二月，迴紇汨咄祿長壽天親毗伽可汗薨，廢朝三日，文武三品已上就鴻臚寺弔其來使。

貞元六年六月，迴紇使移職伽達干歸蕃，賜馬價絹三十萬匹。以鴻臚卿郭鋒兼御史大夫，充册迴紇忠貞可汗使。是歲四月，忠貞可汗爲其弟所殺而篡立。時迴紇大將頡干迦斯西擊吐蕃未回，其次相率國人縱殺篡者而立忠貞之子爲可汗，年方十六七。及六月，頡干迦斯西討回，將至牙帳，次相等懼其後有廢立，不欲漢使知之，留鋒數月而回。頡干迦斯之至也，可汗等出迎郊野，陳郭鋒所送國信器幣，可汗與次將相等皆俯伏自說廢立之由，且請命曰：「惟大相生死之。」悉以所陳器幣贈頡干迦斯以悅之。可汗又拜泣曰：「兒愚幼無知，今幸得立，惟仰食於阿爹。」可汗以子事之，頡干迦斯以卑遜興感，乃相持號哭，遂執臣子之禮焉。盡以所陳器幣頒賜左右諸從行將士，己無所取。自是其國稍安，乃遣達比特勤梅錄將軍告忠貞可汗之哀於我，且請册新君。使至，廢朝三日，仍令三品已上官就鴻臚寺弔其使。是歲，吐蕃陷北庭都護府。

初，北庭、安西既假道於迴紇以朝奏，因附庸焉。迴紇徵求無厭，北庭差近，凡生事之資，必強取之。又有沙陀部落六千餘帳，與北庭相依，亦屬於迴紇，肆行抄奪，尤所厭苦。其先葛祿部落及白服突厥素與迴紇通和，亦憾其侵掠。因吐蕃厚賂見誘，遂附之。於是吐蕃率葛祿、白服之衆去冬寇北庭，迴紇大相頡干迦斯率衆援之，頻敗。吐蕃急攻之，北庭之人既苦迴紇，乃舉城降焉，沙陀部落亦降。節度使、檢校工部尚書楊襲古將麾下二千餘衆出奔西州，頡干利亦還。六年秋〔三〕，悉其國丁壯五萬人，召襲古，將復焉，俄爲所敗，死者大半。頡干利收合餘燼，晨夜奔還。襲古餘衆僅百六十，將復入西州，頡干迦斯紿之曰：

「第與我同至牙帳，當送君歸本朝。」既及牙帳，留而不遣，竟殺之。自是安西阻絕，莫知存亡，唯西州之人，猶固守焉。頡于迦斯敗，葛祿乘勝取迴紇之浮圖川，迴紇震恐，悉遷西北部落羊馬於牙帳之南以避之。

貞元七年五月庚申朔，以鴻臚少卿庾鋋兼御史大夫，册迴紇可汗及弔祭使。是月，迴紇遣使律支達干等來朝，告小寧國公主薨，廢朝三日。故，肅宗以寧國公主降迴紇，又以榮王女媵之；及寧國來歸，榮王女爲可敦，迴紇號爲小寧國公主，歷配英武、英義二可汗。及天親可汗立，出居於外，生英武二子，爲天親可汗所殺。無幾薨。七年八月，迴紇遣使獻敗吐蕃、葛祿於北庭所捷及其俘畜。先是，吐蕃入靈州，爲迴紇所敗，夜以火攻，懸而退。十二月，迴紇遣殺支將軍獻吐蕃俘大首領結心，德宗御延喜門觀之。八年七月，以迴紇藥羅葛靈檢校右僕射。靈本唐人，姓呂氏，因入迴紇，爲可汗養子，遂以可汗姓爲藥羅葛靈，在國用事。因來朝，寵賚甚厚，仍給市馬絹七萬匹。九年九月，遣使來朝貢。

貞元十一年六月庚寅，册拜迴紇騰里邏羽錄沒密施合祿胡毗伽懷信可汗〔三〕。元和四年，藹德曷里祿沒弭施合密毗迦可汗遣使改爲迴鶻，義取迴旋輕捷如鶻也。八年四月，迴鶻請和親，使伊難珠還蕃，宴于三殿，賜以銀器繒帛。是歲，迴鶻數千騎至鸊鵜泉，邊軍戒嚴。十二月二日，宴歸國迴鶻摩尼八人，令至中書見宰臣。先是，迴鶻請和親，憲宗使有司計之，禮費約五百萬貫，方內有誅討，未任其親，以摩尼爲迴鶻信奉，故使宰臣言其不可。乃詔宗正少卿李孝誠使于迴鶻，太常博士殷侑副之，諭其來請之意。

長慶元年，毗伽保義可汗薨，輟朝三日，仍令諸司三品已上官就鴻臚寺弔其使者。四月，正衙册迴鶻君長爲登羅羽錄沒密施句主錄毗伽可汗，以少府監裴通爲檢校左散騎常侍、兼御史大夫，持節册立、兼弔祭使。五月，迴鶻宰相、都督、公主、摩尼等五百七十三人入朝迎公主，於鴻臚寺安置。敕：太和公主出降迴鶻爲可敦，宜令中書舍人王起赴鴻臚寺宣示；以左金吾衞大將軍胡証檢校戶部尚書，持節充送公主入迴鶻及册可汗使；光祿卿李憲加兼御史中丞，充副使；太常博士殷侑改殿中侍御史，充判官。吐蕃犯青塞堡，以迴紇和親故也。鹽州刺史李文悅發兵擊退之。迴鶻奏：「以一萬騎出北庭，一萬騎出安西，拓吐蕃以迎太和公主歸國。」其月敕：「太和公主出降迴紇，宜特置府，其官屬宜視親王例。」

迴紇自咸安公主歿後，屢歸款請繼前好，久未之許。至元和末，其請彌切，憲宗以北虜有勳勞於王室，又西戎比歲爲邊患，遂許以妻之。既許而憲宗崩。穆宗卽位，踰年乃封第十妹爲太和公主，將出降，迴紇登邏骨沒密施合毗伽可汗遣使伊難珠、句錄都督思結幷外宰相、駙馬、梅錄司馬，兼公主一人、葉護公主一人，及達干幷駝馬千餘來迎。太和公主發赴迴紇國，穆宗御通化門左个臨送，使百僚章敬寺前立班，儀衞甚盛，士女傾城觀焉。十一月，振武節度張惟淸奏：「準詔發兵三千赴蔚州，數內已發一千人訖，餘二千人，待太和公主出界卽發遣。」又奏：「天德轉牒云：迴鶻七百六十人將駝馬及車，相次至黃蘆泉迎候公主。」豐州刺史李祐奏：「迎太和公主迴鶻三千於柳泉下營拓吐蕃〔三〕。」

二年二月，賜迴紇馬價絹五萬匹。三月，又賜馬價絹七萬匹。是月，裴度招討幽、鎭之亂，迴鶻請以兵從度討伐。朝議以寶應初迴紇收復兩京，恃功驕恣難制，咸以爲不可，遂命中使止迴紇令歸。會其已上豐州北界，不從止。詔發繒帛七萬匹賜之，方還。五月，命使册立登囉骨沒密施合毗伽昭禮可汗〔四〕，遣品官田務豐領國信十二車使迴鶻，賜可汗及太和公主。

長慶二年閏十月，金吾大將軍胡証、副使光祿卿李憲、婚禮使衞尉卿李銳、副使宗正少卿李子鴻、判官虞部郎中張敏、太常博士殷侑送太和公主至自迴紇，皆云：初，公主去迴紇牙帳尙可信宿，可汗遣數百騎來請與公主先從他道去。胡証曰：「不可。」虜使曰：「前咸安公主來時，去花門數百里卽先去，今何獨拒我？」証曰：「我天子詔送公主以授可汗，今未見可汗，豈宜先往！」虜使乃止。既至虜庭，乃擇吉日，册公主爲迴鶻可敦。可汗先升樓東向坐，設氊幄於樓下以居公主，使羣胡主教公主以胡法。公主始解唐服而衣胡服，以一嫗侍，出樓前西向拜。可汗坐而視，公主再俯拜訖，復入氊幄中，解前所服而披可敦服，通裾大襦，皆茜色，金飾冠如角前指，後出樓俯拜可汗如初禮。虜先設大輿曲扆，前設小座，相者引公主升輿，迴紇九姓相分負其輿，隨日右轉於庭者九，公主乃降輿升樓，與可汗俱東向坐。自此臣下朝謁，并拜可敦。可敦自有牙帳，命二相出入帳中。詎等將歸，可敦宴之帳中，留連號啼者竟日，可汗因贈漢使以厚貺。

大和元年，命中使以絹二十萬匹付鴻臚寺宣賜迴鶻充馬價。三年正月，中使以絹二十三萬匹賜迴紇充馬價。七年三月，迴紇李義節等將駝馬到，且報可汗三月二十七日薨，已册親弟薩特勤。廢朝三日，仍令諸司文武三品、尚書省四品以上官就鴻臚寺弔其使者。以左驍衞將軍、皇城留守唐弘實爲金吾將軍兼御史大夫，持節充入迴鶻弔祭册立使。九年六月，入朝迴鶻進太和公主所獻馬射女子七人，沙陀小兒二人。開成初，其相有安允合者，與特勤柴革欲篡薩特勤可汗〔三〕，薩特勤可汗覺，殺柴革及安允合。又有迴鶻相掘羅勿者，擁兵在外，怨誅柴革、安允合，又殺薩特勤可汗，以𠪚馺特勤爲可汗。有將軍句錄末賀恨掘羅勿，走引黠戛斯領十萬騎破迴鶻城，殺𠪚馺，斬掘羅勿，燒蕩殆盡，迴鶻散奔諸蕃。有迴鶻相馺職者，擁外甥龐特勤及男鹿并遏粉等兄弟五人、一十五部西奔葛邏祿，一支投吐蕃，一支投安西。又有近可汗牙十三部，以特勤烏介爲可汗，南來附漢。

初，黠戛斯破迴鶻，得太和公主。黠戛斯自稱李陵之後，與國同姓，遂令達干十人送公主至塞上。烏介途遇黠戛斯使，達干等並被殺，太和公主却歸烏介可汗，乃質公主同行，南渡大磧，至天德界，奏請天德城與太和公主居。有迴鶻相赤心者，與連位相姓僕固者，與特勤那頡啜擁部衆，不賓烏介。赤心欲犯塞，烏介遣其屬嗢沒斯先布誠於天德軍使田牟，然後誘赤心宰相同謁烏介可汗，戮赤心於可汗帳下并僕固二人。那頡戰勝，全占赤心下七千帳，東瞰振武、大同，據室韋、黑沙、楡林，東南入幽州雄武軍西北界。幽州節度使張仲武遣弟仲至率兵大破那頡之衆，全收七千帳，殺戮收擒老小近九萬人。那頡中箭，透駝羣潛脫，烏介獲而殺之。

烏介諸部猶稱十萬衆，駐牙大同軍北閭門山，時會昌二年秋，頻劫東陜已北，天德、振武、雲朔，比羅俘戮。詔諸道兵悉至防捍，以河東節度使劉沔充南面招控迴鶻使；以幽州節度使張仲武充東面招控迴鶻使。二年冬、三年春，迴鶻特勤龐俱遮、阿敦寧二部，迴鶻公主密羯可敦一部，外相諸洛固阿跌一部，及牙帳大將曹磨你等七部，共三萬衆，相次降於幽州，詔配諸道。有特勤嗢沒斯、阿歷支、習勿啜三部，迴鶻相愛耶勿弘順、迴鶻尚書呂衡等諸部降振武，三部首領皆賜姓李氏，及名思忠、思貞、思惠、思恩，充歸義使。有特勤葉被沽兄李二部南奔吐蕃，有特勤可質力二部東北奔大室韋，有特勤荷勿啜東討契丹，戰死。

會昌三年，迴鶻尚書僕固繹到幽州，約以太和公主歸幽州，烏介去幽州界八十里下營，其親信骨肉及摩尼志淨等四人已先入振武軍。是夜，河東劉沔率兵奄至烏介營，烏介驚走東北約四百里外，依和解室韋下營，不及將太和公主同走。豐州刺史石雄兵遇太和公主帳，因迎歸國。烏介部衆至大中元年詣幽州降，留者漂流餓凍，衆十萬，所存止三千已下。烏介嫁妹與室韋，託附之。爲迴鶻相美權者逸隱啜逼諸迴鶻殺烏介於金山，以其弟特勤遏捻爲可汗，復有衆五千以上，其食用糧羊皆取給於奚王碩舍朗。

大中元年春，張仲武大破奚衆，其迴鶻無所取給，日有耗散。至二年春，唯存名王貴臣五百人已下，依室韋。張仲武因賀正室韋經過幽州，仲武却令還蕃，遣送遏捻等來向幽州。遏捻等懼，是夜與妻葛祿、子特勤毒斯等九騎西走，餘衆奔之不及，迴鶻諸相達官老幼大哭。室韋分迴鶻餘衆爲七分，七姓室韋各占一分。經三宿，黠戛斯相阿播領諸蕃兵稱七萬，從西南天德北界來取遏捻及諸迴鶻，大敗室韋。迴鶻在室韋者，阿播皆收歸磧北。在外猶數帳，散藏諸山深林，盜劫諸蕃，皆西向傾心望安西龐勒之到。龐勒已自稱可汗，有磧西諸城。其後嗣君弱臣強，居甘州，無復昔時之盛。到今時遣使入朝，進玉馬二物及本土所產，交易而返。

史臣曰：自三代以前，兩漢之後，西羌、北狄，互興部族，其名不同，爲患一也。蔡邕云：「邊陲之患，爲手足之疥；中國之困，爲胸背之疽。」突厥爲煬帝之患深矣，隋竟滅，中國之困，其理昭然。自太宗平突厥，破延陀，而迴紇興焉。太宗幸靈武以降之，置州府以安之，以名爵玉帛以恩之。其義何哉？蓋以狄不可盡，而以威惠羈縻之。開元中，三綱正，百姓足，四夷八蠻，翕然向化，要荒之外，畏威懷惠，不其盛矣！天寶末，奸臣弄權於內，逆臣跋扈於外，內外結釁而車駕遽遷，華夷生心而神器將墜。肅宗誘迴紇以復京畿，代宗誘迴紇以平河朔，戡難中興之功，大卽大矣！然生靈之膏血已乾，不能供其求取；朝廷之法令並弛，無以抑其憑陵。忍恥和親，姑息不暇。僕固懷恩爲叛，尤甚阽危；郭子儀之能軍，終免侵軼。比昔諸戎，於國之功最大，爲民之害亦深。及勢利日隆，盛衰時變，冰消瓦解，如存若亡，竟爲手足之疥焉。僖、昭之世，黃、朱迭興，竟爲胸背之疽焉。手疥背疽，誠爲確論。

贊曰：土德初隆，比屋可封。朔綱中否，邊鄙興戎。安、史亂國，迴紇恃功。恃功伊何？咸議姑息。民不聊生，國殫其力。華夷有截，盛衰如織。彼旣長惡，我乃修德。疽疥之義，百代可則。

校勘記

〔一〕並號俟斤　「並」字各本原作「步」，據寰宇記卷一九八、冊府卷九五六改。

〔二〕金微府　「微」字各本原作「徽」，據本書卷一九四上突厥傳、寰宇記卷一九六、新書卷四三下地理志、冊府卷九五六改。

〔三〕渾部　「渾」下各本原有「都」字，據本書卷一九九下鐵勒傳、寰宇記卷一九八、冊府卷九五六刪。

〔四〕蹛林州　「蹛」字各本原作「歸」，據本書卷一九九下鐵勒傳、新書卷四三下地理志、卷二一七上回鶻傳改。

〔五〕翊衞左郎將　「衞」字各本原無，據冊府卷七九四補。

〔六〕右廂五弩失畢左廂五咄陸　「右」字各本原作「左」，「左」字原作「右」，據本書卷一九四下突厥傳、寰宇記卷一九七改。

〔七〕姪　各本原作「妹」，據冊府卷九六七、通鑑卷二〇〇改。

〔八〕磧石口　新書卷二一七上回鶻傳、元和志卷四、寰宇記卷一九九均作「磧口」。

〔九〕見在上都　「都」字原作「郭」，據通鑑卷二二三及考異引舊書史文改。

〔一〇〕石野那　「石」字聞、殿、廣本作「古」，懼盈齋、局本作「右」，今據本書卷一二〇郭子儀傳、通鑑卷二二三改。

〔二〕六年秋　「六」字各本原作「十」，據本書卷一三德宗紀、通鑑卷二三三改。

〔三〕……毗伽懷信可汗　「伽」字各本原無，據唐會要卷九八、通鑑卷二三五補。

〔三〕柳泉　各本原作「卿泉」，據冊府卷九七九改。

〔四〕……毗伽昭禮可汗　「昭」字各本原無，據唐會要卷九八、新書卷二一七下回鶻傳補。

〔五〕特勤柴革　「革」字各本原作「草」，據通鑑卷二四六及考異引舊書史文改。

舊唐書卷一百九十六上

列傳第一百四十六上

吐蕃上

吐蕃，在長安之西八千里，本漢西羌之地也。其種落莫知所出也，或云南涼禿髮利鹿孤之後也。利鹿孤有子曰樊尼，及利鹿孤卒，樊尼尚幼，弟傉檀嗣位，以樊尼爲安西將軍。後魏神瑞元年，傉檀爲西秦乞佛熾盤所滅，樊尼招集餘衆，以投沮渠蒙遜，蒙遜以爲臨松太守。及蒙遜滅，樊尼乃率衆西奔，濟黃河，逾積石，於羌中建國，開地千里。樊尼威惠夙著，爲羣羌所懷，皆撫以恩信，歸之如市。遂改姓爲窣勃野，以禿髮爲國號，語訛謂之吐蕃。其後子孫繁昌，又侵伐不息，土宇漸廣。歷周及隋，猶隔諸羌，未通於中國。

其國人號其王爲贊普，相爲大論、小論，以統理國事。無文字，刻木結繩爲約。雖有官，不常厥職，臨時統領。徵兵用金箭，寇至舉烽燧，百里一亭。用刑嚴峻，小罪剜眼鼻，或皮鞭鞭之，但隨喜怒而無常科。囚人於地牢，深數丈，二三年方出之。宴異國賓客，必驅犛牛，令客自射牲以供饌。與其臣下一年一小盟，刑羊狗獼猴，先折其足而殺之，繼裂其腸而屠之，令巫者告于天地山川日月星辰之神云：「若心遷變，懷奸反覆，神明鑒之，同于羊狗。」三年一大盟，夜於壇墠之上與衆陳設肴饌，殺犬馬牛驢以爲牲，咒曰：「爾等咸須同心戮力，共保我家，惟天神地祇，共知爾志。有負此盟，使爾身體屠裂，同於此牲。」

其地氣候大寒，不生秔稻，有青麩麥、䝁豆、小麥、喬麥。畜多犛牛猪犬羊馬。又有天鼠，狀如雀鼠，其大如貓，皮可爲裘。又多金銀銅錫。其人或隨畜牧而不常厥居，然頗有城郭。其國都城號爲邏些城。屋皆平頭，高者至數十尺。貴人處於大氈帳，名爲拂廬。寢處汙穢，絕不櫛沐。接手飲酒，以氈爲盤，捻麨爲椀，實以羹酪，并而食之。多事羱羝之神，人信巫覡。不知節候，麥熟爲歲首。圍棋陸博，吹蠡鳴鼓爲戲，弓劍不離身。重壯賤老，母拜於子，子倨於父，出入皆少者在前，老者居其後。軍令嚴肅，每戰，前隊皆死，後隊方進。重兵死，惡病終。累代戰沒，以爲甲門。臨陣敗北者，懸狐尾於其首，表其似狐之怯，稠人廣衆，必以徇焉，其俗恥之，以爲次死。拜必兩手據地，作狗吠之聲，以身再揖而止。居父母喪，截髮，青黛塗面，衣服皆黑，既葬卽吉。其贊普死，以人殉葬，衣服珍玩及嘗所乘馬弓劍之類，皆悉埋之。仍於墓上起大室，立土堆，插雜木爲祠祭之所。

貞觀八年，其贊普棄宗弄讚始遣使朝貢。弄讚弱冠嗣位，性驍武，多英略，其鄰國羊同及諸羌並賓伏之。太宗遣行人馮德遐往撫慰之。見德遐，大悅。聞突厥及吐谷渾皆尚公主，乃遣使隨德遐入朝，多賫金寶，奉表求婚，太宗未之許。使者既返，言於弄讚曰：「初至大國，待我甚厚，許嫁公主。會吐谷渾王入朝，有相離間，由是禮薄，遂不許嫁。」弄讚遂與羊同連，發兵以擊吐谷渾。吐谷渾不能支，遁於青海之上，以避其鋒，其國人畜並爲吐蕃所掠。於是進兵攻破党項及白蘭諸羌，率其衆二十餘萬，頓於松州西境。遣使貢金帛，云來迎公主，又謂其屬曰：「若大國不嫁公主與我，即當入寇。」遂進攻松州。都督韓威輕騎覘賊，反爲所敗，邊人大擾。太宗遣吏部尚書侯君集爲當彌道行營大總管，右領軍大將軍執失思力爲白蘭道行軍總管，左武衞將軍牛進達爲闊水道行軍總管，右領軍將軍劉蘭爲洮河道行軍總管，率步騎五萬以擊之。進達先鋒自松州夜襲其營，斬千餘級。弄讚大懼，引兵而退，遣使謝罪，因復請婚，太宗許之。弄讚乃遣其相祿東贊致禮，獻金五千兩，自餘寶玩數百事。

貞觀十五年，太宗以文成公主妻之，令禮部尚書、江夏郡王道宗主婚，持節送公主於吐蕃。弄讚率其部兵次柏海，親迎於河源。見道宗，執子壻之禮甚恭。既而歎大國服飾禮儀之美，俯仰有愧沮之色。及與公主歸國，謂所親曰：「我父祖未有通婚上國者，今我得尚大唐公主，爲幸實多。當爲公主築一城，以誇示後代。」遂築城邑，立棟宇以居處焉。公主惡其人赭面，弄讚令國中權且罷之，自亦釋氈裘，襲紈綺，漸慕華風。仍遣酋豪子弟，請入國學以習詩、書。又請中國識文之人典其表疏。

太宗伐遼東還，遣祿東贊來賀，奉表曰：「聖天子平定四方，日月所照之國，並爲臣妾，而高麗恃遠，闕於臣禮。天子自領百萬，度遼致討，隳城陷陣，指日凱旋。夷狄纔聞陛下發駕，少進之間，已聞歸國。雁飛迅越，不及陛下速疾。奴忝預子壻，喜百常夷。夫鵝，猶雁也，故作金鵝奉獻。」其鵝黃金鑄成，其高七尺，中可實酒三斛。二十二年，右衞率府長史王玄策使往西域，爲中天竺所掠，吐蕃發精兵與玄策擊天竺，大破之，遣使來獻捷。

高宗嗣位，授弄讚爲駙馬都尉，封西海郡王，賜物二千段。弄讚因致書于司徒長孫無忌等云：「天子初即位，若臣下有不忠之心者，當勒兵以赴國除討。」并獻金銀珠寶十五種，請置太宗靈座之前。高宗嘉之，進封爲賨王，賜雜綵三千段。因請蠶種及造酒、碾、磑、紙、墨之匠，並許焉。乃刊石像其形，列昭陵玄闕之下。

永徽元年，弄讚卒。高宗爲之舉哀，遣右武候將軍鮮于臣濟持節齎璽書弔祭。弄讚子早死，其孫繼立，復號贊普，時年幼，國事皆委祿東贊。祿東姓薛氏〔二〕，雖不識文記，而性明毅嚴重，講兵訓師，雅有節制，吐蕃之并諸羌，雄霸本土，多其謀也。初，太宗既許降文成公主，贊普使祿東贊來迎，召見顧問，進對合旨，太宗禮之，有異諸蕃，乃拜祿東贊爲右衞大將軍，又以琅邪長公主外孫女段氏妻之。祿東贊辭曰：「臣本國有婦，父母所聘，情不忍乖。且贊普未謁公主，陪臣安敢輒娶。」太宗嘉之，欲撫以厚恩，雖奇其答而不遂其請。祿東贊有子五人：長曰贊悉若，早死；次欽陵，次贊婆，次悉多干，次勃論。及東贊死，欽陵兄弟復專其國。

後與吐谷渾不和，龍朔、麟德中遞相表奏，各論曲直，國家依違，未爲與奪。吐蕃怨怒，遂率兵以擊吐谷渾，吐谷渾大敗，河源王慕容諾曷鉢及弘化公主脫身走投涼州，遣使告急。咸亨元年四月，詔以右威衞大將軍薛仁貴爲邏娑道行軍大總管，左衞員外大將軍阿史那道眞、右衞將軍郭待封爲副，率衆十餘萬以討之。軍至大非川，爲吐蕃大將論欽陵所敗，仁貴等並坐除名。吐谷渾全國盡沒，唯慕容諾曷鉢及其親信數千帳來內屬，仍徙於靈州。自是吐蕃連歲寇邊，當、悉等州諸羌盡降之。

上元三年，進寇鄯、廓等州，殺掠人吏，高宗命尚書左僕射劉仁軌往洮河軍鎭守以禦之。儀鳳三年，又命中書令李敬玄兼鄯州都督，往代仁軌於洮河鎭守。仍召募關內、河東及諸州驍勇，以爲猛士，不簡色役。亦有嘗任文武官者召入殿庭賜宴，遣往擊之。又令益州長史李孝逸、巂州都督拓王奉等發劍南、山南兵募以防禦之。其年秋，敬玄與工部尚書劉審禮率兵與吐蕃戰于青海，官軍敗績，審禮沒于陣，敬玄按軍不敢救。俄而收軍却出，頓于承風嶺，阻泥溝不能動，賊屯於高岡以壓之。偏將左領軍員外將軍黑齒常之率敢死之士五百人，夜斫賊營，賊遂潰亂，自相蹂踐，死者三百餘人。敬玄遂擁衆鄯州，坐改爲衡州刺史。往劍南兵募，於茂州之西南築安戎城以壓其境。俄有生羌爲吐蕃鄉導，攻陷其城，遂引兵守之。時吐蕃盡收羊同、党項及諸羌之地，東與涼、松、茂、巂等州相接，南至婆羅門，西又攻陷龜茲、疏勒等四鎭，北抵突厥，地方萬餘里，自漢、魏已來，西戎之盛，未之有也。

高宗聞審禮等敗沒，召侍臣問綏禦之策，中書舍人郭正一曰：「吐蕃作梗，年歲已深，命將興師，相繼不絕。空勞士馬，虛費糧儲，近討則徒損兵威，深入則未窮巢穴。望少發兵募，且遣備邊，明烽堠，勿令侵抄。使國用豐足，人心叶同，寬之數年，可一舉而滅。」給事中劉齊賢、皇甫文亮等皆言嚴守之便。尋而黑齒常之破吐蕃大將贊婆及素和貴於良非川，殺獲二千餘級，吐蕃遂引退。詔以常之爲河源軍使以鎭禦之。

儀鳳四年，贊普卒。其子器弩悉弄嗣位，復號贊普，時年八歲，國政復委於欽陵。遣其大臣論寒調傍來告喪，且請和。高宗遣郎將宋令文入蕃會葬。永隆元年，文成公主薨，高宗又遣使弔祭之。

則天臨朝，命文昌右相韋待價爲安息道大總管，安西大都護閻溫古爲副。永昌元年，率兵往征吐蕃，遲留不進，待價坐流繡州〔三〕，溫古處斬。待價素無統禦之才，遂狼狽失據，士卒饑饉，皆轉死溝壑。明年，又命文昌右相岑長倩爲武威道行軍大總管以討吐蕃，中路退還，軍竟不行。如意元年，吐蕃大首領曷蘇率其所屬并貴川部落請降，則天令右玉鈐衞大將軍張玄遇率精卒二萬充安撫使以納之。師次大渡水，曷蘇事洩，爲本國所擒。又有大首領昝捶率羌蠻部落八千餘人詣玄遇內附，玄遇以其部落置葉川州，以昝捶爲刺史，仍於大度西山勒石紀功而還。長壽元年，武威軍總管王孝傑大破吐蕃之衆，克復龜茲、于闐、疏勒、碎葉等四鎮，乃於龜茲置安西都護府，發兵以鎮守之。萬歲登封元年，孝傑復爲肅邊道大總管，率副總管婁師德與吐蕃將論欽陵、贊婆戰于素羅汗山，官軍敗績，孝傑坐免官。萬歲通天元年，吐蕃四萬衆奄至涼州城下，都督許欽明初不之覺，輕出按部，遂遇賊，拒戰久之，力屈爲賊所殺。時吐蕃又遣使請和，則天將許之；論欽陵乃請去安西四鎮兵，仍索分十姓之地，則天竟不許之。

吐蕃自論欽陵兄弟專統兵馬，欽陵每居中用事，諸弟分據方面，贊婆則專在東境，與中國爲鄰，三十餘年，常爲邊患。其兄弟皆有才略，諸蕃憚之。聖曆二年，其贊普器弩悉弄年漸長，乃與其大臣論巖等密圖之。時欽陵在外，贊普乃佯言將獵，召兵執欽陵親黨二千餘人，殺之。發使召欽陵、贊婆等，欽陵舉兵不受召，贊普自帥衆討之，欽陵未戰而潰，遂自殺，其親信左右同日自殺者百餘人。贊婆率所部千餘人及其兄子莽布支等來降，則天遣羽林飛騎郊外迎之，授贊婆輔國大將軍、行右衞大將軍，封歸德郡王，優賜甚厚，仍令領其部兵於洪源谷討擊。尋卒，贈特進、安西大都護。

久視元年，吐蕃又遣其將麴莽布支寇涼州，圍逼昌松縣。隴右諸軍州大使唐休璟與莽布支戰于洪源谷，斬其副將二人，獲首二千五百級。長安二年，贊普率衆萬餘人寇悉州，都督陳大慈與賊凡四戰，皆破之，斬首千餘級。於是吐蕃遣使論彌薩等入朝請求和，則天宴之於麟德殿，奏百戲於殿庭。論彌薩曰：「臣生於邊荒，由來不識中國音樂，乞放臣親觀。」則天許之。於是論彌薩等相視笑忭拜謝曰：「臣自歸投聖朝，前後禮數優渥，又得親觀奇樂，一生所未見。自顧微瑣，何以仰答天恩，區區褊心，唯願大家萬歲。」明年，又遣使獻馬千匹、金二千兩以求婚，則天許之。

時吐蕃南境屬國泥婆羅門等皆叛，贊普自往討之，卒於軍中。諸子爭立，久之，國人立器弩悉弄之子棄隸蹜贊爲贊普，時年七歲。中宗神龍元年，吐蕃使來告喪，中宗爲之舉哀，廢朝一日。俄而贊普之祖母遣其大臣悉薰熱來獻方物，爲其孫請婚，中宗以所養雍王守禮女爲金城公主許嫁之〔三〕。自是頻歲貢獻。景龍三年十一月，又遣其大臣尚贊吐等來迎女，中宗宴之於苑內毬場，命駙馬都尉楊愼交與吐蕃使打毬，中宗率侍臣觀之。四年正月，制曰：

聖人布化，用百姓爲心；王者垂仁，以八荒無外。故能光宅遐邇，裁成品物。由是隆周理曆，恢柔遠之圖；强漢乘時，建和親之議。斯蓋御宇長策〔四〕，經邦茂範。朕受命上靈，克纂洪業，庶幾前烈，永致和平。睠彼吐蕃，僻在西服，皇運之始，早申朝貢。太宗文武聖皇帝德侔覆載，情深億兆，思偃兵甲，遂通姻好，數十年間，一方淸淨。自文成公主往化其國，因多變革，我之邊隅，亟興師旅，彼之蕃落，頗聞彫弊。頃者贊普及祖母可敦、酋長等，屢披誠款，積有歲時，思託舊親，請崇新好。金城公主，朕之少女，豈不鍾念，但爲人父母，志息黎元，若允乃誠祈，更敦和好，則邊土寧晏，兵役服息。遂割深慈，爲國大計，築茲外館，聿膺嘉禮，降彼吐蕃贊普，卽以今月進發，朕親自送于郊外。

中宗召侍中紀處訥謂曰：「昔文成公主出降，則江夏王送之。卿雅識蕃情，有安邊之略，可爲朕充吐蕃使也。」處訥拜謝，旣而以不練邊事固辭。上又令中書侍郞趙彥昭充使。彥昭以旣充外使，恐失其權寵，殊不悅，司農卿趙履温私謂之曰：「公國之宰輔，而爲一介之使，不亦鄙乎？」彥昭曰：「然計將安出？」履温因陰託安樂公主密奏留之。於是以左衞大將軍楊矩使焉。其月，帝幸始平縣以送公主，設帳殿於百頃泊側，引王公宰相及吐蕃使入宴。

中坐酒闌，命吐蕃使進前，諭以公主孩幼，割慈遠嫁之旨，上悲泣歔欷久之。因命從臣賦詩餞別，曲赦始平縣大辟罪已下，百姓給復一年，改始平縣爲金城縣，又改其地爲鳳池鄉愴別里。公主既至吐蕃，別築一城以居之。

睿宗卽位，攝監察御史李知古上言：「姚州諸蠻，先屬吐蕃，請發兵擊之。」遂令知古徵劍南兵募往經略之。蠻酋傍名乃引吐蕃攻知古，殺之，仍斷其屍以祭天。時張玄表爲安西都護，又與吐蕃比境，互相攻掠，吐蕃內雖怨怒，外敦和好。時楊矩爲鄯州都督，吐蕃遣使厚遺之，因請河西九曲之地以爲金城公主湯沐之所，矩遂奏與之。吐蕃既得九曲，其地肥良，堪頓兵畜牧，又與唐境接近，自是復叛，始率兵入寇。

開元二年秋，吐蕃大將坌達焉、乞力徐等率衆十餘萬寇臨洮軍，又進寇蘭、渭等州，掠監牧羊馬而去。楊矩悔懼，飲藥而死。玄宗令攝左羽林將軍薛訥及太僕少卿王晙率兵邀擊之。仍下詔將大舉親征，召募將士，克期進發。俄而晙等與賊相遇於渭源之武階驛，前軍王海賓力戰死之，晙等率兵而進，大破吐蕃之衆，殺數萬人，盡收得所掠羊馬。賊餘黨奔北，相枕藉而死，洮水爲之不流。上遂罷親征，命紫微舍人倪若水往按軍實，仍弔祭王海賓而還。吐蕃遣其大臣宗俄因子至洮河祭其死亡之士，仍款塞請和，上不許之。自是連年犯邊，郭知運、王君㚟相次爲河西節度使以捍之。

吐蕃既自恃兵強，每通表疏，求敵國之禮，言詞悖慢，上甚怒之。及封禪禮畢，中書令張說奏言：「吐蕃醜逆，誠負萬誅，然又事征討，實爲勞弊。且十數年甘、涼、河、鄯徵發不息，縱令屢勝，亦不能補。聞其悔過請和，惟陛下遣使，許其稽顙內屬，以息邊境，則蒼生幸甚。」上曰：「待吾與王君㚟籌之。」說出，謂源乾曜曰：「君㚟勇而無謀，常思僥倖，兩國和好，何以爲功？若入陳謀，則吾計不遂矣。」尋而君㚟入朝奏事，遂請率兵深入以討之。

十五年正月，君㚟率兵破吐蕃于青海之西，虜其輜重及羊馬而還。先是，吐蕃大將悉諾邏率衆入攻大斗谷，又移攻甘州，焚燒市里。君㚟畏其鋒，不敢出戰。會大雪，賊凍死者甚衆，遂取積石軍西路而還。君㚟先令人潛入賊境，於其歸路燒草。悉諾邏軍還至大非川，將士息甲牧馬，而野草皆盡，馬死過半。君㚟與秦州都督張景順等率衆襲其後，入至青海之西，時海水冰合，將士並乘冰而渡。會悉諾邏已渡大非川，輜重及疲兵尚在青海之側，君㚟縱兵俘之而還。其年九月，吐蕃大將悉諾邏恭祿及燭龍莽布支攻陷瓜州城，執刺史田元獻及王君㚟之父壽，盡取城中軍資及倉糧，仍毀其城而去。又進攻玉門軍及常樂縣，縣令賈師順嬰城固守，凡八十日，賊遂引退。俄而王君㚟爲迴紇餘黨所殺，乃命兵部尚書蕭嵩爲河西節度使，以建康軍使、左金吾將軍張守珪爲瓜州刺史，修築州城，招輯百姓，令其復業。時悉諾邏恭祿威名甚振，蕭嵩乃縱反間於吐蕃，云其與中國潛通，贊普遂召而誅之。

明年秋，吐蕃大將悉末朗復率衆攻瓜州，守珪出兵擊走之。隴右節度使、鄯州都督張忠亮引兵至青海西南渴波谷，與吐蕃接戰，大破之。俄而積石、莫門兩軍兵馬總至，與忠亮合勢追討，破其大莫門城，生擒千餘人，獲馬一千匹、犛牛五百頭，器仗衣資甚衆，又焚其駱駝橋而還。八月，蕭嵩又遣副將杜賓客率弩手四千人與吐蕃戰于祁連城下，自辰至暮，散而復合，賊徒大潰，臨陣斬其副將一人。賊敗，散走投山，哭聲四合。初，上聞吐蕃重來入寇，謂侍臣曰：「吐蕃驕暴，恃力而來，朕今按地圖，審利害，親指授將帥，破之必矣。」數日而露布至。

十七年，朔方大總管信安王禕又率兵赴隴右，拔其石堡城，斬首四百餘級，生擒二百餘口，遂於石堡城置振武軍，仍獻其俘囚于太廟。於是吐蕃頻遣使請和，忠王友皇甫惟明因奏事面陳通和之便。上曰：「吐蕃贊普往年嘗與朕書，悖慢無禮，朕意欲討之，何得和也！」惟明曰：「開元之初，贊普幼稚，豈能如此。必是在邊軍將務邀一時之功，僞作此書，激怒陛下。兩國既鬭，興師動衆，因利乘便，公行隱盜，僞作功狀，以希勳爵，所損鉅萬，何益國家。今河西、隴右，百姓疲竭，事皆由此。若陛下遣使往視金城公主，因與贊普面約通和，令其稽顙稱臣，永息邊境，此永代安人之道也。」上然其言，因令惟明及內侍張元方充使往問吐蕃。惟明、元方等至吐蕃，既見贊普及公主，具宣上意。贊普等欣然請和，盡出貞觀以來前後敕書以示惟明等，令其重臣名悉獵隨惟明等入朝，上表曰：

外甥是先皇帝舅宿親，又蒙降金城公主，遂和同爲一家，天下百姓，普皆安樂。中間爲張玄表、李知古等東西兩處先動兵馬，侵抄吐蕃，邊將所以互相征討，迄至今日，遂成釁隙。外甥以先代文成公主、今金城公主之故，深識尊卑，豈敢失禮。又緣年小，枉被邊將讒搆鬭亂，令舅致怪。伏乞垂察追留，死將萬足。前數度使人入朝，皆被邊將不許，所以不敢自奏。去冬公主遣使人婁衆失力將狀專往，蒙降使看公主來，外甥不勝喜荷。謹遣論名悉獵及副使押衙將軍浪些紇夜悉獵入朝〔三〕，奏取進止。兩國事意，悉獵所知。外甥蕃中已處分邊將，不許抄掠，若有漢人來投，便令却送。伏望皇帝舅遠察赤心，許依舊好，長令百姓快樂。如蒙聖恩，千年萬歲，外甥終不敢先違盟誓。謹奉金胡瓶一、金盤一、金椀一、馬腦盃一、零羊衫段一，謹充微國之禮。

金城公主又別進金鵝盤盞雜器物等。十八年十月，名悉獵等至京師，上御宣政殿，列羽林仗以見之。悉獵頗曉書記，先曾迎金城公主至長安，當時朝廷皆稱其才辯。及是上引入內宴，與語，甚禮之，賜紫袍金帶及魚袋，幷時服、繒綵、銀盤、胡瓶，仍於別館供擬甚厚。悉獵受袍帶器物而却進魚袋，辭曰：「本國無此章服，不敢當殊異之賞。」上嘉而許之。詔御史大夫崔琳充使報聘。仍於赤嶺各豎分界之碑，約以更不相侵。

時吐蕃使奏云：「公主請毛詩、禮記、左傳、文選各一部。」制令祕書省寫與之。正字于休烈上疏請曰：

臣聞戎狄，國之寇也；經籍，國之典也。戎之生心，不可以無備；典有恆制，不可以假人。傳曰：「裔不謀夏，夷不亂華。」所以格其非心，在乎有備無患。昔東平王入朝求史記、諸子，漢帝不與。蓋以史記多兵謀，諸子雜詭術。夫以東平，漢之懿戚，尙不欲示征戰之書；今西戎，國之寇讎，豈可貽經典之事！且臣聞吐蕃之性，慓悍果決，敏情持銳，善學不迴。若達於書，必能知戰。深於詩，則知武夫有師干之試；深於禮，則知月令有興廢之兵；深於傳，則知用師多詭詐之計；深於文，則知往來有書檄之制。何異借寇兵而資盜糧也！臣聞魯秉周禮，齊不加兵；吳獲乘車，楚疲奔命。一以守典存國，一以喪法危邦，可取鑒也。且公主下嫁從人，遠適異國，合慕夷禮，返求良書，愚臣料之，恐非公主本意也。慮有奔北之類，勸教於中。若陛下慮失蕃情，以備國信，必不得已，請去春秋。當周德既衰，諸侯強盛，禮樂自出，戰伐交興，情僞於是乎生，變詐於是乎起，則有以臣召君之事，取威定霸之名。若與此書，國之患也。傳曰：「于奚請曲縣繁纓，仲尼曰：『惜也，不如多與之邑。惟名與器，不可假人。』」狄固貪婪，貴貨易土，正可錫之錦綺，厚以玉帛，何必率從其求，以資其智。臣忝叨列位，職刊祕籍，實痛經典，棄在戎夷。昧死上聞，惟陛下深察。

疏奏不省。二十一年，又制工部尚書李暠往聘吐蕃，每唐使入境，所在盛陳甲兵及騎馬，以矜其精銳。二十二年，遣將軍李佺於赤嶺與吐蕃分界立碑。二十四年正月，吐蕃遣使貢方物金銀器玩數百事，皆形制奇異。上令列於提象門外，以示百僚。

其年，吐蕃西擊勃律，遣使來告急，上使報吐蕃，令其罷兵。吐蕃不受詔，遂攻破勃律國，上甚怒之。時散騎常侍崔希逸爲河西節度使，於涼州鎮守。時吐蕃與漢樹柵爲界，置守捉使。希逸謂吐蕃將乞力徐曰：「兩國和好，何須守捉，妨人耕種。請皆罷之，以成一家，豈不善也？」乞力徐報曰：「常侍忠厚，必是誠言。但恐朝廷未必皆相信任。萬一有人交搆，掩吾不備，後悔無益也。」希逸固請之，遂發使與乞力徐殺白狗爲盟，各去守備。於是吐蕃畜牧被野。俄而希逸傔人孫誨入朝奏事，誨欲自邀其功，因奏言「吐蕃無備，若發兵掩之，必克捷」。上使內給事趙惠琮與孫誨馳往觀察事宜。惠琮等至涼州，遂矯詔令希逸掩襲之，希逸不得已而從之，大破吐蕃於青海之上，殺獲甚衆，乞力徐輕身遁逸。惠琮、孫誨皆加厚賞，吐蕃自是復絕朝貢。希逸以失信怏怏，在軍不得志，俄遷爲河南尹，行至京師，與趙惠琮俱見白狗爲祟，相次而死。孫誨亦以罪被戮。詔以岐州刺史蕭炅爲戶部侍郎判涼州事，代希逸爲河西節度使；鄯州都督杜希望爲隴右節度使；太僕卿王昱爲益州長史〔六〕、劍南節度使，分道經略，以討吐蕃。仍令毁其分界之碑。

二十六年四月，杜希望率衆攻吐蕃新城，拔之，以其城爲威戎軍〔七〕，發兵一千以鎮之。其年七月，希望又從鄯州發兵奪吐蕃河橋，於河左築鹽泉城。吐蕃將兵三萬人以拒官軍，希望引衆擊破之，因於鹽泉城置鎮西軍。時王昱又率劍南兵募攻其安戎城。先於安戎城左右築兩城，以爲攻拒之所，頓兵於蓬婆嶺下，運劍南道資粮以守之。其年九月，吐蕃悉銳以救安戎城，官軍大敗，兩城並爲賊所陷，昱脫身走免，將士已下數萬人及軍糧資仗等並沒于賊。昱坐左遷括州刺史。初昱之在軍，謬賞其子錢帛萬計，并擅與紫袍等，所費鉅萬，坐是尋又重貶爲端州高要尉而死。

二十七年七月，吐蕃又寇白草、安人等軍，敕臨洮、朔方等軍分兵救援。時吐蕃於中路屯兵，斷臨洮軍之路。白水軍守捉使高束于拒守連旬，俄而賊退，蕭炅遣偏將掩其後，擊破之。王昱既敗之後，詔以華州刺史張宥爲益州長史、劍南防禦使，主客員外郎章仇兼瓊爲益州司馬、防禦副使。宥既文吏，素無攻戰之策，兼瓊遂專其戎事。俄而兼瓊入奏，盛陳攻取安戎之策，上甚悅，徙張宥爲光祿卿，拔兼瓊令知益州長史事，代張宥節度，仍爲之親畫取城之計。

二十八年春，兼瓊密與安戎城中吐蕃翟都局及維州別駕董承宴等通謀，都局等遂翻城歸款，因引官軍入城，盡殺吐蕃將士，使監察御史許遠率兵鎭守。上聞之甚悅。中書令李林甫等上表曰：「伏以吐蕃此城，正當衝要，憑險自固，恃以窺邊。積年以來，蟻聚爲患，縱有百萬之衆，難以施功。陛下親紆祕策，不興師旅，頃令中使李思敬曉喻羌族，莫不懷恩，翻然改圖，自相謀陷。神算運於不測，睿略通於未然，累載逋誅，一朝蕩滅。又臣等今日奏事，陛下從容問臣等曰：『卿等但看四夷不久當漸摧喪。』德音纔降，遽聞戎捷。則知聖與天合，應如響至，前古以來，所未有也。請宣示百僚，編諸史策。」手制答曰：「此城儀鳳年中羌引吐蕃，遂被固守，歲月既久，攻伐亦多。其地險阻，非力所制。朝廷羣議，不合取之。朕以小蕃無知，事須處置，授以奇計，所以行之，獲彼戎心，歸我城守，有足爲慰也。」其年十月，吐蕃又引衆寇安戎城及維州，章仇兼瓊遣裨將率衆禦之，仍發關中彍騎以救援焉。時屬凝寒，賊久之自引退。詔改安戎城爲平戎城。

二十九年春，金城公主薨，吐蕃遣使來告哀，仍請和，上不許之。使到數月後，始爲公主舉哀於光順門外，輟朝三日。六月，吐蕃四十萬攻承風堡，至河源軍，西入長寧橋，至安仁軍，渾崖峯騎將盛希液以衆五千攻而破之。十二月，吐蕃又襲石堡城，節度使蓋嘉運不能守，玄宗憤之。天寶初，令皇甫惟明、王忠嗣爲隴右節度，皆不能克。七載，以哥舒翰爲隴右節度使，攻而拔之，改石堡城爲神武軍。

天寶十四載，贊普乞黎蘇籠獵贊死，大臣立其子婆悉籠獵贊爲主，復爲贊普。玄宗遣京兆少尹崔光遠兼御史中丞，持節賫國信册命弔祭之。及還，而安祿山已竊據洛陽，以河、隴兵募令哥舒翰爲將，屯潼關。

昔秦以隴山已西爲隴西郡。漢懷匈奴於河右，置姑臧、張掖、酒泉、伊吾等郡；又於磧外置西域都護，控引胡國；又分隴西爲金城、西平等郡，雜以氐、羌居之。歷代喪亂，不爲賢豪所據，則爲遠夷侵廢，迨千年矣。武德初，薛仁杲奄有隴上之地，至於河虜；李軌盡有涼州之域〔八〕，通於磧外。貞觀中，李靖破吐谷渾，侯君集平高昌，阿史那社爾開西域，置四鎮。前王之所未伏，盡爲臣妾，秦、漢之封域，得議其土境耶！於是歲調山東丁男爲戍卒，繒帛爲軍資，有屯田以資糗糧，牧使以娩羊馬。大軍萬人，小軍千人，烽戍邏卒，萬里相繼，以却於強敵。隴右鄯州爲節度，河西涼州爲節度，安西、北庭亦置節度，關內則於靈州置朔方節度，又有受降城、單于都護庭爲之藩衞。及潼關失守，河洛阻兵，於是盡徵河隴、朔方之將鎮兵入靖國難，謂之行營。曩時軍營邊州無備預矣。乾元之後，吐蕃乘我間隙，日蹙邊城，或爲虜掠傷殺，或轉死溝壑。數年之後，鳳翔之西，邠州之北，盡蕃戎之境，湮沒者數十州。

肅宗元年建寅月甲辰，吐蕃遣使來朝請和，勅宰相郭子儀、蕭華、裴遵慶等於中書設宴〔九〕。將詣光宅寺爲盟誓，使者云：「蕃法盟誓，取三牲血歃之，無向佛寺之事，請明日須於鴻臚寺歃血，以申蕃戎之禮。」從之。寶應元年六月，吐蕃使燭番莽耳等二人貢方物入朝，乃於延英殿引見，勞賜各有差。而劍南西山又與吐蕃、氐、羌隣接，武德以來，開置州縣，立軍防，卽漢之笮路，乾元之後，亦陷於吐蕃。寶應二年三月，遣左散騎常侍兼御史大夫李之芳、左庶子兼御史中丞崔倫使于吐蕃，至其境而留之。

廣德元年九月，吐蕃寇陷涇州。十月，寇邠州，又陷奉天縣。遣中書令郭子儀西禦。吐蕃以吐谷渾、党項羌之衆二十餘萬，自龍光度而東。郭子儀退軍，車駕幸陝州，京師失守。降將高暉引吐蕃入上都城，與吐蕃大將馬重英等立故邠王男廣武王承宏爲帝，立年號，大赦，署置官員，尋以司封崔瓌等爲相〔一〇〕。郭子儀退軍南保商州，吐蕃居城十五日退，官軍收上都，以郭子儀爲留守。

初，車駕東幸，衣冠戚里盡南投荆襄及隱竄山谷，於是六軍將士持兵剽劫，所在阻絕。郭子儀領部曲數百人及其妻子僕從南入牛心谷，駝馬車牛數百兩，子儀遲留，未知所適。行軍判官、中書舍人王延昌、監察御史李萼謂子儀曰：「令公身爲元帥，主上蒙塵於外，家國之事，一至於此。今吐蕃之勢日逼，豈可懷安於谷中，何不南趨商州，漸赴行在。」子儀遽從之。延昌曰：「吐蕃知令公南行，必分兵來逼，若當大路，事卽危矣。不如取玉山路而去，出其不意。」子儀又從之。延昌與李蕚皆從子儀，子儀之隊千餘人，山路狹隘，連延百餘里，人不得馳。延昌與蕚恐狹徑被追，前後不相救，至倒迴口，遂與子儀別行，踰絕澗，登七盤，趨于商州。先是，六軍將張知節與麾下數百人自京城奔于商州〔三〕，大掠避難朝官、士庶及居人資財鞍馬，已有日矣。延昌與蕚既至，說知節曰：「將軍身掌禁兵，軍敗而不赴行在，又恣其下虜掠，何所歸乎？今郭令公元帥也，已欲至洛南，將軍若整頓士卒，喻以禍福，請令公來撫之，以圖收長安，此則將軍非常之功也。」知節大悅。其時諸軍將臧希讓、高昇、彭體盈、李惟詵等數人，各有部曲，率其數十騎，相次而至，又從其計，皆相率為軍，約不侵暴。延昌留于軍中主約，蕚以數騎往迎子儀，去洛南十餘里，及之，遂與子儀迴至商州。諸將大喜，皆遵其約束。

吐蕃將入京師也，前光祿卿殷仲卿逃難而出，鞍馬衣服盡為土賊所掠。仲卿至藍田，糾合散兵及諸驍勇願從者百餘人，南保藍田，以拒吐蕃，其衆漸振，至于千人。子儀既至商州，未知仲卿之舉，募人往探賊勢，羽林將軍長孫全緒請行，以二百騎隸之。又令太子賓客第五琦攝京兆尹，同收長安。全緒至韓公堆，晝則擊鼓，廣張旗幟，夜則多燃火以疑吐蕃。仲卿探知官軍，其勢益壯，遂相為表裏，以狀聞于子儀。仲卿帥二百餘騎遊奕，直渡滻水。吐蕃懼，問百姓，百姓皆紿之曰：「郭令公自商州領衆却收長安，大軍不知其數。」賊以為然，遂抽軍而還，餘衆尚在城。軍將王撫及御史大夫王仲昇頓兵自苑中入，椎鼓大呼，仲卿之師又入城，吐蕃皆奔走，乃收上都。郭子儀乘之，鼓行入長安，人心乃安。

吐蕃退至鳳翔，節度孫志直閉門拒之，吐蕃圍守數日。會鎮西節度、兼御史中丞馬璘領精騎千餘自河西救楊志烈迴，引兵入城。遲明，單騎持滿，直衝賊衆，左右願從者百餘騎，璘奮擊大呼，賊徒披靡，無敢當者，賊疲而歸。賊衆恃其驍勇，翌日又逼城請戰，璘披甲開懸門，賊乃抽退，皆曰：「此將不惜死，不可當，且避之。」又復居原、會、成、渭之地。

十二月，乘輿還上都。二年五月，放李之芳還。九月，叛將僕射、大寧郡王僕固懷恩自靈武遣其黨范志誠、任敷等引吐蕃、吐谷渾之衆來犯王畿。十月，懷恩之衆至邠州挑戰，節度白孝德及副元帥先鋒郭晞嬰城拒之，以挫其鋒。賊衆遂逼奉天縣西二十里爲營，郭子儀屯於奉天，又按軍不戰。郭晞於邠州西三十里，令精騎二百五十人、步卒五十人斫懷恩營，破五千衆，斬首千餘級，生擒八十五人，降其大將四人，馬五百匹。十一月，僕固懷恩引吐蕃之衆退。

廣德二年，河西節度楊志烈被圍，守數年，以孤城無援，乃跳身西投甘州，涼州又陷於寇。

永泰元年三月，吐蕃請和，遣宰相元載、杜鴻漸等於興唐寺與之盟而罷。秋九月，僕固懷恩誘吐蕃、迴紇之衆，南犯王畿。吐蕃大將尙結息贊磨、尙息東贊、尙野息及馬重英率二十萬衆至奉天界，邠州節度使白孝德不能禦，京城戒嚴。先是，朔方先鋒兵馬使渾日進、孫守亮屯軍於奉天以拒之，於是詔追副元帥郭子儀於河中府領衆赴援，屯於涇陽，諸將各屯守要害。初，吐蕃列營奉天，渾日進單騎衝之，驍騎二百人繼進，衝突其營，左右擊刺，賊徒驚駭，無不應弦而斃。日進挾一蕃將，躍馬而歸，蕃將奮身，失其撒飯一，日進之衆，無中鋒鏑者，軍中望而益振。明日，吐蕃悉衆圍之，日進命拋車夾石投之，雜以弓弩，賊死傷衆。數日，斂軍回營。尋又日進夜斫賊營於梁母神下，殺千餘人，生擒五百人，獲駝馬器械。

上又下詔親征，括朝官馬，京城置團練。鎭西節度馬璘遇吐蕃遊奕四百餘人於武功東原，使五十人擊而盡殺之，無噍類。自十七日雨至二十五日晚際始止〔三〕，議者以爲天助。吐蕃移營於醴泉縣九嵕山北，因攻掠醴泉。京城大駭，人皆空室，大戶鑿竇以出。逆黨任敷以兵五千餘人犯白水縣。渾日進露布而至，屯於奉天馬嵬店。今月十九日巳後至二十五日巳前，交戰二百餘陣，破吐蕃一萬餘衆，斬首五千級，生擒一百六十人，馬一千二百四十二匹，駝一百一十五頭，器械、幡旗共三萬餘事。朝官震懼，家口迴避者十室八九，禁之不止。自前年吐蕃犯王畿後，於中渭橋鄠豐城以營兵，至是功畢。

吐蕃退至永壽北，遇迴紇之衆，雖聞懷恩死，皆悖其衆，相誘而奔，復來寇。至奉天，兩蕃猜貳爭長，別爲營壘。吐蕃遊奕至盩厔，吐蕃又至馬嵬店，因縱火焚居人廬舍而退。迴紇三千騎詣涇陽降款，請擊吐蕃爲効，子儀許之。於是朔方先鋒兵馬使開府南陽郡王白元光與迴紇合於涇陽，靈臺縣東五十里攻破吐蕃，斬首及生擒獲駝馬牛羊甚衆。上停親征，京師解嚴，宰相上表稱賀。

校勘記

〔一〕蔞氏　通典卷一九〇、寰宇記卷一八五作「薛氏」。

〔二〕繡州　各本原作「浦州」，據本書卷六則天紀、卷七七韋挺傳、通鑑卷二〇四改。

〔三〕雍王守禮　「守」字各本原作「宗」，據御覽卷七九八、冊府卷九七九改。

〔四〕斯萿御宇長策　「御」字各本原無，據御覽卷七九八、唐大詔令集卷四二補。

〔五〕謹遣論名悉獵　各本原作「護遣諭名悉獵」，據殘宋本冊府卷九七九改。

〔六〕王昱　「昱」字各本原作「昊」，據本書卷九玄宗紀、卷一〇三王忠嗣傳、新書卷二一六上吐蕃傳改。下同。

〔七〕威戎軍　「戎」字各本原作「武」，據本書卷九玄宗紀、通典卷一七二改。

〔八〕李軌　各本原作「李皦」，據合鈔卷二五六上吐蕃傳改。

〔九〕裴遵慶　「裴」字各本原作「張」，據本書卷一一三裴遵慶傳、新書卷二一六上吐蕃傳改。

〔一〇〕彝以司封崔瓌等爲相　通鑑卷二二三作「以前翰林學士于可封等相」，疑史文有誤。

〔一一〕京城　「京」字各本原無，據通鑑卷二二三考異引舊書史文補。

〔一二〕自十七日雨至二十五日晚際始止　「雨」字各本原無，據合鈔卷二五六上吐蕃傳補。

舊唐書卷一百九十六下

列傳第一百四十六下

吐蕃下

永泰二年二月，命大理少卿兼御史中丞楊濟修好于吐蕃。四月，吐蕃遣首領論泣藏等百餘人隨濟來朝，且謝申好。大曆二年十月，靈州破吐蕃二萬餘衆，生擒五百人，獲馬一千五百匹。十一月，和蕃使、檢校戶部尚書、兼御史大夫薛景仙自吐蕃使還，首領論泣陵隨景仙來朝，景仙奏云：「贊普請以鳳林關爲界。」俄又遣使路悉等十五人來朝。三年八月，吐蕃十萬寇靈武，大將尙悉摩寇邠州，邠寧節度使馬璘破二萬餘衆，擒其俘以獻之。九月，寇靈州，朔方騎將白元光破之。俄又復破二萬衆於靈武，獲羊馬數千計。關內副元帥郭子儀於靈州破吐蕃六萬餘衆。十二月，以蕃寇歲犯西疆，增修鎭守，乃移馬璘鎭涇州，仍爲涇原節度使。劍南西川亦破吐蕃萬餘衆。五年五月，徙置當〔一〕、悉、拓、靜、恭五州于山陵要害之地，以備吐蕃。

八年秋，吐蕃六萬騎寇靈武，蹂踐我禾稼而去。十月，寇涇、邠等州，郭子儀遣先鋒將渾瑊與賊戰于宜祿，我師不利，副將史籍等三人死之，村墅居人爲驅掠者凡千餘人。是夜，瑊收合散卒襲賊營，會馬璘亦襲其輜重，凡殺數千人，賊遂潰。子儀大破吐蕃十餘萬衆。初，吐蕃犯我邠郊，馬璘以精卒二千餘人潛夜掩賊營，射賊豹皮將中目，賊衆扶之號泣，遂舉營遁去。璘因收獲朔方兵健二百餘人，百姓七百餘人，駝馬數百匹。

九年四月，以吐蕃侵擾，預爲邊備，乃降敕：「宜令子儀以上郡、北地、四塞、五原、義渠、稽胡、鮮卑雜種步馬五萬衆，嚴會栒邑，克壯舊軍。抱玉以晉之高都，韓之上黨，河、湟義從，汧、隴少年，凡三萬衆，橫絕高壁，斜界連營。馬璘以西域前庭，車師後部，兼廣武之戍，下蔡之徭，凡三萬衆，屯於回中〔二〕，張大軍之援。忠誠以武落別校，右地奇鋒，凡二萬衆，出岐陽而北會。希讓以三輔太常之徒，六郡良家之子，自渭上而西合汴宋、淄青、河陽、幽薊，總四萬衆，分列前後。魏博〔三〕、成德、昭義、永平總六萬衆，大舒左右。朕內整禁旅，親誓諸將，資以千金之費，錫以六牧之馬。其戎裝戰器，軍用邊儲，各有司存，素皆精辦。咨爾將相文武宣力之臣，夫師克在和，善戰不陣，各宜保據疆界，屯據要衝，斥堠惟明，首尾相應。若既悔過，何必勞人；如或不恭，自當伐罪。然後眷求統一，以制諸軍。進取之宜，俟於後命。」

十一年正月，劍南節度使崔寧大破吐蕃故洪等四節度兼突厥、吐渾、氐、蠻、羌、党項等二十餘萬衆，斬首萬餘級，生擒蟵城兵馬使一千三百五十人，獻于闕下，牛羊及軍資器械，不可勝紀。十二年九月，入寇坊州，掠党項羊馬而去。十月，崔寧破吐蕃望漢城。十四年八月，命太常少卿韋倫持節使吐蕃，統蕃俘五百人歸之。十月，吐蕃率南蠻衆二十萬來寇：一入茂州，過汶川及灌口；一入扶、文，過方維、白壩；一自黎、雅過邛崍關，連陷郡邑。乃發禁兵四千人及幽州兵五千人同討，大破之。

建中元年四月，韋倫至。自大曆中聘使前後數輩，皆留之不遣，俘獲其人，必遣中官部統徙江、嶺，因緣求財及給養之費，不勝其弊。去年冬，吐蕃大興師以三道來侵，會德宗初卽位，以德綏四方，徵其俘囚五百餘人，各給衣一襲，使倫統還其國，與之約和，敕邊將無得侵伐。吐蕃始聞歸其人，不之信，及蕃俘入境，部落皆畏威懷惠。其贊普乞立贊謂倫曰：「不知是來也，而有三恨，奈何？」倫曰：「未達所謂。」乞立贊曰：「不知大國之喪，而弔不及哀，一也。不知山陵之期，而賻不成禮，二也。不知皇帝舅聖明繼立，已發衆軍三道連衡。今靈武之師，聞命輒已；而山南之師已入扶、文，蜀師已趣灌口，追且不及，是三恨也。」乃發使奉贄，不二旬而復命。蜀帥上所獲戎俘，有司請準舊事頒爲徒隸，上曰：「要約著矣，言庸二乎！」乃各給縑二匹、衣一襲而歸之。五月，以韋倫爲太常卿，復使吐蕃。其冬，遣宰相論欽明思等五十五人隨倫至，且獻方物。吐蕃見倫再至，甚歡。既就館，聲樂以娛之，留九日而還，兼遣其渠帥報命。

二年十二月，入蕃使判官常魯與吐蕃使論悉諾羅等至自蕃中。初，魯與其使崔漢衡至列館，贊普令止之，先命取國信敕，既而使謂漢衡曰：「來敕云：『所貢獻物，並領訖；今賜外甥少信物，至領取。』我大蕃與唐舅甥國耳，何得以臣禮見處？又所欲定界，雲州之西，請以賀蘭山爲界。其盟約，請依景龍二年敕書云：『唐使到彼，外甥先與盟誓；蕃使到此，阿舅亦親與盟。』」乃邀漢衡遣使奏定。魯使還奏焉，爲改敕書，以「貢獻」爲「進」，以「賜」爲「寄」，以「領取」爲「領之」。且謂曰：「前相楊炎不循故事，致此誤爾。」其定界盟，並從之。

三年四月，放先没蕃將士僧尼等八百人歸還，報歸蕃俘也。九月，和蕃使、殿中少監、兼御史中丞崔漢衡與蕃使區頰贊至。時吐蕃大相尚結息忍而好殺，以嘗覆敗於劍南，思刷其恥，不肯約和。其次相尚結贊有材略，因言於贊普，請定界明約，以息邊人。贊普然之，竟以結贊代結息爲大相，終約和好，期以十月十五日會盟於境上。以崔漢衡爲鴻臚卿，以都官員外郎樊澤兼御史中丞、充入蕃計會使。初，漢衡與吐蕃約定月日盟誓，漢衡到，商量未決，已過其期，遂命澤詣結贊復定盟會期，且告遣隴右節度使張鎰與之同盟。澤至故原州，與結贊相見，以來年正月十五日會盟於清水西。

四年正月，詔張鎰與尙結贊盟于淸水。將盟，鎰與結贊約，各以二千人赴壇所，執兵者半之，列於壇外二百步，散從者半之，分立壇下。鎰與賓佐齊映、齊抗及會盟官崔漢衡、樊澤、常魯、于頔等七人皆朝服；結贊與其本國將相論悉頰藏、論臧熱、論利陁、斯官者、論力徐等亦七人，俱升壇爲盟。初約漢以牛，蕃以馬，鎰恥與之盟，將殺其禮，乃謂結贊曰：「漢非牛不田，蕃非馬不行，今請以羊、豕、犬三物代之。」結贊許諾。塞外無豕，結贊請出羝羊，鎰出犬及羊，乃於壇北刑之，雜血二器而歃盟。文曰：

唐有天下，恢奄禹跡，舟車所至，莫不率俾。以累聖重光，歷年爲永，彰王者之丕業，被四海之聲教。與吐蕃贊普，代爲婚姻，固結隣好，安危同體，甥舅之國，將二百年。其間或因小忿，棄惠爲讎，封疆騷然，靡有寧歲。皇帝踐祚，愍茲黎元，俾釋俘隸，以歸蕃落。蕃國展禮，同茲叶和，行人往復，累布成命。是必詐謀不起，兵車不用矣。彼猶以兩國之要，求之永久，古有結盟，今請用之。國家務息邊人，外其故地，棄利蹈義，堅盟從約。今國家所守界：涇州西至彈箏峽西口，隴州西至淸水縣，鳳州西至同谷縣，暨劍南西山大渡河東，爲漢界。蕃國守鎭在蘭、渭、原、會，西至臨洮，東至成州，抵劍南西界磨些諸蠻，大渡水西南，爲蕃界。其兵馬鎭守之處，州縣見有居人，彼此兩邊見屬漢諸蠻，以今所分見住處，依前爲定。其黃河以北，從故新泉軍，直北至大磧，直南至賀蘭山駱駝嶺爲界，中間悉爲閑田。盟文有所不載者，蕃有兵馬處蕃守，漢有兵馬處漢守，並依見守，不得侵越。其先未有兵馬處，不得新置，并築城堡耕種。今二國將相受辭而會，齋戒將事，告天地山川之神，惟神照臨，無得愆墜。其盟文藏于宗廟，副在有司，二國之成，其永保之。

結贊亦出盟文，不加於坎，但埋牲而已。盟畢，結贊請鑿就壇之西南隅佛幄中焚香爲誓。誓畢，復升壇飲酒。獻酬之禮，各用其物，以將厚意而歸。

二月，命崔漢衡持節答蕃，遣區頰贊等歸。上初令宰相、尙書與蕃相區頰贊盟於豐邑里壇所，將盟，以清水之會疆場不定〔四〕，遂罷，因留頰贊未遣，復令漢衡使於贊普。六月，答蕃使判官于頔與蕃使論頰沒藏等至自青海。七月，以禮部尙書李揆加御史大夫，爲入蕃會盟使。又命宰相李忠臣、盧杞、關播、右僕射崔寧、工部尙書喬琳、御史大夫于頎、太府卿張獻恭、司農卿段秀實、少府監李昌夔、京兆尹王翃、左金吾衞將軍渾瑊等與區頰贊等會盟於壇所。初，于頔至自蕃中，與尙結贊約「疆場既定，請歸其使」。從之。以豐邑坊盟壇在京城之內非便，請卜壇於京城之西。其禮如清水之儀。先盟二日，命有司告太廟，盟官致齋。三日，朝服陞壇，關播跪讀盟文。盟畢，宴賜而遣之。

興元元年二月，以右散騎常侍兼御史大夫于頎往涇州已來宣慰吐蕃，仍與州府計會頓遞。時吐蕃款塞請以兵助平國難，故遣使焉。四月，命太常少卿、兼御史中丞沈房爲入蕃計會及安西、北庭宣慰使。是月，渾瑊與吐蕃論莽羅率衆大破朱泚將韓旻、張廷芝、宋歸朝等於武功之武亭川，斬首萬餘級。

貞元二年，命倉部郎中、兼侍御史趙聿爲入吐蕃使。八月，吐蕃寇涇、隴、邠、寧數道，掠人畜，取禾稼，西境騷然。諸道節度及軍鎮咸閉壁自守而已。京師戒嚴。上遣左金吾將軍張獻甫與神策將李昇曇、蘇清沔等統兵屯於咸陽，召河中節度駱元光率衆戍咸陽以援之。九月，以吐蕃遊騎及於好畤，上復遣張獻甫等統兵屯於咸陽，又詔遣左監門將軍康成使于吐蕃。初，吐蕃大相尚結贊累遣使請盟會定界，乃命成使之。至上呰原，與結贊相見，令其使論乞陀與成同來。

是月，鳳翔節度使李晟以吐蕃侵軼，遣其將王佖夜襲賊營，率驍勇三千人入汧陽，誡之曰：「賊之大衆，當過城下，無擊其首尾。首尾雖敗，中軍力全，若合勢攻之，汝必受其弊。但候其前軍已過，見五方旗、虎豹衣，則其中軍也。出其不意，乃是奇功。」佖如其言出擊之，賊衆果敗，副將史廷玉力戰死之。又寇鳳翔城下，李晟出兵禦之，一夕而退。十月，李晟遣兵襲吐蕃之摧沙堡〔五〕，大破之，焚其歸積，斬蕃酋扈屈律設贊等七人〔六〕，傳首京師。

十一月，吐蕃陷鹽州。初，賊之來也，刺史杜彥光使以牛酒犒之。吐蕃謂曰：「我欲州城居之，聽爾率其人而去。」彥光乃悉衆奔鄜州。十二月，陷夏州，刺史拓拔乾暉率衆而去，復據其城。又寇銀州，素無城壁，人皆奔散。三年春，命檢校左庶子、兼御史中丞崔澣爲入吐蕃使，相次又遣左庶子李銛使之。河東、保寧等道節度使馬燧來朝。初，尚結贊既陷鹽、夏等州，各留千餘人守之，結贊大衆屯於鳴沙。自去冬及春，羊馬多死，糧餉不給。時詔遣華州、潼關節度駱元光、邠寧節度韓遊瓌統衆與鳳翔、鄜、邠及諸道戍卒，屯於塞上，又命燧率師次於石州，分兵隔河與元光等掎角討之。結贊聞而大懼，累遣使請和，仍約盟會，上皆不許。又遣其大將論頰熱厚禮卑詞求燧請盟，燧以奏焉，上又不許，惟促其合勢討逐。燧喜賂信詐，乃與頰熱俱入朝，盛言其可保信，許盟約，上於是從之。燧既赴朝也，諸軍但閉壁而已。結贊遽悉其衆棄夏州而歸，馬既多死，有徒行者。及是夏平涼之會，竟渝盟，馬燧亦由此失兵柄而奉朝請矣。

四月，崔澣至自鳴沙。初，澣至鳴沙，與尚結贊相見，詢問其違約陷鹽、夏州之故，對曰：「本以定界碑被牽倒，恐二國背盟相侵，故造境上請修舊好。又蕃軍頃年破朱泚之衆於武功，未獲酬償，所以來耳。及徙涇州，其節度使閉城自守，音問莫達。又徙鳳翔，請通使於李令公，亦不見納。及遣康成、王眞之來，皆不能達大國之命。日望大臣充使，兼展情禮，實無至者，乃引軍還。及鹽、夏二州之師，二州懼我之衆，請以城與我，求全而歸，非我所攻陷也。今君以國親將命，若結好復盟，蕃之願也。盟會之期及定界之所，唯命是聽。君歸奏決定，當以鹽、夏相還也。」又云：「清水之會，同盟者少，是以和好輕慢不成。今蕃相及元帥已下凡二十一人赴。靈州節度使杜希全稟性和善，外境所知，請令主盟會。涇州節度李觀，亦請同主之。」又同章表上聞。澣誘賂蕃中給役者，求其人馬眞數，凡五萬九千餘人、馬八萬六千餘匹，可戰者僅三萬人，餘悉童幼，備數而已。

是日，改崔澣爲鴻臚卿，再入吐蕃，令澣報尙結贊曰：「杜希全職在靈州，不可出境。李觀今已改官，以侍中渾瑊充盟會使。」約以五月二十四日復盟於清水。又令告以鹽、夏二州歸于我，纔就盟會。上疑蕃情不實，以得州爲信焉。五月，渾瑊以充盟會使來辭，且受命。以兵部尙書崔漢衡爲盟會副使，司勳員外郎鄭叔矩爲判官。渾瑊赴會盟所，上令瑊統衆二萬餘人，遣華州潼關節度駱元光赴之。上令宰臣召吐蕃使論泣贊等於中書議會盟之所。初崔澣與尙結贊約復會於清水，且先歸我鹽、夏二州，結贊云：「清水非吉地，請會於原州之土梨樹。」又請盟畢歸二州。澣遣使與泣贊等同奏，上務懷柔遠人，皆從之。約以五月十五日盟于土梨樹，上召宰臣謀之。先是左神策將馬有麟奏：「土梨樹地多險隘，恐蕃軍隱伏，不利于我。平凉川四隅坦平，且近涇州，就之爲便。」由是乃定盟所於平凉川。時蕃使論泣贊已復命，遽追還，告而遣之。

渾瑊與尚結贊會於平涼。初，瑊與結贊約，以兵三千人列于壇之東西，散手四百人至壇下。及將盟，又約各益遊軍相覘伺。結贊擁精騎數萬于壇西，蕃之遊軍貫穿我師。瑊之將梁奉貞率六十騎爲遊軍，纔至蕃中，皆被執留，瑊不虞也。結贊又遣人請瑊曰：「請侍中以下服衣冠劍珮以俟命。」蓋誘其下馬，將劫持之。瑊與崔漢衡、監軍特進宋鳳朝等皆入幕次，坦無他慮。結贊命伐鼓三聲，其衆呼譟而至。瑊遽出自幕後，偶得他馬，跨而奔歸。時馬不加銜，瑊伏于鬣而手加之，凡馳十餘里，銜方及口，故追騎之矢，過而不傷焉。唯瑊之裨將辛榮招合數百人，據北阜與賊接戰，須臾賊衆四合，榮力屈而降。鳳朝及瑊判官韓弇，並爲亂兵所殺。漢衡及中官劉延邕、俱文珍、李清朝，漢衡判官鄭叔矩、路泌，掌書記袁同直，大將扶餘準、馬寧及神策、鳳翔、河東大將孟日華、李至言、樂演明、范澄、馬弇等六十餘人皆陷焉。餘將士及夫役死者四五百人，驅掠者千餘人，咸被解奪其衣。

初，漢衡爲亂軍所擊，其從吏呂温以身蔽之，刃中温而漢衡獲免。漢衡乃夷言謂執者曰：「我漢使崔尚書也，結贊與我善，如若殺我，結贊亦殺汝。」乃捨之，盡驅而西。既已面縛，各以一木自領至趾約于身，以毛繩三束之，又以毛繩連其髮而牽之。夜皆踣於地，以髮繩各繫一橛，又以毛罽都覆之，守衞者臥其上，以防其亡逸也。至故原州，結贊坐于帳中，召與相見，數讓國家，因怒渾瑊曰：「武功之捷，皆我之力，許以涇州、靈州相報，皆食其言，負我深矣，舉國所忿。本劫是盟，在擒瑊也。吾遣以金飾桎梏待瑊，將獻贊普。既以失之，虛致君等耳，當遣君輩三人歸也。」呂溫帶瘡亦至，結贊嘉其義，厚給賚之。結贊率其衆於石門，遣中官俱文珍、渾瑊之將馬寧、馬燧之將馬弇歸于我，遂送漢衡、叔矩等囚於河州，辛榮、扶餘準等於故廓州、鄯州分囚之。結贊本請杜希全、李觀同盟，將執二節將，率其銳師來犯京師，希全等既不行，又欲執渾瑊長驅入寇，其謀也如此。上遣中官王子恆賚詔書以遺結贊，蕃界不納而還。

初，瑊與駱元光將發涇州，元光謂瑊曰：「本奉詔令營於潘原堡，以應援侍中。竊以潘原去盟所六七十里，蕃情多詐，侍中倘有急，何由知之？請次侍中爲營，以虞其變。」瑊以非詔旨，固止之。元光與同進。瑊之營西去盟所二十餘里，元光之營次之。其壕栅頗深固，瑊之壕栅可踰越焉。及瑊單騎奔歸，未及其營，守將李朝彩不能整衆，多已奔散，瑊至，空營而已，器械資糧悉棄之，賴元光之衆陣於營中，瑊既入，賊追騎方退。元光乃先遣輜重，次與瑊俱申其號令，嚴其部伍而還。瑊復鎮于奉天。

六月，鹽、夏二州吐蕃焚城門及廬舍，毁城壁而歸。七月，詔曰：

乃者吐蕃犯塞，毒我生靈，俶擾隴東，深入河曲。朕以兵戈粗定，傷夷未瘳，務息戰伐之謀，遂從通和之請。亦知戎醜，志在貪婪，重違修睦之辭，乃允尋盟之會。果爲隱匿，變發壝宮，縱犬羊兇狡之羣，乘文武信誠之衆，蒼黃淪陷，深用惻然。此皆由朕之不明，致其至此。既無德於萬衆，亦有愧於四方，宵旰貽憂，何嗟而及。今兵部尚書崔漢衡等，皆國之良士，朝之藎臣，嬰縶窮廬，眇然殊域。念其家室，或未周於屢空；錄以息男，庶或資於薄俸。漢衡宜與一子七品官；司勳員外郎鄭叔矩、檢校戶部郎中路泌、殿中侍御史韓弇及大將孟日華、辛榮、李至言、范澄、王良賓、樂演明、陽昔、權交成等，各與一子八品官；試左金吾兵曹參軍袁同直、檢校尉裴頲及副兵馬使以下，各與一子九品官。仍並與正員官。餘將士各與一子官，仍委本使即具名銜聞奏。

於是遣決勝軍使唐良臣以衆六百人戍潘原堡，神策副將蘇太平率其衆五百人戍隴州。

八月，崔漢衡至自吐蕃。初，漢衡與同陷者並至河州，尚結贊令召漢衡與神策將孟日華、中官劉延邕，俱至石門而遣之。結贊令五十騎送至境上，且齎表請進。及潘原，李觀使止曰：「有詔不許更納蕃使。」受其表而返其人。自是吐蕃率羌、渾之衆犯塞，分屯於潘口及青石嶺。先是，吐蕃之衆自潘口東分爲三道：其一趨隴州，其一趨汧陽之東，其一趨鈞竿原。是日，相次屯於所趨之地，連營數十里。其汧陽賊營，距鳳翔四十里，京師震恐，士庶奔駭。賊遣羌、渾之衆，衣漢戎服，僞稱邢君牙之衆，奄至吳山及寶雞北界，焚燒廬舍，驅掠人畜，斷吳山神之首，百姓丁壯者驅之以歸，羸老者咸殺之，或斷手鑿目，棄之而去。初，李晟在鳳翔，令伐大木塞安化峽，及是，賊並焚之。

九月，詔神策軍將石季章以衆三千戍武功，召唐良臣自潘原戍百里城。是月，吐蕃大掠汧陽、吳山、華亭等界人庶男女萬餘口，悉送至安化峽西，將分隸羌、渾等，乃曰：「從爾輩東向哭辭鄉國。」衆遂大哭。其時一慟而絕者數百人，投崖谷死傷者千餘人，聞者爲之痛心焉。渾瑊遣其將任蒙主以衆三千戍好時。是月，吐蕃之衆復至，分屯於豐義及華亭。百僚入計以破吐蕃圍。隴州刺史韓清沔與蘇太平夜出兵伏於大像龕，及夜半，令城中及龕各舉火相應，賊大驚，因襲其營，賊乃退散。時吐蕃攻陷華亭。初，賊之圍華亭也，先絕其汲水道。其守將王仙鶴及鎭兵百姓凡三千人，皆在圍中，使人間道請救於隴州，刺史韓清沔令蘇太平率一千五百人赴之。及中路，其遊騎百餘沒於賊，太平素懦怯寡謀，遽引衆退歸。賊自是每日令遊騎千餘至隴州，州兵不敢復出。凡四日，圍中絕水，援軍不至，賊又積柴城下，將焚之，仙鶴遂降於賊。賊並焚廬舍，毁城壁，虜士衆十三四，收丁壯棄老而去。北攻連雲堡，又陷。堡之三面頗峭峻，唯北面連原，以濠爲固。賊自其北建拋樓七具，擊堡中，堡中唯一井，投石俄而滿焉。又飛梁架濠而過，苦攻之。堡將張明遂與其衆男女千餘口東向慟哭而降。涇州之西，唯有連雲堡每偵候賊之進退，及是堡陷，涇州不敢啓西門，西門外皆爲賊境，樵蘇殆絕，收刈禾稼，必布陣於野而收穫之。穫既失時，所得多空穗，於是涇人有飢憂焉。吐蕃驅掠連雲堡之衆及邠、涇編戶逃竄山谷者，并牛畜萬計，悉其衆送至彈箏峽。自是涇、隴、邠等賊之所至，俘掠殆盡。是秋，數州人無積聚者，邊將唯遣使表賀賊退而已。十月，吐蕃數千騎復至長武城，韓全義率衆禦之。韓遊瓌之將請以衆助之，遊瓌不許。及暮，賊退，全義亦引還。自是賊之騎常往來涇、邠之間，諸城西門莫敢啓者。賊又修故原州城，其大衆屯焉。

四年五月，吐蕃三萬餘騎犯塞，分入涇、邠、寧、慶、麟等州，焚彭原縣廨舍，所至燒廬舍，人畜沒者約二三萬，計凡二旬方退。陳許行營將韓全義自長武城率衆抗之，無功而還。遊瓌素無軍政，且疾不能興，閉城自守，莫敢禦也。先是，吐蕃入寇，恆以秋冬，及春則多遇疾疫而退。是來也，方盛暑而無患。蓋華人陷者，厚其資產，質其妻子，爲戎虜所將而侵軼焉。九月，吐蕃將尙悉董星、論莽羅等寇寧州，節度使張獻甫率衆禦之，斬首百餘級，賊轉寇麟坊等州，縱掠而去。

五年十月，劍南節度使韋皋遣將王有道等與東蠻兩林苴那時、勿鄧夢衝等帥兵於故巂州臺登北谷大破吐蕃青海、獵城二節度，殺其大兵馬使乞臧遮遮、悉多楊朱，斬首二千餘級，其投崖谷赴水死者不可勝數，生擒籠官四十五人，收獲器械一萬餘事、馬牛羊一萬餘頭匹。遮遮者，吐蕃驍勇者也，或云尙結贊之子，頗爲邊患。自其死也，官軍所攻城栅，無不降下，蕃衆日却，數年間，盡復巂州之境。

六年，吐蕃陷我北庭都護府。初，北庭、安西，既假道於迴紇朝奏，因附庸焉。蕃性貪狠，徵求無度。北庭近羌，凡服用食物所資，必強取之，人不聊生矣。又有沙陀部六千餘帳，與北庭相依，亦屬於迴紇。迴紇肆其抄奪，尤所厭苦。其葛祿部及白服突厥素與迴紇通和，亦憾其奪掠，因吐蕃厚賂見誘，遂附之。於是吐蕃率葛祿、白服之衆，去歲各來寇北庭，迴紇大相頡干迦斯率衆援之，頻戰敗績，吐蕃攻圍頗急。北庭之人既苦迴紇，是歲乃舉城降於吐蕃，沙陀部落亦降焉。北庭節度使楊襲古與麾下二千餘人出奔西州，頡干迦斯不利而還。七年秋，又悉其丁壯五六萬人，將復北庭，仍召襲古偕行，俄爲吐蕃、葛祿等所擊，大敗，死者大半。頡干迦斯紿之曰：「且與我同至牙帳，當送君歸本朝也。」襲古從之，及牙帳，留而不遣，竟殺之。自是安西阻絕，莫知存否，唯西州之人，猶固守焉。頡干迦斯既敗衂，葛祿之衆乘勝取迴紇之浮圖川，迴紇震恐，悉遷西北部落羊馬於牙帳之南以避之（七）。

八年四月，吐蕃寇靈州，掠人畜，攻陷水口城，進圍州城，塞水口及支渠以營田。詔河東、振武分兵爲援，又分神策六軍之卒三千餘人戍於定遠、懷遠二城，上御神武樓勞遣之。吐蕃引去。六月，吐蕃數千騎由青石嶺寇涇州，掠田軍千餘人還，及連雲堡，守捉使唐朝臣遣兵出戰，大將王進用死之。九月，西川節度使韋皋攻吐蕃之維州，獲大將論贊熱及首領獻于京師。十一月，山南西道節度嚴震擊破吐蕃於芳州及黑水堡，焚其積聚，并獻首虜。

九年二月，詔城鹽州。是州先爲吐蕃所毁，自此塞外無堡障，靈武勢隔，西逼鄜坊，甚爲邊患，故命城之，二旬而畢。又詔兼御史大夫紇干遂統兵五千與兼御史中丞杜彥光之衆戍之。是役也，上念將士之勞，厚令度支供給。又詔涇原、劍南〔八〕、山南諸軍深討吐蕃，以分其力。由是板築之際，虜無犯塞者。及畢，中外咸稱賀焉。是月，西川韋皋獻獲吐蕃首虜、器械、旗幟、牛馬於闕下。初，將城鹽州，上命皋出師以分吐蕃之兵，皋遣大將董勔、張芬出西山及南道，破峨和城、通鶴軍。吐蕃南道元帥論莽熱率衆來援，又破之，殺傷數千人，焚定廉故城。凡平栅堡五十餘所。

十年，南詔蠻蒙異牟尋大破吐蕃於神川，使來獻捷，語在南詔傳。十一年八月，黄少卿攻陷欽、横、潯、貴四州，吐蕃渠帥論乞髯蕩没藏悉諾律以其家屬來降，明年並以爲歸德將軍。十二年九月，吐蕃寇慶州及華池縣，殺傷頗甚。十三年正月，邢君牙奏請於隴州西七十里築城以備西戎，名永信城。吐蕃贊普遣使農桑昔齎表請修和好，邊將以聞。上以其豺狼之性，數負恩背約，不受表狀，任其使却歸。五月十七日，吐蕃於劍南山、馬嶺三處開路，分軍下營，僅經一月，進軍逼臺登城。嶲州刺史曹高任率領諸軍將士并東蠻子弟合勢接戰，自朝至午，大破之，生擒大籠官七人，陣上殺獲三百人，餘被刀箭者不可勝紀，收獲馬畜五百餘頭四、器械二千餘事。十四年十月，夏州節度使韓全義破吐蕃於鹽州西北。十六年六月，鹽州破吐蕃於烏蘭橋下〔九〕。

十七年七月，吐蕃寇鹽州，又陷麟州，殺刺史郭鋒，毀城隍，大掠居人，驅党項部落而去。次鹽州西九十里橫槽烽頓軍，呼延州僧延素輩七人，稱徐舍人召。其火隊吐蕃沒勒遽引延素等疾趨至帳前，皆馬革梏手，毛繩縲頸。見一吐蕃年少，身長六尺餘，赤髭大目，乃徐舍人也。命解縛，坐帳中，曰：「師勿懼。余本漢人，司空英國公五代孫也。屬武后斲喪王室，高祖建義中泯，子孫流播絕域，今三代矣。雖代居職位，世掌兵要，思本之心無涯，顧血族無由自拔耳。此蕃、漢交境也，復九十里至安樂州，師無由歸東矣。」延素曰：「僧身孤親老，懇祈全活。」悲不自勝。又曰：「余奉命率師備邊，因求資食，遂涉漢疆，展轉東進至麟州。城既無備，援兵又絕，是以拔之。知郭使君是勳臣子孫，必將活之，不幸爲亂兵所害。」適有飛鳥使至，飛鳥，猶中國驛騎也，云：「術者上變，召軍亟還。」遂歸之。時詔韋皋分遣偏將勒步騎合二萬，出成都西山，南北九道並進，逼棲雞、老翁、故維州、保州、松州諸城，以紓北邊故也。

九月，韋皋大破吐蕃於維州。十八年正月，韋皋擒吐蕃大首領論莽熱來獻，賜崇仁里宅以居之。莽熱，吐蕃內大相也。先貞元十六年，韋皋累破吐蕃二萬餘衆於黎州、嶲州，吐蕃遂大搜閱，築壘造舟，潛謀寇邊，皋悉挫之。於是吐蕃酋帥兼監統曩貢、臘城等九節度嬰嬰、籠官馬定德與其大將八十七人，舉部落來降。定德有計畫，嬰嬰習知兵法及山川地形，吐蕃每用兵，定德常乘驛計議，諸將稟其成算。至是自以邊功不立，懼得罪而歸心焉。其明年，吐蕃昆明城管磨些蠻千餘戶又來降。吐蕃以其衆外潰，遂北寇靈、朔，陷麟州。詔韋皋出兵成都西山以紓北邊。皋遂命鎮靜軍兵馬使陳洎等統兵萬人出三奇路〔一〇〕，威戎軍使崔堯臣率兵一千出龍溪石門路南，維保二州兵馬使仇冕、保霸兩州刺史董振等率兵二千進逼吐蕃維州城中，北路兵馬使邢玼幷諸州刺史董懷愕等率兵四千進攻棲雞、老翁等城，都將高倜、王英俊等率兵二千進逼故松州，隴東路兵馬使元膺幷諸將郝宗等復分兵八千出南道雅、邛、黎、嶲等路。又令邛州鎮南軍使、御史大夫韋良金發鎮兵一千三百續進，雅州經略使路惟明與三部落主趙日進等率兵三千進攻逋租、偏松等城，黎州經略使王有道率三部落郝金信等二千過大渡河深入吐蕃界，嶲州經略使陳孝陽與行營兵馬使何大海、韋義等及磨些蠻三部落主苴那時率兵四千進攻昆明、諾濟城。自八月至于十二月，累破十六萬衆，拔其七城、五軍鎮，受降三千餘戶，生擒六千餘人，斬首一萬餘級，遂圍維州。救軍再至，轉戰千餘里，吐蕃連敗，靈、朔之寇引衆南下，於是贊普遣莽熱以內大相兼東境五道節度兵馬使、都統羣牧大使率雜虜十萬衆來解維州之圍。王師萬餘衆，據險設伏以待之。先以千人挑戰，莽熱見我師之少也，悉衆來追，入于伏中，諸將四面疾擊，遂擒莽熱，虜衆大潰。

十九年五月，吐蕃使論頰熱至。六月，以右龍武大將軍薛伾兼御史大夫，使于吐蕃。二十年三月上旬，贊普卒，廢朝三日，命工部侍郎張薦弔祭之。贊普以貞元十三年四月卒，長子立，一歲卒，次子嗣立。命文武三品以上官弔其使。四月，吐蕃使臧河南觀察使論乞冉及僧南撥特計波等五十四人來朝。十二月，遣使論襲熱、郭志崇來朝。二十一年二月，順宗命左金吾衞將軍、兼御史中丞田景度持節告哀于吐蕃，以庫部員外郎、兼御史中丞熊執易爲副使。七月，吐蕃使論悉諾等來朝。永貞元年十月，贊普使論乞縷勃藏來貢，助德宗山陵金銀、衣服、牛馬等。十一月，以衞尉少卿、兼御史中丞侯幼平充入蕃告册立等使。

元和元年正月，福建道送到吐蕃生口十七人，詔給遞乘放還蕃。六月，遣使論勃藏來朝。五年五月，遣使論思耶熱來朝，并歸鄭叔矩、路泌之柩及叔矩男文延等一十三人。叔矩、泌，平涼之盟陷焉，凡二十餘年，竟不屈節，因沒于蕃中，至是請和，故歸之。六月，命宰相杜佑等與吐蕃使議事中書令廳，且言歸我秦、原、安樂州地。七月，遣鴻臚少卿、攝御史中丞李銛爲入蕃使〔二〕，丹王府長史、兼侍御史吳暈副之。六年至十年，遣使朝貢不絕。十二年四月，吐蕃以贊普卒來告，以右衞將軍烏重玘兼御史中丞，充弔祭使，殿中侍御史段鈞副之。

十三年十月，吐蕃圍我宥州、鳳翔，上言遣使修好。是月，靈武於定遠城破吐蕃二萬人，殺戮二千人，生擒節度副使一人、判官長行三十九人，獲羊馬甚衆。平涼鎮遏使郝玼破二萬餘衆，收復原州城，獲羊馬不知其數。夏州節度田縉於靈武亦破三千餘人。十一月，鹽州上言：吐蕃入河曲，夏州破五萬餘人。靈武破長樂州羅城，焚其屋宇器械。西川節度使王播攻拔峨和、棲雞等城。

十四年正月，敕曰：「朕臨御萬邦，推布誠信，西戎納款，積有歲時，中或虧違，亦嘗苞貸。我有殊德，寧不是思，重譯貢珍，道途相繼，申恩示禮，曾無闕焉。昨者蕃使奉章，又至京輦，將君長之命，陳和好之誠。臨軒召見，館餼加厚，復以信幣，諭之簡書。亦既言旋，纔及近甸，遽聞蟻聚，來犯封陲，河曲之間，頗爲暴擾。背惠棄約，斯謂無名，公議物情，咸請誅絕。朕深惟德化之未被，豈慮夷俗之不賓，其國失信，其使何罪！釋其維縶以遂性，示之弘覆以忘懷。予衷苟孚，庶使知感。其蕃使論矩立藏等并後般來使，并宜放歸本國。仍委鳳翔節度使以此意曉諭。」

八月，吐蕃營於慶州方渠，大軍至河州界。十月，吐蕃節度論三摩及宰相尚塔藏、中書令尚綺心兒共領軍約十五萬衆，圍我鹽州數重，党項首領亦發兵驅羊馬以助。閱歷三旬，賊以飛梯、鵝車、木驢等四面齊攻，城欲陷者數四。刺史李文悅率兵士乘城力戰，城穿壞不可守，撤屋版以禦之，晝夜防拒，或潛兵斫營，開城出戰，約殺賊萬餘衆。諸道救兵無至者。凡二十七日，賊乃退。

十五年二月，以祕書少監兼御史中丞田洎入吐蕃告哀，并告册立。三月，攻掠我青塞堡。七月，遣使來弔祭。十月，侵逼涇州。命右軍中尉梁守謙充左右神策、京西、京北行營都監，統神策兵四千人，并發八鎮全軍往救援。以太府少卿、兼御史中丞邵同持節入吐蕃，充答請和好使，貶前入吐蕃使、祕書少監田洎郴州司戶〔三〕。初，洎入蕃爲弔祭使，蕃請於長武城下會盟，洎懦怯，恐不得還，唯唯而已。至是西戎入寇，且曰：「田洎許我統兵馬赴盟誓。」遂貶之。戎人實以邊將擾之致忿，徒假洎爲辭也。涇州上言：「吐蕃大將並退。」於是罷神策行營兵。自田縉統夏州，以貪狠侵擾，党項苦之，屢引西戎犯塞。及是大兵入寇，邊將郝玼數襲擊蕃壘，殺戮甚衆，邠州李光顏復以全師而至，戎人懼而退。蓋田縉始生國患，而賴光顏、郝玼之驅戮也。十一月，夏州節度使李祐自領兵赴長澤鎮，靈武節度使李聽自領兵赴長樂州，并奉詔討吐蕃也。十二月，吐蕃千餘人圍烏、白池。

長慶元年六月，犯青塞堡，以我與迴紇和親故也。鹽州刺史李文悅發兵進擊之。九月，吐蕃遣使請盟，上許之。宰相欲重其事，請告太廟，太常禮院奏曰：「謹按肅宗、代宗故事，與吐蕃會盟，並不告廟。唯德宗建中末，與吐蕃會盟於延平門，欲重其誠信，特令告廟。至貞元三年，會於平涼，亦無告廟之文。伏以事出一時，又非經制，求之典禮，亦無其文。今謹參詳，恐不合告。」從之。乃命大理卿、兼御史大夫劉元鼎充西蕃盟會使，以兵部郎中、兼御史中丞劉師老爲副，尚舍奉御、兼監察御史李武、京兆府奉先縣丞兼監察御史李公度爲判官。十月十日，與吐蕃使盟，宰臣及右僕射、六曹尚書、中執法、太常、司農卿、京兆尹、金吾大將軍皆預焉。其詞曰：

維唐承天，撫有八紘，聲教所臻，靡不來廷。兢業齋栗，懼其隕顚，纘武紹文，疊慶重光，克彰濬哲，罔忝洪緒，十有二葉，二百有四載。則我太祖，權明號而建不拔，鋪鴻名而垂永久，類上帝以答嘉應，享皇靈以酬景福，曷有怠已？越歲在癸丑冬十月癸酉，文武孝德皇帝詔丞相臣植、臣播、臣元穎等，與大將和蕃使禮部尚書論訥羅等〔一〕，會盟於京師，壇于城之西郊，坎于壇北。凡讀誓、刑牲、加書、復壤、陟降、周旋之禮，動無違者，蓋所以偃兵息人，崇姻繼好，懋建遠略，規恢長利故也。

原夫昊穹上臨，黃祇下載，茫茫蠢蠢之類，必資官司，爲厥宰臣，苟無統紀，則相滅絕。中夏見管，維唐是君；西裔一方，大蕃爲主。自今而後，屛去兵革，宿忿舊惡，廓焉消除，追崇舅甥，曩昔結援。邊堠撤警，戍烽韜煙，患難相恤，暴掠不作，亭障甌脫，絕其交侵。襟帶要害，謹守如故，彼無此詐，此無彼虞。嗚呼！愛人爲仁，保境爲信，畏天爲智，事神爲禮，有一不至，搆災于躬。塞山崇崇，河水湯湯，日吉辰良，奠其兩疆，西爲大蕃，東實巨唐。大臣執簡，播告秋方。

大蕃贊普及宰相鉢闡布、尙綺心兒等，先寄盟文要節云：「蕃、漢兩邦，各守見管本界，彼此不得征，不得討，不得相爲寇讎，不得侵謀境土。若有所疑，或要捉生問事，便給衣糧放還。」今並依從，更無添改。

預盟之官十七人，皆列名焉。其劉元鼎等與論訥羅同赴吐蕃本國就盟，仍敕元鼎到彼，令宰相已下各於盟文後自書名。靈武節度使李進誠於大石山下破吐蕃三千騎〔四〕。

二年二月，遣使來請定界。六月，復遣使來朝。鹽州奏：「吐蕃千餘人入靈武界，遣兵逐便邀截。」又言：「擒得與党項送書信吐蕃一百五十人。」是月劉元鼎自吐蕃使迴，奏云：「去四月二十四日到吐蕃牙帳，以五月六日會盟訖。」初，元鼎往來蕃中，並路經河州，見其都元帥、尙書令尙綺心兒云：「迴紇，小國也。我以丙申年踰磧討逐，去其城郭二日程，計到卽破滅矣，會我聞本國有喪而還。迴紇之弱如此，而唐國待之厚於我，何哉？」元鼎云：「迴紇於國家有救難之勳，而又不曾侵奪分寸土地，豈得不厚乎！」是時元鼎往來，渡黃河上流，在洪濟橋西南二千餘里，其水極爲淺狹，春可揭涉，秋夏則以船渡。其南三百餘里有三山，山形如鏊，河源在其間，水甚淸冷，流經諸水，色遂赤，續爲諸水所注，漸旣黃濁。又其源西去蕃之列館約四驛，每驛約二百餘里。東北去莫賀延磧尾，闊五十里，向南漸狹小，北自沙州之西，乃南入吐渾國，至此轉微，故號磧尾。計其地理，當劍南之直西。元鼎初見贊普於悶懼盧川，蓋贊普夏衙之所，其川在邏娑川南百里，臧河之所流也。時吐蕃遣使論悉諾息等隨元鼎來謝，命太僕少卿杜載使以答之。

三年正月，遣使論答熱來朝賀。四年九月，遣使求五臺山圖。十月，貢犛牛及銀鑄成犀牛、羊、鹿各一。寶曆元年三月，遣使尚綺立熱來朝，且請和好。九月，遣光祿卿李銳爲使以答之。大和五年至八年，遣使朝貢不絕，我亦時遣使報之。開成元年、二年，皆遣使來。會昌二年，贊普卒。十二月，遣論贊等來告哀，詔以將作少監李璟弔祭之。大中三年春，宰相尚恐熱殺東道節度使〔三〕，以秦、原、安樂等三州幷石門、木硤等七關款塞，涇原節度使康季榮以聞，命太僕卿陸耽往勞焉。其年七月，河、隴耆老率長幼千餘人赴闕，上御延喜樓觀之，莫不歡呼忭舞，更相解辮，爭冠帶于康衢，然後命善地以處之，觀者咸稱萬歲。

史臣曰：戎狄之爲患也久矣！自秦、漢已還，載籍大備，可得而詳也。但世罕小康，君無常聖，我衰則彼盛，我盛則彼衰，盛則侵我郊圻，衰則服我聲教。懷柔之道，備預之方，儒臣多議於和親，武將唯期於戰勝，此其大較也。彼吐蕃者，西陲開國，積有歲年，蠶食鄰蕃，以恢土宇。高宗朝，地方萬里，與我抗衡，近代以來，莫之與盛。至如式遏邊境，命制出師，一彼一此，或勝或負，可謂勞矣。迨至幽陵盜起，乘輿播遷，戍卒咸歸，河、湟失守，此又天假之也。自茲密邇京邑，時縱寇掠，雖每遣行人，來修舊好，玉帛纔至於上國，烽燧已及於近郊，背惠食言，不顧禮義，卽可知也。夫要以神明，貴其誠信，平涼之會，畜其詐謀，此又不可以忠信而御也。孔子曰：「夷狄之有君，不如諸夏之亡也。」誠哉是言！

贊曰：西戎之地，吐蕃是強。蠶食隣國，鷹揚漢疆。乍叛乍服，或弛或張。禮義雖攝，其心豺狼。

校勘記

〔一〕當　各本原作「安」，據本書卷一一代宗紀、新書卷二一六下吐蕃傳改。

〔二〕回中　聞、殿、懼盈齋、廣本作「泗中」，局本作「洄中」，今據唐大詔令集卷一〇七、冊府卷九九二改。

〔三〕魏博　「博」字各本原無，據唐大詔令集卷一〇七補。

〔四〕將盟以淸水之會疆埸不定　「將」字及「疆埸」二字各本原無，據冊府卷九八一補。

〔五〕摧沙堡 「摧」字各本原作「堆」，據本書卷一二德宗紀、卷一三三李晟傳、册府卷九九二改。

〔六〕乞屈律設贊 「設贊」二字本書卷一三三李晟傳作「悉蒙」。

〔七〕西北部落 「北」字各本原作「州」，據本書卷一九五回紇傳、通鑑卷二三三改。

〔八〕劍南 各本原作「湖南」，據新書卷二一六下吐蕃傳、通鑑卷二三四改。

〔九〕鹽州 新書卷二一六下吐蕃傳、通鑑卷二三五均作「靈州」。

〔一〇〕陳泊 「泊」字聞本原無，殿、懼盈齋、局、廣本均作「泊」，據本書卷一四〇韋皋傳、册府卷九八七改。

〔一一〕李銛 各本原作「李銘」，據册府卷九八〇、新書卷二一六下吐蕃傳改。

〔一二〕郴州司戶 「郴」字各本原作「柳」，據新書卷二一六下吐蕃傳、通鑑卷二四一改。

〔一三〕與大將和蕃使 册府卷九八一作「與大蕃和使」，是。

〔一四〕大石山 各本原作「太谷山」，據新書卷二一六下吐蕃傳、通鑑卷二四二改。

〔一五〕殺東道節度使 「殺」字各本原無，據唐會要卷九七補。

舊唐書卷一百九十七

列傳第一百四十七

南蠻 西南蠻

林邑 婆利 盤盤 眞臘 陀洹 訶陵 墮和羅 墮婆登

東謝蠻 西趙蠻 牂牱蠻 南平獠 東女國 南詔蠻 驃國

林邑國，漢日南象林之地，在交州南千餘里。其國延袤數千里，北與驩州接。地氣冬温，不識冰雪，常多霧雨。其王所居城，立木爲栅。王著白氎古貝，斜絡髆，繞腰，上加眞珠金鎖，以爲瓔珞，卷髮而戴花。夫人服朝霞古貝以爲短裙，首戴金花，身飾以金鎖眞珠瓔珞。王之侍衞，有兵五千人，能用弩及矟，以藤爲甲，以竹爲弓，乘象而戰。王出則列象千頭，馬四百匹，分爲前後。其人拳髮色黑，俗皆徒跣，得麝香以塗身，一日之中，再塗再洗。拜謁皆合掌頓顙。嫁娶之法，得取同姓。俗有文字，尤信佛法，人多出家。父母死，子則剔髮而哭，以棺盛屍，積柴燔柩，收其灰，藏於金瓶，送之水中。俗以二月爲歲首，稻歲再熟。自此以南，草木冬榮，四時皆食生菜，以檳榔汁爲酒。有結遼鳥，能解人語。

武德六年，其王范梵志遣使來朝。八年，又遣使獻方物，高祖爲設九部樂以宴之，及賜其王錦綵。貞觀初，遣使貢馴犀。四年，其王范頭黎遣使獻火珠，大如雞卵，圓白皎潔，光照數尺，狀如水精，正午向日，以艾承之〔一〕，卽火燃。五年，又獻五色鸚鵡。太宗異之，詔太子右庶子李百藥爲之賦。又獻白鸚鵡，精識辯慧，善於應答。太宗憫之，並付其使，令放還於林藪。自此朝貢不絕。頭黎死，子范鎮龍代立。太宗崩，詔於陵所刊石圖頭黎之形，列於玄闕之前。十九年，鎮龍爲其臣摩訶漫多伽獨所殺，其宗族並誅夷，范氏遂絕。國人乃立頭黎之女壻婆羅門爲王。後大臣及國人感思舊主，乃廢婆羅門而立頭黎之嫡女爲王。

自林邑以南，皆卷髮黑身，通號爲「崑崙」。

婆利國，在林邑東南海中洲上。其地延袤數千里，自交州南渡海，經林邑、扶南、赤土、丹丹數國乃至焉。其人皆黑色，穿耳附璫。王姓刹利耶伽，名護路那婆，世有其位。王戴花形如皮弁，裝以眞珠瓔珞，身坐金牀。侍女有金花寶縷之飾，或持白拂孔雀扇。行則駕象，鳴金擊鼓吹蠡爲樂。男子皆拳髮，被古貝布，横幅以繞腰。風氣暑熱，恆如中國之盛夏。穀一歲再熟。有古貝草，緝其花以作布，粗者名古貝，細者名白氎。貞觀四年，其王遣使隨林邑使獻方物。

盤盤國，在林邑西南海曲中，北與林邑隔小海，自交州船行四十日乃至。其國與狼牙修國爲鄰，人皆學婆羅門書，甚敬佛法。貞觀九年，遣使來朝，貢方物。

眞臘國，在林邑西北，本扶南之屬國，「崑崙」之類。在京師南二萬七百里，北至愛州六十日行。其王姓刹利氏。有大城三十餘所，王都伊奢那城。風俗被服與林邑同。地饒瘴癘毒。海中大魚有時半出，望之如山。每五六月中，毒氣流行，卽以牛豕祠之，不者則五穀不登。其俗東向開戶，以東爲上。有戰象五千頭，尤好者飼以飯肉。與鄰國戰，則象隊在前，於背上以木作樓，上有四人，皆持弓箭。國尙佛道及天神，天神爲大，佛道次之。

武德六年，遣使貢方物。貞觀二年，又與林邑國俱來朝獻。太宗嘉其陸海疲勞，錫賚甚厚。南方人謂眞臘國爲吉蔑國。自神龍以後，眞臘分爲二：半以南近海多陂澤處，謂之水眞臘；半以北多山阜，謂之陸眞臘，亦謂之文單國。高宗、則天、玄宗朝，並遣使朝貢。

水眞臘國，其境東西南北約員八百里，東至奔陀浪州，西至墮羅鉢底國，南至小海，北卽陸眞臘。其王所居城號婆羅提拔。國之東界有小城，皆謂之國。其國多象。元和八年，遣李摩那等來朝。

陀洹國，在林邑西南大海中，東南與墮和羅接，去交趾三月餘日行。賓服於墮和羅。其王姓察失利，字婆末婆那。土無蠶桑，以白氎朝霞布爲衣。俗皆樓居，謂之「干欄」。貞觀十八年，遣使來朝。二十一年，又遣使獻白鸚鵡及婆律膏，仍請馬及銅鐘，詔並給之。

訶陵國，在南方海中洲上居，東與婆利、西與墮婆登、北與眞臘接，南臨大海。豎木爲城，作大屋重閣，以棕櫚皮覆之，王坐其中，悉用象牙爲牀。食不用匙筯，以手而撮。亦有文字，頗識星曆。俗以椰樹花爲酒，其樹生花，長三尺餘，大如人膊，割之取汁以成酒，味甘，飲之亦醉。貞觀十四年，遣使來朝。大曆三年、四年皆遣使朝貢〔三〕。元和十年，遣使獻僧祇僮五人、鸚鵡、頻伽鳥幷異種名寶。以其使李訶內爲果毅，訶內請迴授其弟，詔褒而從之。十三年，遣使進僧祇女二人、鸚鵡、玳瑁及生犀等。

墮和羅國，南與盤盤、北與迦羅舍佛、東與眞臘接，西鄰大海。去廣州五月日行。貞觀十二年，其王遣使貢方物。二十三年，又遣使獻象牙、火珠，請賜好馬，詔許之。

墮婆登國，在林邑南，海行二月，東與訶陵、西與迷黎車接，北界大海。風俗與訶陵略同。其國種稻，每月一熟。亦有文字，書之於貝多葉。其死者，口實以金，又以金釧貫於四肢，然後加以婆律膏及龍腦等香，積柴以燔之。貞觀二十一年，其王遣使獻古貝、象牙、白檀，太宗璽書報之，幷賜以雜物。

東謝蠻，其地在黔州之西數百里，南接守宮獠，西連夷子，北至白蠻〔三〕。土宜五穀，不以牛耕，但爲畬田，每歲易。俗無文字，刻木爲契。散在山洞間，依樹爲層巢而居，汲流以飲。皆自營生業，無賦稅之事。謁見貴人，皆執鞭而拜。有功勞者，以牛馬銅鼓賞之。有犯罪者，小事杖罰之，大事殺之，盜物倍還其贓。婚姻之禮，以牛酒爲聘。女歸夫家，皆母自送之。女夫慚，逃避經旬方出。讌聚則擊銅鼓，吹大角，歌舞以爲樂。好帶刀劍，未嘗捨離。丈夫衣服，有衫襖大口袴，以綿綢及布爲之。右肩上斜束皮帶，裝以螺殼、虎豹猿狖及犬羊之皮，以爲外飾。坐皆蹲踞。男女椎髻，以緋束之，後垂向下。其首領謝元深，既世爲酋長，其部落皆尊畏之。謝氏一族，法不育女，自云高姓不可下嫁故也。

貞觀三年，元深入朝，冠烏熊皮冠，若今之髦頭，以金銀絡額，身披毛帔，韋皮行縢而著履〔四〕。中書侍郎顏師古奏言：「昔周武王時，天下太平，遠國歸款，周史乃書其事爲王會篇。今萬國來朝，至於此輩章服，實可圖寫，今請撰爲王會圖。」從之。以其地爲應州，仍拜元深爲刺史，隸黔州都督府〔五〕。又有南謝首領謝強，與西謝鄰，共元深俱來朝見，爲南壽州刺史，後改爲莊州。

貞元十三年正月，西南蕃大酋長、正議大夫、檢校蠻州長史、繼襲蠻州刺史、資陽郡開國公、賜紫金魚袋宋鼎，左右大首領、朝散大夫、前檢校邛州刺史、賜紫金魚袋謝汕，左右大首領、繼襲攝蠻州巴江縣令、賜紫金魚袋宋萬傳，界首子弟大首領、朝散大夫、牂州錄事參軍謝文經〔六〕。黔中經略招討觀察使王礎奏：「前件刺史，建中三年一度朝貢，自後更不許隨例入朝。今年懇訴稱州接牂牁，同被聲教，獨此排擯，竊自慚恥，謹遣隨牂牁等朝賀。伏乞特賜優諭，兼同牂牁刺史授官。其牂牁兩州，戶口殷盛，人力強大，鄰側諸蕃，悉皆敬憚。請比兩州每三年一度朝貢，仍依牂牁輪環差定，并以才幹位望爲衆推者充。」敕旨曰：「宋鼎等已改官訖，餘依舊。」

西趙蠻，在東謝之南，其界東至夷子，西至昆明，南至西洱河。山洞阻深，莫知道里。南北十八日行，東西二十三日行。其風俗物產與東謝同。首領趙氏，世爲酋長。有戶萬餘。貞觀三年，遣使入朝。二十一年，以其地置明州，以首領趙磨爲刺史。

牂牱蠻，首領亦姓謝氏。其地北去充州一百五十里〔七〕，東至辰州二千四百里，南至交州一千五百里，西至昆明九百里。無城壁，散爲部落而居。土氣鬱熱，多霖雨。稻粟再熟。無徭役，唯征戰之時，乃相屯聚。刻木爲契。其法：劫盜者二倍還贓；殺人者出牛馬三十頭，乃得贖死，以納死家。風俗物產，略與東謝同。其首領謝龍羽，大業末據其地，勝兵數萬人。

武德三年，遣使朝貢，授龍羽牂州刺史，封夜郎郡公。貞觀四年十二月，遣使朝貢。開元十年閏五月，大酋長謝元齊死，詔立其嫡孫嘉藝襲其官封。二十五年，大酋長趙君道來朝，且獻方物。大曆中、貞元初，數遣使朝貢。七年二月，授其酋長趙主俗官，以其歲初朝貢不絕，褒之也。自七年至十八年，凡五遣使來。元和三年五月敕：「自今以後，委黔南觀察使差本道軍將充押領牂牱、昆明等使。」四年正月，遣使來朝。是月，遣中使魏德和領其使，并齎國信物，降璽書賜其王焉。七年、九年、十一年，凡三遣使來。其年十二月，又遣使來賀正。長慶中，亦朝貢不絕。寶曆元年十二月，遣使謝良震來朝。大和五年至會昌二年，凡七遣使來。

南平獠者，東與智州、南與渝州、西與南州、北與涪州接〔八〕。部落四千餘戶。土氣多瘴癘，山有毒草及沙虱、蝮蛇。人並樓居，登梯而上，號爲「干欄」。男子左衽露髮徒跣；婦人橫布兩幅，穿中而貫其首，名爲「通裙」。其人美髮，爲髻鬟垂於後。以竹筒如筆，長三四寸，斜貫其耳，貴者亦有珠璫。土多女少男，爲婚之法，女氏必先貨求男族，貧者無以嫁女，多賣與富人爲婢。俗皆婦人執役。其王姓朱氏，號爲劍荔王，遣使內附，以其地隸于渝州。

東女國，西羌之別種，以西海中復有女國，故稱東女焉。俗以女爲王。東與茂州、党項接，東南與雅州接，界隔羅女蠻及白狼夷。其境東西九日行，南北二十日行。有大小八十餘城。其王所居名康延川，中有弱水南流，用牛皮爲船以渡。戶四萬餘衆，勝兵萬餘人，散在山谷間。女王號爲「賓就」。有女官，曰「高霸」，平議國事。在外官僚，並男夫爲之。其王侍女數百人，五日一聽政。女王若死，國中多斂金錢，動至數萬，更於王族求令女二人而立之。大者爲王，其次爲小王。若大王死，卽小王嗣立，或姑死而婦繼，無有篡奪。其所居，皆起重屋，王至九層，國人至六層。其王服青毛綾裙，下領衫，上披青袍，其袖委地。冬則羔裘，飾以紋錦。爲小鬟髻，飾之以金。耳垂璫，足履蘇䩦。俗重婦人而輕丈夫。文字同於天竺。以十一月爲正。其俗每至十月，令巫者齎楮詣山中，散糟麥於空，大咒呼鳥。俄而有鳥如雞，飛入巫者之懷，因剖腹而視之，每有一穀，來歲必登，若有霜雪，必多災異。其俗信之，名爲鳥卜。其居喪，服飾不改，爲父母則三年不櫛沐。貴人死者，或剝其皮而藏之，內骨於瓶中，糅以金屑而埋之。國王將葬，其大臣親屬殉死者數十人。

隋大業中，蜀王秀遣使招之，拒而不受。武德中，女王湯滂氏始遣使貢方物，高祖厚資而遣之。還至隴右，會突厥入寇，被掠於虜庭。及頡利平，其使復來入朝。太宗遣令反國，并降璽書慰撫之。垂拱二年，其王斂臂遣大臣湯劍左來朝，仍請官號。則天册拜斂臂爲左玉鈐衞員外將軍，仍以瑞錦製蕃服以賜之。天授三年，其王俄琰兒來朝。萬歲通天元年，遣使來朝。開元二十九年十二月，其王趙曳夫遣子獻方物。天寶元年，命有司宴於曲江，令宰臣已下同宴。又封曳夫爲歸昌王，授左金吾衞大將軍，賜其子帛八十匹，放還。後復以男子爲王。

貞元九年七月，其王湯立悉與哥隣國王董臥庭、白狗國王羅陀忽、逋租國王弟鄧吉知、南水國王姪薛尙悉曩、弱水國王董辟和、悉董國王湯息贊、清遠國王蘇唐磨、咄霸國王董藐蓬，各率其種落詣劍南西川內附。其哥隣國等，皆散居山川。弱水王即國初女國之弱水部落。其悉董國，在弱水西，故亦謂之弱水西悉董王。舊皆分隸邊郡，祖、父例授將軍、中郎、果毅等官；自中原多故，皆爲吐蕃所役屬。其部落，大者不過三二千戶，各置縣令十數人理之。土有絲絮，歲輸於吐蕃。至是悉與之同盟，相率獻款，兼齎天寶中國家所賜官誥共三十九通以進。西川節度使韋皋處其衆於維、霸、保等州，給以種糧耕牛，咸樂生業。立悉等數國王自來朝，召見於麟德殿。授立悉銀青光祿大夫、歸化州刺史；鄧吉知試太府少卿兼丹州長史；薛尙悉曩試少府少監兼霸州長史；董卧庭行至綿州卒，贈武德州刺史，命其子利囉爲保寧都督府長史〔九〕，襲哥隣王。立悉妹乞悉漫頗有才智，從其兄來朝，封和義郡夫人。其大首領董卧卿等，皆授以官。俄又授女國王兄湯厥銀青光祿大夫、試太府卿；清遠王弟蘇歷顚銀青光祿大夫、試衞尉卿；南水國王薛莫庭及湯息贊〔一〇〕、董藐蓬，女國唱後湯拂庭、美玉鉢、南郎唐，並授銀青光祿大夫、試太僕卿。

其年，西山松州生羌等二萬餘戶，相繼內附。其黏信部落主董夢葱，龍諾部落主董辟忽，皆授試衞尉卿。立悉等並赴明年元會訖，錫以金帛，各遣還。尋詔加韋皋統押近界羌、蠻及西山八國使。其部落代襲刺史等官，然亦潛通吐蕃，故謂之「兩面羌」。

南詔蠻，本烏蠻之別種也，姓蒙氏。蠻謂王爲「詔」，自言哀牢之後，代居蒙舍州爲渠帥，在漢永昌故郡東，姚州之西。其先渠帥有六，自號「六詔」，兵力相埒，各有君長，無統帥。蜀時爲諸葛亮所征，皆臣服之。國初有蒙舍龍，生迦獨龐。迦獨生細奴邏，高宗時來朝。細奴邏生邏盛，武后時來朝。其妻方娠，邏盛次姚州，聞妻生子，曰：「吾且有子，死於唐地足矣。」子名曰盛邏皮。邏盛至京師，賜錦袍金帶歸國。

開元初，邏盛死，子盛邏皮立。盛邏皮死，子皮邏閣立。二十六年，詔授特進，封越國公，賜名曰歸義。其後破洱河蠻，以功策授雲南王。歸義漸強盛，餘五詔浸弱。先是，劍南節度使王昱受歸義賂，奏六詔合爲一詔。歸義既併五詔，服羣蠻，破吐蕃之衆兵，日以驕大。每入觀，朝廷亦加禮異。二十七年，徙居大和城。天寶四載，歸義遣孫鳳迦異來朝，授鴻臚卿，歸國，恩賜甚厚，歸義意望亦高。時劍南節度使章仇兼瓊遣使至雲南，與歸義言語不相得，歸義常銜之。

七年，歸義卒，詔立子閣羅鳳襲雲南王。無何，鮮于仲通爲劍南節度使，張虔陀爲雲南太守。仲通褊急寡謀，虔陀矯詐，待之不以禮。舊事，南詔常與其妻子謁見都督，虔陀皆私之。有所徵求，閣羅鳳多不應，虔陀遣人罵辱之，仍密奏其罪惡。閣羅鳳忿怨，因發兵反，攻圍虔陀，殺之，時天寶九年也。明年，仲通率兵出戎、嶲州。閤羅鳳遣使謝罪，仍與雲南錄事參軍姜如芝俱來，請還其所虜掠，且言：「吐蕃大兵壓境，若不許，當歸命吐蕃，雲南之地，非唐所有也。」仲通不許，囚其使，進兵逼大和城，爲南詔所敗。自是閤羅鳳北臣吐蕃，吐蕃令閤羅鳳爲贊普鍾，號曰東帝，給以金印。蠻謂弟爲「鍾」。時天寶十一年也。十二年，劍南節度使楊國忠執國政，仍奏徵天下兵，俾留後、侍御史李宓將十餘萬，輦餉者在外，涉海瘴死者相屬於路，天下始騷然苦之。宓復敗於大和城北，死者十八、九。會安祿山反，閤羅鳳乘釁攻陷嶲州及會同軍，西復降尋傳蠻。

大曆十四年，閤羅鳳子鳳迦異先閤羅鳳死，立迦異子，是爲異牟尋，頗知書，有才智，善撫其衆。吐蕃役賦南蠻重數，又奪諸蠻險地立城堡，歲徵兵以助鎭防，牟尋益厭苦之。有鄭回者，本相州人，天寶中舉明經，授嶲州西瀘縣令，嶲州陷，爲所虜。閤羅鳳以回有儒學，更名曰蠻利，甚愛重之，命教鳳迦異。及異牟尋立，又命教其子尋夢湊。回久爲蠻師，凡授學，雖牟尋、夢湊，回得簭撻，故牟尋以下皆嚴憚之。蠻謂相爲清平官，凡置六人。牟尋以回爲清平官，事皆咨之，秉政用事。餘清平官五人，事回卑謹，或有過，回輒撻之。回嘗言於牟尋曰：「自昔南詔嘗款附中國，中國尚禮義，以惠養爲務，無所求取。今棄蕃歸唐，無遠戍之勞、重稅之困，利莫大焉。」牟尋善其言，謀內附者十餘年矣。會劍南西川節度使韋皋招撫諸蠻，苴烏星、虜望等歸化，微聞牟尋之意，因令蠻寓書於牟尋，且招懷之，時貞元四年也。七年，又遣間使持書喻之。道出磨些蠻，其魁主潛告吐蕃。使至雲南，吐蕃已知之，令詰牟尋。牟尋懼，因紿吐蕃曰：「唐使，本蠻也，韋皐許其求歸，無他謀。」遂執送吐蕃。吐蕃益疑之，多召南詔大臣之子爲質，牟尋愈怨。

九年四月，牟尋乃與酋長定計遣使：趙莫羅眉由兩川，楊大和堅由黔中，或由安南。使凡三輩，致書與韋皐，各齎生金丹砂爲贄。三分前皐所與牟尋書，各持其一爲信。歲中，三使皆至京師，且曰：「牟尋請歸大國，永爲藩國。所獻生金，以喻向北之意如金也；丹砂，示其赤心耳。」上嘉之，乃賜牟尋詔書，因命韋皐遣使以觀其情。皐遂命巡官崔佐時至牟尋所都陽苴咩城，南去太和城十餘里，東北至成都二千四百里，東至安南如至成都，通水陸行。是時也，吐蕃使數百人，先佐時在南詔，牟尋悉召諸種落與議歸化，或未畢至，未敢公言，密令佐時稱牂牱使，衣以牂牱服而入。佐時不肯，曰：「我大唐使，安得服小夷之服。」牟尋不得已，乃夜迎佐時，設位陳燈燭。佐時乃大宣詔書，牟尋恐吐蕃知，顧左右無色，而業已歸唐，久之，歔欷流涕，皆俯伏受命。

其明年正月，異牟尋使其子閤勸及清平官等與佐時盟於點蒼山神祠。盟書一藏於神室，一沉於西洱河，一置祖廟，一以進天子。閤勸卽尋夢湊也。鄭回見佐時，多所指導，故佐時探得其情。乃請牟尋斬吐蕃使數人，以示歸唐。又得其吐蕃所與金印。牟尋尋遣佐時歸，仍刻金契以獻。閣勸賦詩以餞之。牟尋乃去吐蕃所立帝號，私於佐時請復南詔舊名。佐時與盟訖，留二旬有六日而歸。

初，吐蕃因爭北庭，與迴鶻大戰，死傷頗衆，乃徵兵於牟尋，須萬人。牟尋既定計歸我，欲因徵兵以襲之，乃示寡弱，謂吐蕃曰：「蠻軍素少，僅可發三千人。」吐蕃少之，請益至五千，乃許。牟尋遽遣兵五千人戍吐蕃，乃自將數萬踵其後，晝夜兼行，乘其無備，大破吐蕃於神川。遂斷鐵橋，遣使告捷。且請韋皋使閱其所虜獲及城堡，以取信焉。時韋皋上言：「牟尋收鐵橋已來城壘一十六，擒其王五人，降其衆十餘萬。」以祠部郎中兼御史中丞袁滋持節册南詔，仍賜牟尋印，鑄用黃金，以銀爲窠，文曰：「貞元册南詔印。」先是，韋皋奏南詔前遣清平官尹仇寬獻所受吐蕃印五，二用黃金，今賜請以黃金，從蠻夷所重，傳示無窮。從皋之請也。

十年八月，遣使蒙湊羅棟及尹仇寬來獻鐸槊、浪人劍及吐蕃印八紐。湊羅棟，牟尋之弟也，錫賚甚厚。以尹仇寬爲檢校左散騎常侍，餘各授官有差。俄又封尹仇寬爲高溪郡王。十一年三月，遣清平官尹輔酋隨袁滋來朝。又得先沒蕃將衛景昇、韓演等，并南詔所獲吐蕃將帥俘馘百人至京師。湊羅棟歸國，在道而卒，贈右散騎常侍。授尹輔酋檢校太子詹事兼御史中丞，餘亦差次授官。又降敕書賜異牟尋及子閤勸，淸平官鄭回、尹仇寬等各一書，書左列中書三官宣奉行，復舊制也。九月，異牟尋遣使獻馬六十匹。

十二年，韋皐於雅州會野路招收得投降蠻首領高萬唐等六十九人，戶約七千，兼萬唐等先受吐蕃金字告身五十片。十四年，異牟尋遣酋望大將軍王丘各等賀正，兼獻方物。十九年正月旦，上御含元殿受南詔朝賀，以其使楊鎮龍武爲試太僕少卿，授黎州廓淸道蠻首領襲恭化郡王劉志寧試太常卿。二十年，南詔遣使朝貢。

元和二年八月，遣使鄧傍傳來朝，授試殿中監。三年十二月，以異牟尋卒，廢朝三日。四年正月，以太常少卿武少儀充弔祭使，仍册牟尋之子驃信苴蒙閤勸爲南詔王〔二〕，仍命鑄「元和册南詔印」。七年十月，皆遣使朝貢。十一年五月，以龍蒙盛卒，廢朝三日。遣使來請册立其君長。以少府少監李銑充册立弔祭使，左贊善大夫許堯佐副之。十二年至十五年，比年遣使來朝，或年內二三至者。

寶曆三年，大和元年，亦遣使來。三年，杜元穎鎭西川，以文儒自高，不練戎事。南蠻乘我無備，大舉諸部入寇。牧守屢陳，亦不之信。十一月，蜀川出軍與戰，不利。陷我邛州，逼成都府，入梓州西郭，驅劫玉帛子女而去。上聞之，大怒，再貶元穎爲循州司馬。明年正月，其王蒙嵯顚以表自陳請罪，兼疏元穎過失。國家方事柔遠，尋釋其罪，復遣使來朝。

五年、八年，亦遣使來貢方物。開成四年、五年，會昌二年，皆遣使來朝。

驃國，在永昌故郡南二千餘里，去上都一萬四千里。其國境，東西三千里，南北三千五百里。東隣眞臘國，西接東天竺國，南盡溟海，北通南詔些樂城界，東北拒陽苴咩城六千八百里。往來通聘迦羅婆提等二十國，役屬者道林王等九城，食境土者羅君潛等二百九十部落。

其王姓困沒長，名摩羅惹。其國相名摩訶思那。其王近適則舁以金繩牀，遠適則乘象。嬪姝甚衆，常數百人。其羅城構以塼甓，周一百六十里，濠岸亦構塼，相傳本是舍利佛城。城內有居人數萬家，佛寺百餘區。其堂宇皆錯以金銀，塗以丹彩，地以紫鑛，覆以錦罽。其俗好生惡殺。其土宜菽粟稻粱，無麻麥。其理無刑名桎梏之具，犯罪者以竹五十本束之，復犯者撻其背，數止五，輕者止三，殺人者戮之。男女七歲則落髮，止寺舍，依桑門，至二十不悟佛理，乃復長髮爲居人。其衣服悉以白氎爲朝霞，繞腰而已。不衣繒帛，云出於蠶，爲其傷生故也。君臣父子長幼有序。華言謂之驃，自謂突羅成，闍婆人謂之徒里掘。

古未嘗通中國。貞元中，其王聞南詔異牟尋歸附，心慕之。十八年〔三〕，乃遣其弟悉利移因南詔重譯來朝，又獻其國樂凡十曲，與樂工三十五人俱。樂曲皆演釋氏經論之詞意。尋以悉利移爲試太僕卿。

史臣曰：禹畫九州，周分六服，斷長補短，止方七千，國賦之所均，王教之所備，此謂華夏者也。以圓蓋方輿之廣，廣谷大川之多，民生其間，胡可勝道，此謂蕃國者也。西南之蠻夷不少矣，雖言語不通，嗜欲不同，亦能候律瞻風，遠修職貢。但患己之不德，不患人之不來。何以驗之？貞觀、開元之盛，來朝者多也。

贊曰：五方異氣，所稟不同。維南極海，曰蠻與戎。惡我則叛，好我則通。不可不德，使其瞻風。

校勘記

〔一〕以艾承之　「承」字各本原作「烝」，據唐會要卷九八改。

〔二〕大曆三年四年　「四年」各本原作「四月」，按冊府卷九七二：大曆三年十一月，四年正月、十二月，訶陵並遣使朝貢。據改「四月」爲「四年」。

〔三〕北至白蠻　「白」字各本原無，據唐會要卷九九、冊府卷九五七、御覽卷七八八補。

〔四〕韋皮行縢而著履　「韋」字各本原作「爲」，據唐會要卷九九、御覽卷七七八改。

〔五〕隸黔州都督府　「隸」字各本原作「領」，據新書卷二二二下南蠻傳、唐會要卷九九、御覽卷七八八東謝蠻改。

〔六〕貞元十三年正月西南蕃大酋長……宋鼎……牂州錄事參軍謝文經　新書卷二二二下南蠻傳記此事云：「建中三年，大酋長檢校蠻州長史資陽郡公宋鼎與諸謝朝賀，德宗以其國小，不許。訴於黔中觀察使王礎，……。礎奏……請許三年一朝，詔從之。」

〔七〕充州　「充」字各本原作「兗」，據通典卷一八七、新書卷四三下地理志改。

〔八〕西與南州北與涪州接　「南州北與」四字各本原無，據合鈔卷二五八上南平獠傳改。新書卷二二二下南平獠傳作「西接南州，北涪州」。

〔九〕保寧都督府長史　「保」字各本原作「寶」，據唐會要卷九九、寰宇記卷一七九改。

〔一〇〕南水國王……　「水」字各本原無，據唐會要卷九九、通鑑卷二三四補。

〔一一〕南詔王　「王」字各本原無，據唐會要卷九九補。

〔一二〕十八年　「十」字各本原無，據唐會要卷一〇〇、冊府卷九七二、通鑑卷二三六補。

舊唐書卷一百九十八

列傳第一百四十八

西戎

泥婆羅　党項羌　高昌　吐谷渾　焉耆　龜茲　疏勒　于闐

天竺　罽賓　康國　波斯　拂菻　大食

泥婆羅國，在吐蕃西。其俗翦髮與眉齊，穿耳，揎以竹筩牛角，綴至肩者以爲姣麗。食用手，無匕箸。其器皆銅。多商賈，少田作。以銅爲錢，面文爲人，背文爲馬牛，不穿孔。衣服以一幅布蔽身，日數盥浴。以板爲屋，壁皆雕畫。俗重博戲，好吹蠡擊鼓。頗解推測盈虛，兼通曆術。事五天神，鐫石爲像，每日清水浴神，烹羊而祭。其王那陵提婆，身著眞珠、玻瓈、車渠、珊瑚、琥珀、瓔珞，耳垂金鉤玉璫，佩寶裝伏突，坐獅子牀，其堂內散花燃香〔一〕。大臣及諸左右並坐於地，持兵數百列侍其側。宮中有七層之樓，覆以銅瓦，欄檻楹栱皆飾珠寶。樓之四角，各懸銅槽，下有金龍，激水上樓，注於槽中，從龍口而出，狀若飛泉。那陵提婆之父，爲其叔父所篡，那陵提婆逃難於外，吐蕃因而納焉，克復其位，遂羈屬吐蕃。

貞觀中，衞尉丞李義表往使天竺，塗經其國，那陵提婆見之大喜，與義表同出觀阿耆婆沵池。周迴二十餘步，水恆沸，雖流潦暴集，爍石焦金，未嘗增減。以物投之，卽生烟焰，懸釜而炊，須臾而熟。其後王玄策爲天竺所掠，泥婆羅發騎與吐蕃共破天竺有功。永徽二年，其王尸利那連陀羅又遣使朝貢。

党項羌，在古析支之地，漢西羌之別種也。魏、晉之後，西羌微弱，或臣中國，或竄山野。自周氏滅宕昌、鄧至之後，党項始強。其界東至松州，西接葉護，南雜舂桑、迷桑等羌，北連吐谷渾，處山谷間，亙三千里。其種每姓別自爲部落，一姓之中復分爲小部落，大者萬餘騎，小者數千騎，不相統一。有細封氏、費聽氏、往利氏、頗超氏、野辭氏、房當氏、米擒氏、拓拔氏，而拓拔最爲強族。俗皆土著，居有棟宇，其屋織犛牛尾及羊毛覆之，每年一易。

俗尚武，無法令賦役。其人多壽，年一百五六十歲。不事產業，好爲盜竊，互相淩劫。尤重復讎，若讎人未得，必蓬頭垢面跣足蔬食，要斬讎人而後復常。男女並衣裘褐，仍披大氈。畜犛牛、馬、驢、羊，以供其食。不知稼穡，土無五穀。氣候多風寒，五月草始生，八月霜雪降。求大麥於他界，醞以爲酒。妻其庶母及伯叔母、嫂、子弟之婦，淫穢烝褻，諸夷中最爲甚，然不婚同姓。老死者以爲盡天年，親戚不哭；少死者則云夭枉，乃悲哭之。死則焚屍，名爲火葬。無文字，但候草木以記歲時。三年一相聚，殺牛羊以祭天。自周及隋，或叛或朝，常爲邊患。

貞觀三年，南會州都督鄭元璹遣使招諭，其酋長細封步賴舉部內附，太宗降璽書慰撫之。步賴因來朝，宴賜甚厚，列其地爲軌州，拜步賴爲刺史，仍請率所部討吐谷渾。其後諸姓酋長相次率部落皆來內屬，請同編戶，太宗厚加撫慰，列其地爲崌、奉、巖、遠四州，各拜其首領爲刺史。

有羌酋拓拔赤辭者，初臣屬吐谷渾，甚爲渾主伏允所暱，與之結婚。及貞觀初，諸羌歸附，而赤辭不至。李靖之擊吐谷渾，赤辭屯狼道坡以抗官軍。廓州刺史久且洛生遣使諭以禍福，赤辭曰：「我被渾主親戚之恩，腹心相寄，生死不貳，焉知其他。汝可速去，無令汚我刀也。」洛生知其不悟，於是率輕騎襲之，擊破赤辭於肅遠山，斬首數百級，虜雜畜六千而還。

太宗又令岷州都督李道彥說諭之，赤辭從子思頭密送誠款，其黨拓拔細豆又以所部來降。赤辭見其宗黨離，始有歸化之意。後岷州都督劉師立復遣人招誘，於是與思頭並率衆內屬，拜赤辭爲西戎州都督，賜姓李氏，自此職貢不絕。其後吐蕃強盛，拓拔氏漸爲所逼，遂請內徙，始移其部落於慶州，置靜邊等州以處之。其故地陷於吐蕃，其處者爲其役屬，吐蕃謂之「弭藥」。

又有黑党項，在於赤水之西。李靖之擊吐谷渾也，渾主伏允奔黑党項，居以空閑之地。及吐谷渾舉國內屬，黑党項酋長號敦善王因貢方物。

又有雪山党項，姓破丑氏，居於雪山之下，及白狗、舂桑、白蘭等諸羌，自龍朔已後，並爲吐蕃所破而臣屬焉。

其在西北邊者，天授三年內附，凡二十萬口，分其地置朝、吳、浮、歸等十州，仍散居靈、夏等界內。自至德已後，常爲吐蕃所誘，密以官告授之，使爲偵道，故時或侵叛，尋亦底寧。寶應初，其首領來朝，請助國供靈州軍糧，優詔褒美。

其在涇、隴州界者，上元元年率其衆十餘萬詣鳳翔節度使崔光遠請降。寶應元年十二月，其歸順州部落、乾封州部落、歸義州部落、順化州部落、和寧州部落、和義州部落、保善州部落、寧定州部落、羅雲州部落、朝鳳州部落，並詣山南西道都防禦使、梁州刺史臧希讓請州印，希讓以聞，許之。

貞元三年十二月，初禁商賈以牛、馬、器械於党項部落貿易。十五年二月，六州党項自石州奔過河西。党項有六府部落，曰野利越詩、野利龍兒、野利厥律、兒黃、野海、野窣等。居慶州者號爲東山部落，居夏州者號爲平夏部落。永泰、大曆已後，居石州，依水草。至是永安城鎮將阿史那思昧擾其部落〔三〕，求取駝馬無厭，中使又贊成其事，党項不堪其弊，遂率部落奔過河。元和九年五月，復置宥州以護党項。十五年十一月，命太子中允李寮爲宣撫党項使。以部落繁富，時遠近商賈，齎繒貨入貿羊馬。至大和、開成之際，其藩鎮統領無緒，恣其貪婪，不顧危亡，或強市其羊馬，不酬其直，以是部落苦之，遂相率爲盜，靈、鹽之路小梗。會昌初，上頻命使安撫之，兼命憲臣爲使，分三印以統之。在邠、寧、延者，以侍御史、內供奉崔君會主之；在鹽、夏、長、澤者，以侍御史、內供奉李鄠主之；在靈、武、麟、勝者，以侍御史、內供奉鄭賀主之，仍各賜緋魚以重其事。久而無狀，尋皆罷之。

高昌者，漢車師前王之庭，後漢戊己校尉之故地，在京師西四千三百里。其國有二十一城，王都高昌，其交河城，前王庭也；田地城，校尉城也。勝兵且萬人。厥土良沃，穀麥歲再熟，有蒲萄酒，宜五果，有草名白疊，國人採其花，織以爲布。有文字，知書計，所置官亦採中國之號焉。其王麴伯雅，卽後魏時高昌王嘉之六世孫也。隋煬帝時入朝，拜左光祿大夫、車師太守、封弁國公，仍以戚屬宇文氏女爲華容公主以妻之。

武德二年，伯雅死，子文泰嗣，遣使來告哀。高祖遣前河州刺史朱惠表往弔之。七年，文泰又獻狗雄雌各一，高六寸，長尺餘，性甚慧，能曳馬銜燭，云本出拂菻國。中國有拂菻狗，自此始也。太宗嗣位，復貢玄狐裘，因賜其妻宇文氏花鈿一具。宇文氏復貢玉盤。西域諸國所有動靜，輒以奏聞。貞觀四年冬，文泰來朝，及將歸蕃，賜遺甚厚。其妻宇文氏請預宗親，詔賜李氏，封常樂公主，下詔慰諭之。

時西戎諸國來朝貢者，皆塗經高昌，文泰後稍壅絕之。伊吾先臣西突厥，至是內屬，文泰又與葉護連結，將擊伊吾。太宗以其反覆，下書切讓，徵其大臣冠軍阿史那矩入朝，將與議事。文泰竟不遣，乃遣其長史麴雍來謝罪。初，大業之亂，中國人多投於突厥。及頡利敗，或有奔高昌者，文泰皆拘留不遣。太宗詔令括送，文泰尙隱蔽之。又尋與西突厥乙毗設擊破焉耆三城，虜其男女而去。焉耆王上表訴之，太宗遣虞部郎中李道裕往問其狀。十三年，太宗謂其使曰：「高昌數年來朝貢脫略，無蕃臣禮，國中署置官號，準我百僚，稱臣於人，豈得如此！今茲歲首，萬國來朝，而文泰不至。增城深塹，預備討伐。日者我使人至彼，文泰云：『鷹飛于天，雉竄于蒿，猫遊于堂，鼠安于穴，各得其所，豈不活耶！』又西域使欲來者，文泰悉拘留之。又遣使謂薛延陀云：『既自爲可汗，與漢天子敵也，何須拜謁其使。』事人闕禮，離間鄰好，惡而不誅，善者何勸？明年，當發兵馬以擊爾。」是時薛延陀可汗表請爲軍向導，以擊高昌，太宗許之。令民部尚書唐儉至延陀，與謀進取。太宗冀其悔過，復下璽書，示以禍福，徵之入朝。文泰稱疾不至。太宗乃命吏部尚書侯君集爲交河道大總管，率左屯衞大將軍薛萬均及突厥、契苾之衆，步騎數萬衆以擊之。時公卿近臣，皆以行經沙磧，萬里用兵，恐難得志，又界居絕域，縱得之，不可以守，競以爲諫，太宗皆不聽。文泰謂所親曰：「吾往者朝覲，見秦、隴之北，城邑蕭條，非復有隋之比。設今伐我，發兵多則糧運不給，若發三萬以下，吾能制之。加以磧路艱險，自然疲頓，吾以逸待勞，坐收其弊，何足爲憂也？」及聞王師臨磧口，惶駭計無所出，發病而死。

其子智盛嗣立。既而君集兵奄至柳谷，進趨田地城，將軍契苾何力爲前軍，與之接戰而退。大軍繼之，攻拔其城，虜男女七千餘口，進逼其都。智盛移君集書曰：「有罪於天子者，先王也。咎深譴積，身已喪亡。智盛襲位無幾，君其赦諸？」君集謂曰：「若能悔禍，當面縛軍門也。」又命諸軍引衝車、拋車以逼之，飛石雨下，城中大懼。智盛窮蹙，出城降。君集分兵掠地，下其三郡、五縣、二十二城，戶八千，口三萬七千七百，馬四千三百匹。其界東西八百里，南北五百里。先是，其國童謠云：「高昌兵馬如霜雪，漢家兵馬如日月。日月照霜雪，迴手自消滅。」文泰使人捕其初唱者，不能得。初，文泰與西突厥欲谷設通和，遺其金帛，約有急相爲表裏。及聞君集兵至，欲谷設懼而西走，不敢救。君集尋遣使告捷，太宗大悅，宴百僚，班賜各有差，曲赦高昌部內從軍兵士已上，父子犯死罪已下，期親犯流已下，大功犯徒已下，小功緦麻犯杖罪，悉原之。

時太宗欲以高昌爲州縣，特進魏徵諫曰：「陛下初臨天下，高昌夫婦先來朝謁。自後數月，商胡被其遏絕貢獻，加之不禮大國，遂使王誅載加。若罪止文泰，斯亦可矣，未若撫其人而立其子，所謂伐罪弔民，威德被於遐外，爲國之善者也。今若利其土壤，以爲州縣，常須千餘人鎮守，數年一易，每及交番，死者十有三四，遣辦衣資，離別親戚，十年之後，隴右空虛。陛下終不得高昌撮穀尺布以助中國，所謂散有用而事無用，臣未見其可。」太宗不從，竟以其地置西州，又置安西都護府，留兵以鎮之。初，西突厥遣其葉護屯兵於可汗浮圖城，與高昌相影響，至是懼而來降，以其地爲庭州。於是勒石紀功而旋。其智盛君臣及其豪右，皆徙中國。

麴氏有國，至智盛凡九世一百三十四年而滅。尋拜智盛爲左武衛將軍，封金城郡公；弟智湛爲右武衛中郎將，天山縣公〔三〕。及太宗崩，刊石像智盛之形，列於昭陵玄闕之下。智湛，麟德中終於左驍衞大將軍、西州刺史。天授初，其子崇裕授左武衞大將軍，交河郡王。卒，封襲遂絕。

吐谷渾，其先居於徒河之淸山，屬晉亂，始度隴，止於甘松之南，洮水之西，南極白蘭，地數千里。有城郭而不居，隨逐水草，廬帳爲室，肉酪爲糧。其官初有長史、司馬、將軍。近代已來，有王公、僕射、尙書、郎中。其俗頗識文字。男子通服長裙繒帽，或戴冪䍦。婦人以金花爲首飾，辮髮縈後，綴以珠貝。其婚姻富家厚出聘財，貧人竊女而去。父卒，妻其庶母；兄亡，妻其諸嫂。喪有服制，葬訖而除。國無常稅，用度不給，輒斂富室商人，以取足而止。殺人及盜馬者罪死，他犯則徵物以贖罪。氣候多寒，土宜大麥、蔓菁，頗有菽粟。出良馬、犛牛、銅、鐵、朱砂之類。有靑海，周迴八百里，中有小山，至冬，放牝馬於其上，言得龍種。嘗得波斯馬，放入海，因生驄駒，能日行千里，故代稱「靑海驄」焉。地兼鄯善、且沬。西北有流沙數百里，夏有熱風，傷弊行旅。風之將至，老駝便知之，則引項而鳴，以口鼻埋沙中。人以爲候，卽以氊擁蔽口鼻而避其患。

隋煬帝時，其王伏允來犯塞，煬帝親總六軍以討之，伏允以數十騎潛於泥嶺而遁，其仙頭王率男女十餘萬口來降。煬帝立其質子順爲王，送之本國，令統餘衆，尋復追還。大業末，伏允悉收故地，復爲邊患。高祖受禪，順自江都來歸長安。時李軌猶據涼州，高祖遣使與伏允通和，令擊軌以自効，當放順返國。伏允大悅，興兵擊之，戰于庫門，交綏而退。頻遣使朝貢，以順爲請，高祖乃遣之。太宗卽位，伏允遣其洛陽公來朝，使未返，大掠鄯州而去。太宗遣使責讓之，徵伏允入朝，稱疾不至。仍爲其子尊王求婚，於是責其親迎以羈縻之。尊王又稱疾不肯入朝，有詔停婚，遣中郎將康處直諭以禍福。伏允遣兵寇蘭、廓二州。時鄯州刺史李玄運上言：「吐谷渾良馬悉牧青海，輕兵掩之，可致大利。」於是遣左驍衞大將軍段志玄率邊兵及契苾、党項之衆以擊之。去青海三十里，志玄與左驍衞將軍梁洛仁不欲戰，頓軍遲留不進，吐谷渾遂驅青海牧馬而遁。亞將李君羨率精騎別路，及賊於青海之南懸水鎭，擊破之，虜牛羊二萬餘頭而還。時伏允年老昏耄，其邪臣天柱王惑亂之，拘我行人鴻臚丞趙德楷。太宗頻遣宣諭，使者十餘返，竟無悛心。

貞觀九年，詔特進李靖爲西海道行軍大總管；兵部尙書侯君集爲積石道行軍總管，任城王道宗爲鄯州道行軍總管，仍爲靖副；涼州都督李大亮爲且沫道行軍總管，岷州都督李道彥爲赤水道行軍總管，利州刺史高甑生爲鹽澤道行軍總管，幷突厥、契苾之衆以擊之。諸將頻與賊遇，連戰破之，獲其高昌王慕容孝儁。孝儁有雄略，伏允心膂之臣也。靖等進至赤海，遇其天柱王部落，擊大破之，遂歷于河源。李大亮又俘其名王二十人，雜畜數萬，至且沫西境。或傳伏允西走，渡圖倫磧，欲入于闐。將軍薛萬均率輕鋭追奔，入磧數百里，及其餘黨，破之。磧中乏水，將士皆刺馬血而飲之。侯君集與江夏王道宗趣南路，登漢哭山，飲馬烏海，獲其名王梁屈忽，經塗二千餘里空虛之地，盛夏降霜，多積雪，其地乏水草，將士噉冰，馬皆食雪。又達于柏梁，北望積石山，觀河源之所出焉。兩軍會於大非川，至破邏眞谷，伏允子大寧王順窮蹙，斬其國相天柱王，舉國來降。伏允大懼，與千餘騎遁于磧中，衆稍亡散，能屬之者纔百餘騎，乃自縊而死。國人乃立順爲可汗，稱臣內附。

順，即伏允之嫡子也。初爲侍子於隋，拜金紫光祿大夫，久不得歸，伏允遂立他子爲太子，及得返國，意常怏怏。會李靖等諸軍所向克捷，自以失位，欲因此立功，由是遂降。乃詔曰：「吐谷渾擅相君長，竊據荒裔，志在凶德，政出權門。酋渠攜貳，種落怨憤，長惡不悛，野心彌熾。莫顧藩臣之禮，曾無事上之節，草竊疆埸，虐割兆庶，積惡既稔，天亡有徵。朕君臨四海，含育萬類，一物失所，責深在予。所以爰命六軍，申茲九伐，義存活國，情非黷武。其子大寧王慕容順，隋氏之甥，志懷明悟，長自中土，幸慕華風，爰見時機，深識逆順。以其愎諫違衆，獨陷迷途，遂誅邪臣，存茲大計。翻然改轍，代父歸罪，忠孝之美，深有可嘉。子能立功，足以補過，既往之釁，特宜原免。然其建國西鄙，已歷年代，即從廢絕，情所未忍，繼其宗祀，允歸令胤〔四〕。可封順爲西平郡王，仍授趉胡呂烏甘豆可汗。」

太宗恐順不能靜其國，仍遣李大亮率精兵數千，爲其聲援。順既久質於隋，國人不附，未幾爲臣下所殺。其子燕王諾曷鉢嗣立。

諾曷鉢既幼，大臣爭權，國中大亂。太宗遣兵援之，封爲河源郡王，仍授烏地也拔勤豆可汗，遣淮陽王道明持節册拜，賜以鼓纛。諾曷鉢因入朝請婚。十四年，太宗以弘化公主妻之，資送甚厚。十五年，諾曷鉢所部丞相宣王專權〔五〕，陰謀作難，將徵兵，詐言祭山神，因欲襲擊公主，劫諾曷鉢奔于吐蕃，期有日矣。諾曷鉢知而大懼，率輕騎走鄯善城，其威信王以兵迎之。鄯州刺史杜鳳舉與威信王合軍擊丞相宣王，破之，殺其兄弟三人，遣使言狀。太宗命民部尚書唐儉持節撫慰之。太宗崩，刻石圖諾曷鉢之形，列於昭陵之下。高宗嗣位，以其尚主，拜駙馬都尉，賜物四十段。其後與吐蕃互相攻伐，各遣使請兵救援，高宗皆不許之。吐蕃大怒，率兵以擊吐谷渾，諾曷鉢既不能禦，脫身及弘化公主走投涼州。高宗遣右威衞大將軍薛仁貴等救吐谷渾，爲吐蕃所敗，於是吐谷渾遂爲吐蕃所併。諾曷鉢以親信數千帳來內屬，詔左武衞大將軍蘇定方爲安置大使，始徙其部衆于靈州之地，置安樂州，以諾曷鉢爲刺史，欲其安而且樂也。

垂拱四年，諾曷鉢卒，子忠嗣。忠卒，子宣趙嗣。聖曆三年，授宣趙左豹韜衞員外大將軍，仍襲父烏地也拔勒豆可汗。宣趙卒，子曦皓嗣。曦皓卒，子兆嗣。及吐蕃陷我安樂州，其部衆又東徙，散在朔方、河東之境。今俗多謂之退渾，蓋語急而然。貞元十四年十二月，以朔方節度副使、左金吾衞大將軍同正慕容復爲襲長樂州都督、青海國王、烏地也拔勒豆可汗。未幾，卒，其封襲遂絕。

吐谷渾自晉永嘉之末，始西渡洮水，建國於羣羌之故地，至龍朔三年爲吐蕃所滅，凡三百五十年。

焉耆國，在京師西四千三百里〔六〕，東接高昌，西鄰龜茲，卽漢時故地。其王姓龍氏，名突騎支。勝兵二千餘人，常役屬於西突厥。其地良沃，多蒲萄，頗有魚鹽之利。

貞觀六年，突騎支遣使貢方物，復請開大磧路以便行李，太宗許之。自隋末罹亂，磧路遂閉，西域朝貢者皆由高昌。及是，高昌大怒，遂與焉耆結怨，遣兵襲焉耆，大掠而去。西突厥莫賀設與咄陸、弩失畢不協，奔于焉耆，咄陸復來攻之。六年，遣使言狀，幷貢名馬。時西突厥國亂，太宗遣中郎將桑孝彥領左右胄曹韋弘機往安撫之，仍册立咥利失可汗。可汗既立，素善焉耆，令與焉耆爲援。十二年，處月、處密與高昌攻陷焉耆五城，掠男女一千五百人，焚其廬舍而去。十四年，侯君集討高昌，遣使與之相結，焉耆王大喜，請爲聲援。及破高昌，其王詣軍門稱謁。焉耆人先爲高昌所虜者，悉歸之。由是遣使謝恩，并貢方物。

其年，西突厥重臣屈利啜爲其弟娶焉耆王女，由是相爲脣齒，朝貢遂闕。安西都護郭孝恪請擊之，太宗許焉。會焉耆王弟頡鼻葉護兄弟三人來至西州，孝恪選步騎三千出銀山道，以頡鼻弟栗婆準爲鄉導。焉耆所都城，四面有水，自恃險固，不虞於我。孝恪倍道兼行，夜至城下，潛遣將士浮水而渡，至曉，一時攀堞，鼓角齊震，城中大擾。孝恪縱兵擊之，虜其王突騎支，首虜千餘級。以栗婆準導軍有功，留攝國事而還。時駕幸洛陽宮，孝恪鎖突騎支并其妻子送行在所，詔宥之。

初，西突厥屈利啜將兵來援焉耆，孝恪還師三日，屈利啜乃囚栗婆準，而西突厥處般啜令其吐屯來攝焉耆，遣使朝貢。太宗數之曰：「焉耆者，我兵擊得，汝何人，輒來統攝。」吐屯懼而返國。焉耆又立栗婆準從父兄薛婆阿那支爲王。處般啜乃執栗婆準送於龜茲，爲所殺。薛婆阿那支既得處般啜爲援，遂有國。及阿史那社爾之討龜茲，阿那支大懼，遂奔龜茲，保其東城，以禦官軍，社爾擊擒之，數其罪而斬焉。求得阿那支從父弟先那準立爲王，以修職貢。及太宗葬昭陵，乃刻石像龍突騎支之形，列於玄闕之下。自是朝貢不絕。

龜茲國，卽漢西域舊地也，在京師西七千五百里。其王姓白氏。有城郭屋宇，耕田畜牧爲業。男女皆翦髮，垂與項齊，唯王不翦髮。學胡書及婆羅門書、算計之事，尤重佛法。其王以錦蒙項，著錦袍金寶帶，坐金獅子牀。有良馬、封牛。饒蒲萄酒，富室至數百石。

高祖卽位，其主蘇伐勃駃遣使來朝。勃駃尋卒，子蘇伐疊代立，號時健莫賀俟利發。貞觀四年，又遣使獻馬，太宗賜以璽書，撫慰甚厚，由此歲貢不絕，然臣於西突厥。安西都護郭孝恪來伐焉耆，龜茲遣兵援助，自是職貢頗闕。

伐疊死，其弟訶黎布失畢代立，漸失藩臣禮。二十年，太宗遣左驍衞大將軍阿史那社爾爲崑山道行軍大總管，與安西都護郭孝恪、司農卿楊弘禮率五將軍，又發鐵勒十三部兵十餘萬騎，以伐龜茲。社爾既破西蕃處月、處密，乃進師趨其北境，出其不意，西突厥所署焉耆王棄城而遁，社爾遣輕騎追擒之。龜茲大震，守將多棄城而走。社爾進屯磧石〔七〕，去其都城三百里。遣伊州刺史韓威率千餘騎爲前鋒，右驍衞將軍曹繼叔次之。西至多褐城，與龜茲王相遇，及其相那利、將羯獵顚等，有衆五萬，逆拒王師。威乃僞遁而引之，其王俟利發見威兵少，悉衆而至。威退行三十里，與繼叔軍會，合擊大破之。其王退保都城，社爾進軍逼之，王乃輕騎而走，遂下其城，令孝恪守之。遣沙州刺史蘇海政、尙輦奉御薛萬備以精騎逼之，行六百里，其王窘急，退保于撥換城。社爾等進軍圍之，擒其王及大將羯獵顚等。其相那利僅以身免，潛引西突厥之衆并其國兵萬餘人，來襲孝恪，殺之，官軍大擾。倉部郎中崔義起與曹繼叔、韓威等擊之，那利敗走。尋爲龜茲人所執以詣軍。前後破其大城五所，虜男女數萬口。社爾因立其王之弟葉護爲王，勒石紀功而旋。俘其王訶黎布失畢及那利、羯獵顚等獻於社廟。尋以訶黎布失畢爲左武翊衞中郎將，那利已下授官各有差。太宗之葬昭陵，乃刻石像其形，列於玄闕之前。永徽元年，又以訶黎布失畢爲右驍衞大將軍，尋放還蕃，撫其餘衆，依舊爲龜茲王，賜物一千段。

先是，太宗既破龜茲，移置安西都護府於其國城，以郭孝恪爲都護，兼統于闐、疏勒、碎葉，謂之「四鎮」。高宗嗣位，不欲廣地勞人，復命有司棄龜茲等四鎮，移安西依舊於西州。其後吐蕃大入，焉耆已西四鎮城堡，並爲賊所陷。則天臨朝，長壽元年，武威軍總管王孝傑、阿史那忠節大破吐蕃，克復龜茲、于闐等四鎮，自此復於龜茲置安西都護府，用漢兵三萬人以鎭之。既徵發內地精兵，遠逾沙磧，并資遣衣糧等，甚爲百姓所苦。言事者多請棄之，則天竟不許。其安西都護，則天時有田揚名，中宗時有郭元振，開元初則張孝嵩、杜暹，皆有政績，爲夷人所伏。

疏勒國，即漢時舊地也。西帶葱嶺，在京師西九千三百里。其王姓裴氏。貞觀中，突厥以女妻王。勝兵二千人。俗事祆神，有胡書文字。貞觀九年，遣使獻名馬，自是朝貢不絕。開元十六年，玄宗遣使册立其王裴安定爲疏勒王。

于闐國，西南帶葱嶺，與龜茲接，在京師西九千七百里。勝兵四千人。其國出美玉。俗多機巧，好事祆神，崇佛教。先臣于西突厥。其王姓尉遲氏，名屈密〔八〕。貞觀六年，遣使獻玉帶，太宗優詔答之。十三年，又遣子入侍。及阿史那社爾伐龜茲，其王伏闍信大懼，使其子以駝萬三百匹饋軍。及將旋師，行軍長史薛萬備請社爾曰：「今者既破龜茲，國威已振，請因此機，願以輕騎羈取于闐之王。」社爾乃遣萬備率五十騎抵于闐之國，萬備陳國威靈，勸其入見天子，伏闍信於是隨萬備來朝。高宗嗣位，拜右驍衛大將軍，又授其子葉護玷爲右驍衛將軍，並賜金帶、錦袍、布帛六十段，幷宅一區，留數月而遣之，因請留子弟以宿衛。太宗葬昭陵，刻石像其形，列於玄闕之下。

垂拱三年，其王伏闍雄復來入朝。天授三年，伏闍雄卒，則天封其子璥爲于闐國王。

開元十六年，復册立尉遲伏師爲于闐王，數遣使朝貢。乾元三年，以于闐王尉遲勝弟守左監門衞率葉護曜爲太僕員外卿，仍同四鎭節度副使，權知本國事。以勝至德初領兵赴國難，因堅請留宿衞，故有是命。事在勝傳。

天竺國，卽漢之身毒國，或云婆羅門地也。在葱嶺西北〔九〕，周三萬餘里。其中分爲五天竺：其一曰中天竺，二曰東天竺，三曰南天竺，四曰西天竺，五曰北天竺。地各數千里，城邑數百。南天竺際大海；北天竺拒雪山，四周有山爲壁，南面一谷，通爲國門；東天竺東際大海，與扶南、林邑鄰接；西天竺與罽賓、波斯相接；中天竺據四天竺之會，其都城週迴七十餘里，北臨禪連河。云昔有婆羅門領徒千人，肄業於樹下，樹神降之，遂爲夫婦。宮室自然而立，僮僕甚盛。於是使役百神，築城以統之，經日而就。此後有阿育王，復役使鬼神，累石爲宮闕，皆雕文刻鏤，非人力所及。阿育王頗行苛政，置炮烙之刑，謂之地獄，今城中見有其迹焉。

中天竺王姓乞利咥氏，或云刹利氏，世有其國，不相篡弒。厥土卑濕暑熱，稻歲四熟。有金剛，似紫石英，百鍊不銷，可以切玉。又有旃檀、鬱金諸香。通於大秦，故其寶物或至扶南、交趾貿易焉。百姓殷樂，俗無簿籍，耕王地者輸地利。以齒貝爲貨。人皆深目長鼻。致敬極者，舐足摩踵。家有奇樂倡伎。其王與大臣多服錦罽。上爲螺髻於頂，餘髮翦之使拳。俗皆徒跣。衣重白色，唯梵志種姓披白疊以爲異。死者或焚屍取灰，以爲浮圖；或委之中野，以施禽獸；或流之於河，以飼魚鼈。無喪紀之文。謀反者幽殺之，小犯罰錢以贖罪。不孝則斷手刖足，截耳割鼻，放流邊外。有文字，善天文算曆之術。其人皆學悉曇章，云是梵天法。書於貝多樹葉以紀事。不殺生飲酒。國中往往有舊佛跡。

隋煬帝時，遣裴矩應接西蕃，諸國多有至者，唯天竺不通，帝以爲恨。當武德中，其國大亂。其嗣王尸羅逸多練兵聚衆，所向無敵，象不解鞍，人不釋甲，居六載而四天竺之君皆北面以臣之，威勢遠振，刑政甚肅。貞觀十五年，尸羅逸多自稱摩伽陀王，遣使朝貢，太宗降璽書慰問，尸羅逸多大驚，問諸國人曰：「自古曾有摩訶震旦使人至吾國乎？」皆曰：「未之有也。」乃膜拜而受詔書，因遣使朝貢。太宗以其地遠，禮之甚厚，復遣衞尉丞李義表報使。尸羅逸多遣大臣郊迎，傾城邑以縱觀，焚香夾道，逸多率其臣下東面拜受敕書，復遣使獻火珠及鬱金香、菩提樹。

貞觀十年，沙門玄奘至其國，將梵本經論六百餘部而歸。先是遣右率府長史王玄策使天竺，其四天竺國王咸遣使朝貢。會中天竺王尸羅逸多死，國中大亂，其臣那伏帝阿羅那順篡立，乃盡發胡兵以拒玄策。玄策從騎三十人與胡禦戰，不敵，矢盡，悉被擒。胡並掠諸國貢獻之物。玄策乃挺身宵遁，走至吐蕃，發精銳一千二百人，并泥婆羅國七千餘騎，以從玄策。玄策與副使蔣師仁率二國兵進至中天竺國城，連戰三日，大破之，斬首三千餘級，赴水溺死者且萬人，阿羅那順棄城而遁，師仁進擒獲之。虜男女萬二千人，牛馬三萬餘頭匹。於是天竺震懼，俘阿羅那順以歸。二十二年至京師，太宗大悅，命有司告宗廟，而謂羣臣曰：「夫人耳目玩於聲色，口鼻耽於臭味，此乃敗德之源。若婆羅門不刼掠我使人，豈爲俘虜耶？昔中山以貪寶取弊，蜀侯以金牛致滅，莫不由之。」拜玄策朝散大夫。是時就其國得方士那羅邇娑婆寐，自言壽二百歲，云有長生之術。太宗深加禮敬，館之於金飈門內，造延年之藥。令兵部尚書崔敦禮監主之，發使天下，採諸奇藥異石，不可稱數。延歷歲月，藥成，服竟不効，後放還本國。太宗之葬昭陵也，刻石像阿羅那順之形，列於玄闕之下。

五天竺所屬之國數十，風俗物產略同。有伽沒路國，其俗開東門以向日。王玄策至，其王發使貢以奇珍異物及地圖，因請老子像及道德經。那揭陀國，有醯羅城，中有重閣，藏佛頂骨及錫杖。貞觀二十年，遣使貢方物。天授二年，東天竺王摩羅枝摩、西天竺王尸羅逸多、南天竺王遮婁其拔羅婆、北天竺王婁其那那、中天竺王地婆西那，並來朝獻。景龍四年，南天竺國復遣使來朝。景雲元年，復遣使貢方物。開元二年，西天竺復遣使貢方物。

八年，南天竺國遣使獻五色能言鸚鵡。其年，南天竺國王尸利那羅僧伽請以戰象及兵馬討大食及吐蕃等，仍求有及名其軍，玄宗甚嘉之，名軍爲懷德軍。九月，南天竺王尸利那羅僧伽寶多枝摩爲國造寺，上表乞寺額，敕以歸化爲名賜之。十一月，遣使册利那羅伽寶多爲南天竺國王，遣使來朝。十七年六月，北天竺國三藏沙門僧密多獻質汗等藥〔一〇〕。十九年十月，中天竺國王伊沙伏摩遣其大德僧來朝貢。二十九年三月，中天竺王子李承恩來朝，授游擊將軍，放還。天寶中，累遣使來。

罽賓國，在葱嶺南，去京師萬二千二百里。常役屬於大月氏。其地暑濕，人皆乘象，土宜秔稻，草木凌寒不死。其俗尤信佛法。隋煬帝時，引致西域，前後至者三十餘國，唯罽賓不至。貞觀十一年，遣使獻名馬，太宗嘉其誠款，賜以繒綵。十六年，又遣使獻褥特鼠，喙尖而尾赤，能食蛇，有被蛇螫者，鼠輒嗅而尿之，其瘡立愈。顯慶三年，訪其國俗，云「王始祖馨孽，至今曷撷支，父子傳位，已十二代」。其年，改其城爲修鮮都督府。龍朔初，授其王修鮮等十一州諸軍事兼修鮮都督。開元七年，遣使來朝，進天文經一夾、祕要方并蕃藥等物，詔遣册其王爲葛羅達支特勒。二十七年，其王烏散特勒灑以年老，上表請以子拂林罽婆嗣位，許之，仍降使册命。天寶四年，又册其子勃匐準爲襲罽賓及烏萇國王，仍授左驍衞將軍。乾元元年，又遣使朝貢。

又有勃律國，在罽賓、吐蕃之間。開元中頻遣使朝獻。八年，册立其王蘇麟陀逸之爲勃律國王，朝貢不絕。二十二年，爲吐蕃所破。

康國，卽漢康居之國也。其王姓温，月氏人〔三〕。先居張掖祁連山北昭武城，爲突厥所破，南依葱嶺〔三〕，遂有其地。枝庶皆以昭武爲姓氏，不忘本也。其人皆深目高鼻，多鬚髯。丈夫翦髮或辮髮。其王冠氈帽，飾以金寶。婦人盤髻，幪以皁巾，飾以金花。人多嗜酒，好歌舞於道路。生子必以石蜜納口中，明膠置掌內，欲其成長口常甘言，掌持錢如膠之黏物。俗習胡書。善商賈，爭分銖之利。男子年二十，卽遠之旁國，來適中夏，利之所在，無所不到。以十二月爲歲首。有婆羅門爲之占星候氣，以定吉凶。頗有佛法。至十一月，鼓舞乞寒，以水相潑，盛爲戲樂。

隋煬帝時，其王屈朮支娶西突厥葉護可汗女，遂臣於西突厥。武德十年，屈朮支遣使獻名馬。貞觀九年，又遣使貢獅子，太宗嘉其遠至，命祕書監虞世南爲之賦，自此朝貢歲至。十一年，又獻金桃、銀桃，詔令植之於苑囿。萬歲通天年，則天封其大首領篤婆鉢提爲康國王，仍拜左驍衞大將軍。鉢提尋卒，又册其子泥涅師師爲康國王。師師以神龍中卒，國人又立突昏爲王。開元六年，遣使貢獻鎖子甲、水精杯、馬腦瓶、駝鳥卵及越諾之類。十九年，其王烏勒上表，請封其子咄曷爲曹國王，默啜爲米國王，許之。二十七年，烏勒卒，遣使册咄曷襲父位。天寶三年，又封爲欽化王，其母可敦封爲郡夫人。十一載、十三載，並遣使朝貢。

波斯國，在京師西一萬五千三百里，東與吐火羅、康國接，北鄰突厥之可薩部，西北拒拂菻，正西及南俱臨大海。戶數十萬。其王居有二城，復有大城十餘，猶中國之離宮。其王初嗣位，便密選子才堪承統者，書其名字，封而藏之。王死後，大臣與王之羣子共發封而視之，奉所書名者爲主焉。其王冠金花冠，坐獅子牀，服錦袍，加以瓔珞。俗事天地日月水火諸神，西域諸胡事火祆者，皆詣波斯受法焉。其事神，以麝香和蘇塗鬚點額，及於耳鼻，用以爲敬，拜必交股。文字同於諸胡。男女皆徒跣。丈夫翦髮，戴白皮帽，衣不開襟，并有巾帔，多用蘇方青白色爲之，兩邊緣以織成錦。婦人亦巾帔裙衫，辮髮垂後，飾以金銀。其國乘象而戰，每一象，戰士百人，有敗衄者則盡殺之。國人生女，年十歲已上有姿貌者，其王收而養之，以賞有功之臣。俗右尊而左卑。以六月一日爲歲首。斷獄不爲文書約束，口決於庭。其繫囚無年限，唯王者代立則釋之。其叛逆之罪，就火祆燒鐵灼其舌，瘡白者爲理直，瘡黑者爲有罪。其刑有斷手、刖足、髡鉗、劓刵，輕罪翦鬚，或繫牌於項以志之，經時月而釋焉。其強盜一入獄，至老更不出，小盜罰以銀錢。死亡則棄之於山，制服一月而卽吉。氣候暑熱，土地寬平，知耕種，多畜牧，有鳥形如橐駝，飛不能高，食草及肉，亦能噉犬攫羊，土人極以爲患。又多白馬、駿犬，或赤日行七百里者，駿犬今所謂波斯犬也。出騾及大驢、師子、白象、珊瑚樹高一二尺、琥珀、車渠、瑪瑙、火珠、玻瓈、琉璃、無食子、香附子、訶黎勒、胡椒、蓽撥、石蜜、千年棗、甘露桃。

隋大業末，西突厥葉護可汗頻擊破其國，波斯王庫薩和爲西突厥所殺，其子施利立，葉護因分其部帥監統其國，波斯竟臣於葉護。及葉護可汗死，其所令監統者因自擅於波斯，不復役屬於西突厥。施利立一年卒，乃立庫薩和之女爲王，突厥又殺之。施利之子單羯方奔拂菻，於是國人迎而立之，是爲伊怛支，在位二年而卒。兄子伊嗣候立。二十一年，伊嗣候遣使獻一獸，名活褥蛇，形類鼠而色青，身長八九寸，能入穴取鼠。伊嗣候懦弱，爲大首領所逐，遂奔吐火羅，未至，亦爲大食兵所殺。其子名卑路斯，又投吐火羅葉護，獲免。卑路斯龍朔元年奏言頻被大食侵擾，請兵救援。詔遣隴州南由縣令王名遠充使西域，分置州縣，因列其地疾陵城爲波斯都督府，授卑路斯爲都督。是後數遣使貢獻。咸亨中，卑路斯自來入朝，高宗甚加恩賜，拜右武衞將軍。儀鳳三年，令吏部侍郎裴行儉將兵册送卑路斯爲波斯王，行儉以其路遠，至安西碎葉而還，卑路斯獨返，不得入其國，漸爲大食所侵，客於吐火羅國二十餘年，有部落數千人，後漸離散。至景龍二年，又來入朝，拜爲左威衞將軍，無何病卒，其國遂滅，而部衆猶存。

自開元十年至天寶六載，凡十遣使來朝，并獻方物。四月，遣使獻瑪瑙牀。九年四月，獻火毛繡舞筵、長毛繡舞筵、無孔眞珠。乾元元年，波斯與大食同寇廣州，劫倉庫，焚廬舍，浮海而去。大曆六年，遣使來朝，獻眞珠等。

拂菻國，一名大秦，在西海之上，東南與波斯接，地方萬餘里，列城四百，邑居連屬。其宮宇柱櫳，多以水精瑠璃爲之。有貴臣十二人共治國政，常使一人將囊隨王車，百姓有事者，卽以書投囊中，王還宮省發，理其枉直。其王無常人，簡賢者而立之。國中災異及風雨不時，輒廢而更立。其王冠形如鳥舉翼，冠及瓔珞，皆綴以珠寶，著錦繡衣，前不開襟，坐金花牀。有一鳥似鵝，其毛綠色，常在王邊倚枕上坐，每進食有毒，其鳥輒鳴。其都城疊石爲之，尤絕高峻，凡有十萬餘戶，南臨大海。城東面有大門，其高二十餘丈，自上及下，飾以黃金，光輝燦爛，連曜數里。自外至王室，凡有大門三重，列異寶雕飾。第二門之樓中，懸一大金秤，以金丸十二枚屬於衡端，以候日之十二時焉，爲一金人，其大如人，立於側，每至一時，其金丸輒落，鏗然發聲，引唱以紀日時，毫釐無失。其殿以瑟瑟爲柱，黃金爲地，象牙爲門扇，香木爲棟梁。其俗無瓦，擣白石爲末，羅之塗屋上，其堅密光潤，還如玉石。至於盛暑之節，人厭囂熱，乃引水潛流，上徧於屋宇，機制巧密，人莫之知。觀者惟聞屋上泉鳴，俄見四簷飛溜，懸波如瀑，激氣成涼風，其巧妙如此。

風俗，男子翦髮，披帔而右袒，婦人不開襟，錦爲頭巾。家資滿億，封以上位。有羊羔生於土中，其國人候其欲萌，乃築牆以院之，防外獸所食也。然其臍與地連，割之則死，唯人著甲走馬及擊鼓以駭之，其羔驚鳴而臍絕，便逐水草。俗皆髡而衣繡，乘輜輧白蓋小車，出入擊鼓，建旌旗幡幟。土多金銀奇寶，有夜光璧、明月珠、駭雞犀、大貝、車渠、瑪瑙、孔翠、珊瑚、琥珀，凡西域諸珍異多出其國。隋煬帝常將通拂菻，竟不能致。

貞觀十七年，拂菻王波多力遣使獻赤玻瓈、綠金精等物，太宗降璽書答慰，賜以綾綺焉。自大食強盛，漸陵諸國，乃遣大將軍摩栧伐其都城，因約爲和好，請每歲輸之金帛，遂臣屬大食焉。乾封二年，遣使獻底也伽。大足元年，復遣使來朝。開元七年正月，其主遣吐火羅大首領獻獅子、羚羊各二。不數月，又遣大德僧來朝貢。

大食國，本在波斯之西。大業中，有波斯胡人牧駝於俱紛摩地那之山，忽有獅子人語謂之曰：「此山西有三穴，穴中大有兵器，汝可取之。穴中并有黑石白文，讀之便作王位。」胡人依言，果見穴中有石及稍刃甚多，上有文，教其反叛。於是糾合亡命，渡恆曷水，劫奪商旅，其衆漸盛，遂割據波斯西境，自立爲王。波斯、拂菻各遣兵討之，皆爲所敗。永徽二年，始遣使朝貢。其王姓大食氏〔二〕，名噉密莫末膩，自云有國已三十四年，歷三主矣。其國男兒色黑多鬚，鼻大而長，似婆羅門；婦人白皙。亦有文字。出駝馬，大於諸國。兵刃勁利。其俗勇於戰鬭，好事天神。土多沙石，不堪耕種，唯食駝馬等肉。俱紛摩地那山在國之西南，鄰於大海，其王移穴中黑石置之於國。又嘗遣人乘船，將衣糧入海，經八年而未及西岸。海中見一方石，石上有樹，幹赤葉青，樹上總生小兒，長六七寸，見人皆笑，動其手脚，頭著樹枝，其使摘取一枝，小兒便死，收在大食王宮。又有女國，在其西北，相去三月行。

龍朔初，擊破波斯，又破拂菻，始有米麪之屬。又將兵南侵婆羅門，吞併諸胡國，勝兵四十餘萬。長安中，遣使獻良馬。景雲二年，又獻方物。開元初，遣使來朝，進馬及寶鈿帶等方物。其使謁見，唯平立不拜，憲司欲糾之，中書令張說奏曰：「大食殊俗，慕義遠來，不可置罪。」上特許之。尋又遣使朝獻，自云在本國惟拜天神，雖見王亦無致拜之法，所司屢詰責之，其使遂請依漢法致拜。其時西域康國、石國之類，皆臣屬之，其境東西萬里，東與突騎施相接焉〔四〕。

一云隋開皇中，大食族中有孤列種代爲酋長，孤列種中又有兩姓：一號盆泥奚深，一號盆泥末換。其奚深後有摩訶末者，勇健多智，衆立之爲主，東西征伐，開地三千里，兼克夏臘，一名鈔城。鈔音所鑒反。摩訶末後十四代，至末換。末換殺其兄伊疾而自立，復殘忍，其下怨之。有呼羅珊木鹿人並波悉林舉義兵，應者悉令著黑衣，旬月間衆盈數萬，鼓行而西，生擒末換，殺之，遂求得奚深種阿蒲羅拔，立之。末換已前謂之白衣大食，自阿蒲羅拔後改爲黑衣大食。阿蒲羅拔卒，立其弟阿蒲恭拂。至德初遣使朝貢，代宗時爲元帥，亦用其國兵以收兩都。寶應、大曆中頻遣使來。恭拂卒，子迷地立。迷地卒，子牟栖立〔五〕。牟栖卒，弟訶論立。貞元中，與吐蕃爲勍敵。蕃軍太半西禦大食，故鮮爲邊患，其力不足也。十四年，詔以黑衣大食使含嵯、焉雞、沙北三人並爲中郎將，各放還蕃。

史臣曰：西方之國，綿亙山川，自張騫奉使已來，介子立功之後，通於中國者多矣。有唐拓境，遠極安西，弱者德以懷之，強者力以制之。開元之前，貢輸不絕。天寶之亂，邊徼多虞，邠郊之西，即爲戎狄，藁街之邸，來朝亦稀。故古先哲王，務寧華夏，語曰「近者悅，遠者來」，斯之謂矣。

贊曰：大蒙之人，西方之國，與時盛衰，隨世通塞。勿謂戎心，不懷我德，貞觀、開元，藁街充斥。

校勘記

〔一〕散花燃香　「燃」字各本原無，據唐會要卷一〇〇、寰宇記卷一八五補。

〔二〕阿史那思昧　寰宇記卷一八四、新書卷二二一党項傳、通鑑卷二三五皆作「阿思那思暕」。

〔三〕天山縣公　「天」字各本原作「太」，據唐會要卷九五、册府卷九六四改。

〔四〕允歸令胤　「令」字各本原作「命」，據御覽卷七九四、册府卷九六四改。

〔五〕宣王　「宣」字各本原無，據新書卷二二一吐谷渾傳、通鑑卷一九六考異引實錄補。下同。

〔六〕四千三百里　御覽卷七九五、寰宇記卷一八一均作「七千三百里」。

〔七〕磧石　各本原作「積石」，據冊府卷九八五、新書卷二二一龜茲傳改。通鑑卷一九九作「磧口」，胡注：「新、舊書作磧石」。

〔八〕屈密　冊府卷九七〇、新書卷二二一于闐傳作「屋密」。

〔九〕在葱嶺西北　冊府卷九五八、寰宇記卷一八三皆作「在葱嶺之南」。

〔一〇〕三藏沙門僧密多　「三」字各本原無，據冊府卷九七一、寰宇記卷一八三補。

〔一一〕月氏人　「人」字各本原無，據冊府卷九五六、寰宇記卷一八三補。

〔一二〕南依葱嶺　冊府卷九五六、寰宇記卷一八三作「西踰葱嶺」。

〔一三〕其王姓大食氏　「王」字各本原無，據御覽卷七九五、冊府卷九五六補。

〔一四〕突騎施　「騎」字各本原作「厥」，據唐會要卷一〇〇改。

〔一五〕牟栖　「牟」字各本原作「卒」，據冊府卷九六六、寰宇記卷一八八改。

舊唐書卷一百九十九上

列傳第一百四十九上

東夷

高麗　百濟　新羅　倭國　日本

高麗者，出自扶餘之別種也。其國都於平壤城，卽漢樂浪郡之故地，在京師東五千一百里。東渡海至於新羅，西北渡遼水至于營州，南渡海至于百濟，北至靺鞨。東西三千一百里，南北二千里。其官大者號大對盧，比一品，總知國事，三年一代，若稱職者，不拘年限。交替之日，或不相祗服，皆勒兵相攻，勝者爲之。其王但閉宮自守，不能制禦。次曰太大兄，比正二品。對盧以下官，總十二級。外置州縣六十餘城。大城置傉薩一，比都督。諸城置道使，比刺史。其下各有僚佐，分掌曹事。衣裳服飾，唯王五綵，以白羅爲冠，白皮小帶，其冠及帶，咸以金飾。官之貴者，則青羅爲冠，次以緋羅，插二鳥羽，及金銀爲飾，衫筒袖，袴大口，白韋帶，黃韋履。國人衣褐戴弁，婦人首加巾幗。好圍棊投壺之戲，人能蹴鞠。食用籩豆、簠簋、罇俎、罍洗，頗有箕子之遺風。

其所居必依山谷，皆以茅草葺舍，唯佛寺、神廟及王宮、官府乃用瓦。其俗貧窶者多，冬月皆作長坑，下燃熅火以取煖。種田養蠶，略同中國。其法：有謀反叛者，則集衆持火炬競燒灼之，燋爛備體，然後斬首，家悉籍沒；守城降敵，臨陣敗北，殺人行劫者斬；盜物者，十二倍酬贓；殺牛馬者，沒身爲奴婢。大體用法嚴峻，少有犯者，乃至路不拾遺。其俗多淫祀，事靈星神、日神、可汗神、箕子神。國城東有大穴，名神隧，皆以十月，王自祭之。俗愛書籍，至於衡門廝養之家，各於街衢造大屋，謂之扃堂，子弟未婚之前，晝夜於此讀書習射。其書有五經及史記、漢書、范曄後漢書、三國志、孫盛晉春秋、玉篇、字統、字林；又有文選，尤愛重之。

其王高建武，卽前王高元異母弟也。武德二年，遣使來朝。四年，又遣使朝貢。高祖感隋末戰士多陷其地，五年，賜建武書曰：「朕恭膺寶命，君臨率土，祗順三靈，綏柔萬國。普天之下，情均撫字，日月所照，咸使乂安。王既統攝遼左，世居藩服，思稟正朔，遠循職貢。故遣使者，跋涉山川，申布誠懇，朕甚嘉焉。方今六合寧晏，四海清平，玉帛既通，道路無壅。方申輯睦，永敦聘好，各保疆埸，豈非盛美。但隋氏季年，連兵構難，攻戰之所，各失其民。遂使骨肉乖離，室家分析，多歷年歲，怨曠不申。今二國通和，義無阻異，在此所有高麗人等，已令追括，尋卽遣送；彼處有此國人者，王可放還，務盡撫育之方，共弘仁恕之道。」於是建武悉搜括華人，以禮賓送，前後至者萬數，高祖大喜。

七年，遣前刑部尙書沈叔安往册建武爲上柱國、遼東郡王、高麗王，仍將天尊像及道士往彼，爲之講老子，其王及道俗等觀聽者數千人。高祖嘗謂侍臣曰：「名實之間，理須相副。高麗稱臣於隋，終拒煬帝，此亦何臣之有！朕敬於萬物，不欲驕貴，但據有土宇，務共安人，何必令其稱臣，以自尊大。卽爲詔述朕此懷也。」侍中裴矩、中書侍郎温彥博曰：「遼東之地，周爲箕子之國，漢家玄菟郡耳！魏、晉已前，近在提封之內，不可許以不臣。且中國之於夷狄，猶太陽之對列星，理無降尊，俯同藩服。」高祖乃止。九年，新羅、百濟遣使訟建武，云閉其道路，不得入朝。又相與有隙，屢相侵掠。詔員外散騎侍郎朱子奢往和解之。建武奉表謝罪，請與新羅對使會盟。

貞觀二年，破突厥頡利可汗，建武遣使奉賀，并上封域圖。五年，詔遣廣州都督府司馬長孫師往收瘞隋時戰亡骸骨，毁高麗所立京觀。建武懼伐其國，乃築長城，東北自扶餘城，西南至海，千有餘里。十四年，遣其太子桓權來朝，并貢方物，太宗優勞甚至。

十六年，西部大人蓋蘇文攝職有犯，諸大臣與建武議欲誅之。事洩，蘇文乃悉召部兵，云將校閱，并盛陳酒饌於城南，諸大臣皆來臨視，蘇文勒兵盡殺之，死者百餘人。焚倉庫，因馳入王宮，殺建武，立建武弟大陽子藏爲王。自立爲莫離支，猶中國兵部尚書兼中書令職也，自是專國政。蘇文姓泉氏〔二〕，鬚貌甚偉，形體魁傑，身佩五刀，左右莫敢仰視。恆令其屬官俯伏於地，踐之上馬；及下馬，亦如之。出必先布隊仗，導者長呼以辟行人，百姓畏避，皆自投坑谷。

太宗聞建武死，爲之舉哀，使持節弔祭。十七年，封其嗣王藏爲遼東郡王、高麗王。又遣司農丞相里玄奬齎璽書往說諭高麗，令勿攻新羅。蓋蘇文謂玄奬曰：「高麗、新羅，怨隙已久。往者隋室相侵，新羅乘釁奪高麗五百里之地，城邑新羅皆據有之。自非反地還城，此兵恐未能已。」玄奬曰：「既往之事，焉可追論？」蘇文竟不從。太宗顧謂侍臣曰：「莫離支賊弒其主，盡殺大臣，用刑有同坑穽，百姓轉動輒死，怨痛在心，道路以目。夫出師弔伐，須有其名，因其弒君虐下，敗之甚易也。」

十九年，命刑部尚書張亮爲平壤道行軍大總管，領將軍常何等率江、淮、嶺、硤勁卒四萬，戰船五百艘，自萊州汎海趨平壤；又以特進英國公李勣爲遼東道行軍大總管，禮部尚書江夏王道宗爲副，領將軍張士貴等率步騎六萬趨遼東；兩軍合勢，太宗親御六軍以會之。

夏四月，李勣軍渡遼，進攻蓋牟城，拔之，獲生口二萬，以其城置蓋州。五月，張亮副將程名振攻沙卑城，拔之，虜其男女八千口。是日，李勣進軍於遼東城。帝次遼澤，詔曰：「頃者隋師渡遼，時非天贊，從軍士卒，骸骨相望，徧於原野，良可哀歎。掩骼之義，誠爲先典，其令並收瘞之。」國內及新城步騎四萬來援遼東，江夏王道宗率騎四千逆擊，大破之，斬首千餘級。帝渡遼水，詔撤橋梁，以堅士卒志。帝至遼東城下，見士卒負擔以塡塹者，帝分其尤重者，親於馬上持之。從官悚動，爭齎以送城下。時李勣已率兵攻遼東城。高麗聞我有拋車，飛三百觔石於一里之外者，甚懼之，乃於城上積木爲戰樓以拒飛石。勣列車發石以擊其城，所遇盡潰。又推撞車撞其樓閣，無不傾倒。帝親率甲騎萬餘，與李勣會，圍其城。俄而南風甚勁，命縱火焚其西南樓，延燒城中，屋宇皆盡。戰士登城，賊乃大潰，燒死者萬餘人，俘其勝兵萬餘口，以其城爲遼州。初，帝自定州命每數十里置一烽，屬于遼城，與太子約，克遼東，當舉烽。是日，帝命舉烽，傳入塞。

師次白崖城，命攻之，右衞大將軍李思摩中弩矢，帝親爲吮血，將士聞之，莫不感勵。其城因山臨水，四面險絕。李勣以撞車撞之，飛石流矢，雨集城中。六月，帝臨其西北，城主孫伐音潛遣使請降，曰：「臣已願降，其中有貳者。」詔賜以旗幟，曰：「必降，建之城上。」伐音舉幟於城上，高麗以爲唐兵登也，乃悉降。初，遼東之陷也，伐音乞降，既而中悔，帝怒其反覆，許以城中人物分賜戰士。及是，李勣言於帝曰：「戰士奮厲爭先，不顧矢石者，貪虜獲耳。今城垂拔，奈何更許其降，無乃辜將士之心乎？」帝曰：「將軍言是也。然縱兵殺戮，虜其妻孥，朕所不忍也。將軍麾下有功者，朕以庫物賞之，庶因將軍贖此一城。」遂受降，獲士女一萬，勝兵二千四百，以其城置巖州，授孫伐音爲巖州刺史。我軍之渡遼也，莫離支遣加尸城七百人戍蓋牟城，李勣盡虜之，其人並請隨軍自効。太宗謂曰：「誰不欲爾之力，爾家悉在加尸，爾爲吾戰，彼將爲戮矣！破一家之妻子，求一人之力用，吾不忍也。」悉令放還。

車駕進次安市城北，列營進兵以攻之。高麗北部傉薩高延壽、南部耨薩高惠貞率高麗、靺鞨之衆十五萬來援安市城。賊中有對盧，年老習事，謂延壽曰：「吾聞中國大亂，英雄並起。秦王神武，所向無敵，遂平天下，南面爲帝，北夷請服，西戎獻款。今者傾國而至，猛將銳卒，悉萃於此，其鋒不可當也。今爲計者，莫若頓兵不戰，曠日持久，分遣驍雄，斷其饋運，不過旬日，軍糧必盡，求戰不得，欲歸無路，此不戰而取勝也。」延壽不從，引軍直進。太宗夜召諸將，躬自指麾。遣李勣率步騎一萬五千於城西嶺爲陣；長孫無忌率牛進達等精兵一萬一千以爲奇兵，自山北於狹谷出，以衝其後；太宗自將步騎四千，潛鼓角，偃旌幟，趨賊營北高峯之上；令諸軍聞鼓角聲而齊縱。因令所司張受降幕於朝堂之側，曰：「明日午時，納降虜於此矣！」遂率軍而進。

明日，延壽獨見李勣兵，欲與戰。太宗遙望無忌軍塵起，令鼓角並作，旗幟齊舉。賊衆大懼，將分兵禦之，而其陣已亂。李勣以步卒長槍一萬擊之，延壽衆敗。無忌縱兵乘其後，太宗又自山而下，引軍臨之，賊因大潰，斬首萬餘級。延壽等率其餘寇，依山自保。於是命無忌、勣等引兵圍之，撤東川梁以斷歸路。太宗按轡徐行，觀賊營壘，謂侍臣曰：「高麗傾國而來，存亡所繫，一麾而敗，天佑我也。」因下馬再拜以謝天。延壽、惠眞率十五萬六千八百人請降，太宗引入轅門。延壽等膝行而前，拜手請命。太宗簡傉薩以下酋長三千五百人，授以戎秩，遷之內地。收靺鞨三千三百，盡坑之，餘衆放還平壤。獲馬三萬疋、牛五萬頭、明光甲五千領，他器械稱是。高麗國振駭，后黃城及銀城並自拔，數百里無復人烟。因名所幸山爲駐蹕山，令將作造破陣圖，命中書侍郎許敬宗爲文勒石以紀其功。授高延壽鴻臚卿，高惠眞司農卿。張亮又與高麗再戰於建安城下，皆破之，於是列長圍以攻焉。

八月，移營安市城東，李勣遂攻安市，擁延壽等降衆營其城下以招之。城中人堅守不動，每見太宗旄麾，必乘城鼓譟以拒焉。帝甚怒，李勣曰：「請破之日，男子盡誅。」城中聞之，人皆死戰。乃令江夏王道宗築土山，攻其城東南隅；高麗亦埤城增雉以相抗。李勣攻其西面，令拋石撞車壞其樓雉；城中隨其崩壞，即立木爲柵。道宗以樹條苞壤爲土，屯積以爲山，其中間五道加木，被土於其上，不捨晝夜，漸以逼城。道宗遣果毅都尉傅伏愛領隊兵於山頂以防敵，土山自高而陟，排其城，城崩。會伏愛私離所部，高麗百人自頹城而戰，遂據有土山而塹斷之，積火縈盾以自固。太宗大怒，斬伏愛以徇。命諸將擊之，三日不能克。太宗以遼東倉儲無幾，士卒寒凍，乃詔班師。歷其城，城中皆屏聲偃幟，城主登城拜手奉辭。太宗嘉其堅守，賜絹百疋，以勵事君之節。初，攻陷遼東城，其中抗拒王師，應沒爲奴婢者一萬四千人，並遣先集幽州，將分賞將士。太宗愍其父母妻子一朝分散，令有司準其直，以布帛贖之，赦爲百姓。其衆歡呼之聲，三日不息。高延壽自降後，常積歎，尋以憂死。惠眞竟至長安。

二十年，高麗遣使來謝罪，并獻二美女。太宗謂其使曰：「歸謂爾主，美色者，人之所重。爾之所獻，信爲美麗。憫其離父母兄弟於本國，留其身而忘其親，愛其色而傷其心，我不取也。」並還之。

二十二年，又遣右武衞將軍薛萬徹等往青丘道伐之，萬徹渡海入鴨綠水，進破其泊灼城，俘獲甚衆。太宗又命江南造大船，遣陝州刺史孫伏伽召募勇敢之士，萊州刺史李道裕運糧及器械，貯於烏胡島，將欲大舉以伐高麗。未行而帝崩。高宗嗣位，又命兵部尙書任雅相、左武衞大將軍蘇定方、左驍衞大將軍契苾何力等前後討之，皆無大功而還。

乾封元年，高藏遣其子入朝，陪位於太山之下。其年，蓋蘇文死，其子男生代爲莫離支，與其弟男建、男產不睦，各樹朋黨，以相攻擊。男生爲二弟所逐，走據國內城死守，其子獻誠詣闕求哀。詔令左驍衞大將軍契苾何力率兵應接之。男生脫身來奔，詔授特進、遼東大都督兼平壤道安撫大使，封玄菟郡公。十一月，命司空、英國公李勣爲遼東道行軍大總管，率裨將郭待封等以征高麗。二年二月，勣度遼至新城，謂諸將曰：「新城是高麗西境鎭城，最爲要害，若不先圖，餘城未易可下。」遂引兵於新城西南，據山築柵，且攻且守，城中窘迫，數有降者，自此所向克捷。高藏及男建遣太大兄男產將首領九十八人，持帛幡出降，且請入朝，勣以禮延接。男建猶閉門固守。總章元年九月〔三〕，勣又移營於平壤城南，男建頻遣兵出戰，皆大敗。男建下捉兵總管僧信誠密遣人詣軍中，許開城門爲內應。經五日，信誠果開門，勣從兵入，登城鼓譟，燒城門樓，四面火起。男建窘急自刺，不死。十一月，拔平壤城，虜高藏、男建等。十二月，至京師，獻俘於含元宮。詔以高藏政不由己，授司平太常伯；男產先降，授司宰少卿；男建配流黔州；男生以鄉導有功，授右衞大將軍，封汴國公，特進如故。高麗國舊分爲五部，有城百七十六，戶六十九萬七千；乃分其地置都督府九、州四十二、縣一百，又置安東都護府以統之。擢其酋渠有功者授都督、刺史及縣令，與華人參理百姓。乃遣左武衞將軍薛仁貴總兵鎭之，其後頗有逃散。

儀鳳中，高宗授高藏開府儀同三司、遼東都督，封朝鮮王，居安東，鎭本蕃爲主。高藏至安東，潛與靺鞨相通謀叛。事覺，召還，配流邛州，并分徙其人，散向河南、隴右諸州，其貧弱者留在安東城傍。高藏以永淳初卒，贈衞尉卿，詔送至京師，於頡利墓左賜以葬地，兼爲樹碑。垂拱二年，又封高藏孫寶元爲朝鮮郡王。聖曆元年，進授左鷹揚衞大將軍，封爲忠誠國王，委其統攝安東舊戶，事竟不行。二年，又授高藏男德武爲安東都督，以領本蕃。自是高麗舊戶在安東者漸寡少，分投突厥及靺鞨等，高氏君長遂絕矣。

男生以儀鳳初卒於長安，贈并州大都督。子獻誠，授右衞大將軍，兼令羽林衞上下。天授中，則天嘗內出金銀寶物，令宰相及南北衙文武官內擇善射者五人共賭之。內史張光輔先讓獻誠爲第一，獻誠復讓右玉鈐衞大將軍薛吐摩支，摩支又讓獻誠。既而獻誠奏曰：「陛下令簡能射者五人，所得者多非漢官。臣恐自此已後，無漢官工射之名，伏望停寢此射。」則天嘉而從之。時酷吏來俊臣嘗求貨於獻誠，獻誠拒而不答，遂爲俊臣所構，誣其謀反，縊殺之。則天後知其冤，贈右羽林衞大將軍，以禮改葬。

百濟國，本亦扶餘之別種，嘗爲馬韓故地，在京師東六千二百里，處大海之北，小海之南。東北至新羅，西渡海至越州，南渡海至倭國，北渡海至高麗。其王所居有東西兩城。所置內官曰內臣佐平，掌宣納事；內頭佐平，掌庫藏事；內法佐平，掌禮儀事；衞士佐平，掌宿衞兵事；朝廷佐平，掌刑獄事；兵官佐平，掌在外兵馬事。又外置六帶方，管十郡。其用法：叛逆者死，籍沒其家；殺人者，以奴婢三贖罪；官人受財及盜者，三倍追贓，仍終身禁錮。凡諸賦稅及風土所產，多與高麗同。其王服大袖紫袍，青錦袴，烏羅冠，金花爲飾，素皮帶，烏革履。官人盡緋爲衣，銀花飾冠。庶人不得衣緋紫。歲時伏臘，同於中國。其書籍有五經、子、史，又表疏並依中華之法。

武德四年，其王扶餘璋遣使來獻果下馬。七年，又遣大臣奉表朝貢。高祖嘉其誠款，遣使就册爲帶方郡王、百濟王。自是歲遣朝貢，高祖撫勞甚厚。因訟高麗閉其道路，不許來通中國，詔遣朱子奢往和之。又相與新羅世爲讎敵，數相侵伐。貞觀元年，太宗賜其王璽書曰：「王世爲君長，撫有東蕃。海隅遐曠，風濤艱阻，忠款之至，職貢相尋，尙想徽猷，甚以嘉慰。朕自祗承寵命，君臨區宇，思弘王道，愛育黎元。舟車所通，風雨所及，期之遂性，咸使乂安。新羅王金眞平，朕之藩臣，王之鄰國，每聞遣師，征討不息，阻兵安忍，殊乖所望。朕已對王姪信福及高麗、新羅使人，具敕通和，咸許輯睦。王必須忘彼前怨，識朕本懷，共篤鄰情，卽停兵革。」璋因遣使奉表陳謝，雖外稱順命，內實相仇如故。十一年，遣使來朝，獻鐵甲雕斧。太宗優勞之，賜綵帛三千段幷錦袍等。

十五年，璋卒，其子義慈遣使奉表告哀。太宗素服哭之，贈光祿大夫，賻物二百段，遣使册命義慈爲柱國，封帶方郡王、百濟王。十六年，義慈興兵伐新羅四十餘城，又發兵以守之，與高麗和親通好，謀欲取党項城以絕新羅入朝之路。新羅遣使告急請救，太宗遣司農丞相里玄奬齎書告諭兩蕃，示以禍福。及太宗親征高麗，百濟懷二，乘虛襲破新羅十城。二十二年，又破其十餘城。數年之中，朝貢遂絕。

高宗嗣位，永徽二年，始又遣使朝貢。使還，降璽書與義慈曰：

至如海東三國，開基自久，並列疆界，地實犬牙。近代已來，遂構嫌隙，戰爭交起，略無寧歲。遂令三韓之氓，命懸刀俎，尋戈肆憤，朝夕相仍。朕代天理物，載深矜愍。去歲王及高麗、新羅等使並來入朝〔三〕，朕命釋茲讎怨，更敦款穆。新羅使金法敏奏書：「高麗、百濟，脣齒相依，競舉兵戈，侵逼交至。大城重鎭，並爲百濟所併，疆宇日蹙，威力並謝。乞詔百濟，令歸所侵之城。若不奉詔，卽自興兵打取。但得故地，卽請交和。」朕以其言既順，不可不許。昔齊桓列土諸侯，尚存亡國；況朕萬國之主，豈可不卹危藩。王所兼新羅之城，並宜還其本國；新羅所獲百濟俘虜，亦遣還王。然後解患釋紛，韜戈偃革，百姓獲息肩之願，三蕃無戰爭之勞。比夫流血邊亭，積屍疆場，耕織並廢，士女無聊，豈可同年而語矣。王若不從進止，朕已依法敏所請，任其與王決戰；亦令約束高麗，不許遠相救恤。高麗若不承命，即令契丹諸蕃渡遼澤入抄掠。王可深思朕言，自求多福，審圖良策，無貽後悔。

六年，新羅王金春秋又表稱百濟與高麗、靺鞨侵其北界，已沒三十餘城。顯慶五年，命左衞大將軍蘇定方統兵討之，大破其國。虜義慈及太子隆、小王孝演、僞將五十八人等送於京師，上責而宥之。其國舊分爲五部，統郡三十七，城二百，戶七十六萬。至是乃以其地分置熊津、馬韓、東明等五都督府，各統州縣，立其酋渠爲都督、刺史及縣令。命右衞郎將王文度爲熊津都督，總兵以鎭之。義慈事親以孝行聞，友于兄弟，時人號「海東曾、閔」。及至京，數日而卒。贈金紫光祿大夫、衞尉卿，特許其舊臣赴哭。送就孫皓、陳叔寶墓側葬之，并爲竪碑。

文度濟海而卒。百濟僧道琛、舊將福信率衆據周留城以叛。遣使往倭國，迎故王子扶餘豐立爲王。其西部、北部並翻城應之。時郎將劉仁願留鎭於百濟府城，道琛等引兵圍之。帶方州刺史劉仁軌代文度統衆，便道發新羅兵合契以救仁願，轉鬭而前，所向皆下。道琛等於熊津江口立兩栅以拒官軍，仁軌與新羅兵四面夾擊之，賊衆退走入栅，阻水橋狹，墮水及戰死萬餘人。道琛等乃釋仁願之圍，退保任存城。新羅兵士以糧盡引還，時龍朔元年三月也。於是道琛自稱領軍將軍，福信自稱霜岑將軍，招誘叛亡，其勢益張。使告仁軌曰：「聞大唐與新羅約誓，百濟無問老少，一切殺之，然後以國付新羅。與其受死，豈若戰亡，所以聚結自固守耳！」仁軌作書，具陳禍福，遣使諭之。道琛等恃衆驕倨，置仁軌之使於外館，傳語謂曰：「使人官職小，我是一國大將，不合自參。」不答書遣之。尋而福信殺道琛，併其兵衆，扶餘豐但主祭而已。

二年七月，仁願、仁軌等率留鎮之兵，大破福信餘衆於熊津之東，拔其支羅城及尹城、大山、沙井等柵，殺獲甚衆，仍令分兵以鎮守之。福信等以眞峴城臨江高險，又當衝要，加兵守之。仁軌引新羅之兵乘夜薄城，四面攀堞而上，比明而入據其城，斬首八百級，遂通新羅運糧之路。仁願乃奏請益兵，詔發淄、青、萊、海之兵七千人，遣左威衞將軍孫仁師統衆浮海赴熊津，以益仁願之衆。時福信旣專其兵權，與扶餘豐漸相猜貳。福信稱疾，臥於窟室，將候扶餘豐問疾，謀襲殺之。扶餘豐覺而率其親信掩殺福信，又遣使往高麗及倭國請兵以拒官軍。孫仁師中路迎擊，破之，遂與仁願之衆相合，兵勢大振。於是仁師、仁願及新羅王金法敏帥陸軍進，劉仁軌及別帥杜爽〔四〕、扶餘隆率水軍及糧船，自熊津江往白江以會陸軍，同趨周留城。仁軌遇扶餘豐之衆於白江之口，四戰皆捷，焚其舟四百艘，賊衆大潰，扶餘豐脫身而走。僞王子扶餘忠勝、忠志等率士女及倭衆並降，百濟諸城皆復歸順，孫仁師與劉仁願等振旅而還。詔劉仁軌代仁願率兵鎮守。乃授扶餘隆熊津都督，遣還本國，共新羅和親，以招輯其餘衆。

麟德二年八月，隆到熊津城，與新羅王法敏刑白馬而盟。先祀神祇及川谷之神，而後歃血。其盟文曰：

往者百濟先王，迷於逆順，不敦鄰好，不睦親姻。結託高麗，交通倭國，共爲殘暴，侵削新羅，破邑屠城，略無寧歲。天子憫一物之失所，憐百姓之無辜，頻命行人，遣其和好。負險恃遠，侮慢天經。皇赫斯怒，恭行弔伐，旌旗所指，一戎大定。固可瀦宮污宅，作誡來裔；塞源拔本，垂訓後昆。然懷柔伐叛，前王之令典；興亡繼絕，往哲之通規。事必師古，傳諸曩册。故立前百濟太子司稼正卿扶餘隆爲熊津都督，守其祭祀，保其桑梓。依倚新羅，長爲與國，各除宿憾，結好和親。恭承詔命，永爲藩服。仍遣使人右威衞將軍魯城縣公劉仁願親臨勸諭，具宣成旨，約之以婚姻，申之以盟誓。刑牲歃血，共敦終始；分災恤患，恩若弟兄。祗奉綸言，不敢失墜，既盟之後，共保歲寒。若有棄信不恆，二三其德，興兵動衆，侵犯邊陲，明神鑒之，百殃是降，子孫不昌，社稷無守，禋祀磨滅，罔有遺餘。故作金書鐵契，藏之宗廟，子孫萬代，無或敢犯。神之聽之，是饗是福。

劉仁軌之辭也。歃訖，埋幣帛於壇下之吉地，藏其盟書於新羅之廟。

仁願、仁軌等既還，隆懼新羅，尋歸京師。儀鳳二年，拜光祿大夫、太常員外卿兼熊津都督、帶方郡王，令歸本蕃，安輯餘衆。時百濟本地荒毀，漸爲新羅所據，隆竟不敢還舊國而卒。其孫敬，則天朝襲封帶方郡王、授衞尉卿。其地自此爲新羅及渤海靺鞨所分，百濟之種遂絕。

新羅國，本弁韓之苗裔也。其國在漢時樂浪之地，東及南方俱限大海，西接百濟，北鄰高麗。東西千里，南北二千里。有城邑村落。王之所居曰金城，周七八里。衞兵三千人，設獅子隊。文武官凡有十七等。其王金眞平，隋文帝時授上開府、樂浪郡公、新羅王。武德四年，遣使朝貢。高祖親勞問之，遣通直散騎侍郎庾文素往使焉，賜以璽書及畫屛風、錦綵三百段，自此朝貢不絕。其風俗、刑法、衣服，與高麗、百濟略同，而朝服尙白。好祭山神。其食器用柳桮，亦以銅及瓦。國人多金、朴兩姓，異姓不爲婚。重元日，相慶賀燕饗，每以其日拜日月神。又重八月十五日，設樂飮宴，賚羣臣，射其庭。婦人髮繞頭，以綵及珠爲飾，髮甚長美。

高祖既聞海東三國舊結怨隙，遞相攻伐，以其俱爲藩附，務在和睦，乃問其使爲怨所由，對曰：「先是百濟往伐高麗，詣新羅請救，新羅發兵大破百濟國，因此爲怨，每相攻伐。新羅得百濟王，殺之，怨由此始。」七年，遣使册拜金眞平爲柱國，封樂浪郡王、新羅王。

貞觀五年，遣使獻女樂二人，皆鬒髮美色。太宗謂侍臣曰：「朕聞聲色之娛，不如好德。且山川阻遠，懷土可知。近日林邑獻白鸚鵡，尙解思鄉，訴請還國。鳥猶如此，況人情乎！朕愍其遠來，必思親戚，宜付使者，聽遣還家。」是歲，眞平卒，無子，立其女善德爲王，宗室大臣乙祭總知國政。詔贈眞平左光祿大夫，賻物二百段。九年，遣使持節册命善德柱國，封樂浪郡王、新羅王。十七年，遣使上言：「高麗、百濟，累相攻襲，亡失數十城，兩國連兵，意在滅臣社稷。謹遣陪臣，歸命大國，乞偏師救助。」太宗遣相里玄奬齎璽書賜高麗曰：「新羅委命國家，不闕朝獻。爾與百濟，宜卽戢兵。若更攻之，明年當出師擊爾國矣。」太宗將親伐高麗，詔新羅纂集士馬，應接大軍。新羅遣大臣領兵五萬人，入高麗南界，攻水口城，降之。

二十一年，善德卒，贈光祿大夫，餘官封並如故。因立其妹眞德爲王，加授柱國，封樂浪郡王。二十二年，眞德遣其弟國相、伊贊干金春秋及其子文王來朝〔五〕。詔授春秋爲特進，文王爲左武衞將軍。春秋請詣國學觀釋奠及講論，太宗因賜以所制溫湯及晉祠碑并新撰晉書。將歸國，令三品以上宴餞之，優禮甚稱。

永徽元年，眞德大破百濟之衆，遣其弟法敏以聞〔六〕。眞德乃織錦作五言太平頌以獻之，其詞曰：「大唐開洪業，巍巍皇猷昌。止戈戎衣定，修文繼百王。統天崇雨施，理物體含章。深仁偕日月，撫運邁陶唐。幡旗既赫赫，鉦鼓何鍠鍠。外夷違命者，翦覆被天殃。淳風凝幽顯，遐邇競呈祥。四時和玉燭，七曜巡萬方〔七〕。維岳降宰輔，維帝任忠良。五三成一德，昭我唐家光。」帝嘉之，拜法敏爲太府卿。

三年，眞德卒，爲舉哀。詔以春秋嗣，立爲新羅王，加授開府儀同三司，封樂浪郡王。六年，百濟與高麗、靺鞨率兵侵其北界，攻陷三十餘城，春秋遣使上表求救。顯慶五年，命左武衞大將軍蘇定方爲熊津道大總管，統水陸十萬。仍令春秋爲嵎夷道行軍總管，與定方討平百濟，俘其王扶餘義慈，獻于闕下。自是新羅漸有高麗、百濟之地，其界益大，西至于海。

龍朔元年，春秋卒，詔其子太府卿法敏嗣位，爲開府儀同三司、上柱國、樂浪郡王、新羅王。三年，詔以其國爲雞林州都督府，授法敏爲雞林州都督。法敏以開耀元年卒，其子政明嗣位。垂拱二年，政明遣使來朝，因上表請唐禮一部幷雜文章，則天令所司寫吉凶要禮，幷於文館詞林採其詞涉規誡者，勒成五十卷以賜之。

天授三年，政明卒，則天爲之舉哀，遣使弔祭，册立其子理洪爲新羅王，仍令襲父輔國大將軍，行豹韜衞大將軍、雞林州都督。理洪以長安二年卒，則天爲之舉哀，輟朝二日，遣立其弟興光爲新羅王，仍襲兄將軍、都督之號。興光本名與太宗同，先天中則天改焉〔八〕。

開元十六年，遣使來獻方物，又上表請令人就中國學問經教，上許之。二十一年，渤海靺鞨越海入寇登州。時興光族人金思蘭先因入朝留京師，拜爲太僕員外卿，至是遣歸國發兵以討靺鞨，仍加授興光爲開府儀同三司、寧海軍使。二十五年，興光卒，詔贈太子太保，仍遣左贊善大夫邢璹攝鴻臚少卿，往新羅弔祭，并册立其子承慶襲父開府儀同三司、新羅王。璹將進發，上製詩序，太子以下及百僚咸賦詩以送之。上謂璹曰：「新羅號爲君子之國，頗知書記，有類中華。以卿學術，善與講論，故選使充此。到彼宜闡揚經典，使知大國儒教之盛。」又聞其人多善奕碁，因令善碁人率府兵曹楊季鷹爲璹之副。璹等至彼，大爲蕃人所敬。其國碁者皆在季鷹之下，於是厚賂璹等金寶及藥物等。

天寶二年，承慶卒，詔遣贊善大夫魏曜往弔祭之。册立其弟憲英爲新羅王，并襲其兄官爵。大曆二年，憲英卒，國人立其子乾運爲王，仍遣其大臣金隱居奉表入朝，貢方物，請加册命。三年，上遣倉部郎中、兼御史中丞、賜紫金魚袋歸崇敬持節齎册書往弔册之。以乾運爲開府儀同三司、新羅王，仍册乾運母爲太妃。七年，遣使金標石來賀正，授衞尉員外少卿，放還。八年，遣使來朝，幷獻金、銀、牛黃、魚牙紬、朝霞紬等。九年至十二年，比歲遣使來朝，或一歲再至。

建中四年，乾運卒，無子，國人立其上相金良相爲王。貞元元年，授良相檢校太尉、都督雞林州刺史、寧海軍使、新羅王。仍令戶部郎中蓋塤持節册命。其年，良相卒，立上相敬信爲王，令襲其官爵。敬信卽從兄弟也。十四年，敬信卒，其子先敬信亡，國人立敬信嫡孫俊邕爲王。十六年，授俊邕開府儀同三司、檢校太尉、新羅王。令司封郎中、兼御史中丞韋丹持節册命。丹至鄆州，聞俊邕卒，其子重興立〔九〕，詔丹還。永貞元年，詔遣兵部郎中元季方持節册重興爲王。

元和元年十一月，放宿衞王子金獻忠歸本國，仍加試祕書監。三年，遣使金力奇來朝。其年七月，力奇上言：「貞元十六年，奉詔册臣故主金俊邕爲新羅王，母申氏爲太妃，妻叔氏爲王妃。册使韋丹至中路，知俊邕薨，其册却迴在中書省。今臣還國，伏請授臣以歸。」敕：「金俊邕等册，宜令鴻臚寺於中書省受領，至寺宣授與金力奇，令奉歸國。仍賜其叔彥昇門戟，令本國準例給。」四年，遣使金陸珍等來朝貢。五年，王子金憲章來朝貢。

七年，重興卒，立其相金彥昇爲王，遣使金昌南等來告哀。其年七月，授彥昇開府儀同三司、檢校太尉、持節大都督雞林州諸軍事，兼持節充寧海軍使、上柱國、新羅國王，彥昇妻貞氏册爲妃，仍賜其宰相金崇斌等三人戟，亦令本國準例給。兼命職方員外郎、攝御史中丞崔廷持節弔祭册立，以其質子金士信副之。十一年十一月，其入朝王子金士信等遇惡風，飄至楚州鹽城縣界，淮南節度使李鄘以聞。是歲，新羅飢，其衆一百七十人求食於浙東。十五年十一月，遣使朝貢。

長慶二年十二月，遣使金柱弼朝貢。寶曆元年，其王子金昕來朝。大和元年四月，皆遣使朝貢。五年，金彥昇卒，以嗣子金景徽爲開府儀同三司、檢校太尉、使持節大都督雞林州諸軍事，兼持節充寧海軍使、新羅王；景徽母朴氏爲太妃，妻朴氏爲妃。命太子左諭德、兼御史中丞源寂持節弔祭册立。開成元年，王子金義琮來謝恩，兼宿衞。二年四月，放還蕃，賜物遣之。五年四月，鴻臚寺奏〔一〇〕：新羅國告哀，質子及年滿合歸國學生等共一百五人，並放還。會昌元年七月，敕：「歸國新羅官、前入新羅宣慰副使、前充兗州都督府司馬、賜緋魚袋金雲卿，可淄州長史。」

倭國者，古倭奴國也。去京師一萬四千里，在新羅東南大海中。依山島而居，東西五月行，南北三月行。世與中國通。其國，居無城郭，以木爲柵，以草爲屋。四面小島五十餘國，皆附屬焉。其王姓阿每氏，置一大率，檢察諸國，皆畏附之。設官有十二等。其訴訟者，匍匐而前。地多女少男。頗有文字，俗敬佛法。並皆跣足，以幅布蔽其前後。貴人戴錦帽，百姓皆椎髻，無冠帶。婦人衣純色裙，長腰襦，束髮於後，佩銀花，長八寸，左右各數枝，以明貴賤等級。衣服之制，頗類新羅。

貞觀五年，遣使獻方物。太宗矜其道遠，勅所司無令歲貢，又遣新州刺史高表仁持節往撫之。表仁無綏遠之才，與王子爭禮，不宣朝命而還。至二十二年，又附新羅奉表，以通起居。

日本國者，倭國之別種也。以其國在日邊，故以日本爲名。或曰：倭國自惡其名不雅，改爲日本。或云：日本舊小國，併倭國之地。其人入朝者，多自矜大，不以實對，故中國疑焉。又云：其國界東西南北各數千里，西界、南界咸至大海，東界、北界有大山爲限，山外卽毛人之國。

長安三年，其大臣朝臣眞人來貢方物。朝臣眞人者，猶中國戶部尙書，冠進德冠，其頂爲花，分而四散，身服紫袍，以帛爲腰帶。眞人好讀經史，解屬文，容止溫雅。則天宴之於麟德殿，授司膳卿，放還本國。

開元初，又遣使來朝，因請儒士授經。詔四門助教趙玄默就鴻臚寺教之，乃遣玄默闊幅布以爲束修之禮，題云「白龜元年調布」。人亦疑其僞。所得錫賚，盡市文籍，泛海而還。其偏使朝臣仲滿，慕中國之風，因留不去，改姓名爲朝衡，仕歷左補闕、儀王友。衡留京師五十年，好書籍，放歸鄉，逗留不去。天寶十二年，又遣使貢。上元中，擢衡爲左散騎常侍、鎭南都護〔二〕。貞元二十年，遣使來朝，留學生橘逸勢〔三〕、學問僧空海。元和元年，日本國使判官高階眞人上言：「前件學生，藝業稍成，願歸本國，便請與臣同歸。」從之。開成四年，又遣使朝貢。

校勘記

〔一〕姓泉氏　「泉」字各本原作「錢」，據御覽卷七八三、新書卷二二〇高麗傳改。

〔二〕總章元年　「元年」各本原作「九年」，總章共兩年，作「九年」誤，據通鑑卷二〇一改。

〔三〕去歲王及高麗新羅等使並來入朝　「及」字各本原作「攻」，據全唐文卷一五改。

〔四〕杜爽　「杜」字各本原作「社」，據本書卷八四劉仁軌傳、通鑑卷二〇一改。

〔五〕文王　「王」字各本原作「正」，據册府卷九七四、新書卷二二〇新羅傳改。下同。

〔六〕遣其弟法敏以聞　本卷下文云法敏爲眞德弟春秋之子，新書卷二二〇新羅傳作「遣春秋子法敏入朝」。張森楷謂此句「弟」下當脫一「子」字。

〔七〕七曜　「七」字各本原作「十」，據御覽卷七八一改。

〔八〕先天中則天改焉　按先天時則天已卒，此處有誤。

〔九〕重興立　「立」字各本原作「無」，據唐會要卷九五、冊府卷九六五改。

〔一〇〕鴻臚寺奏　「奏」字各本原無，據唐會要卷九五補。

〔一一〕鎭南都護　新書卷二二〇東夷傳作「安南都護」。

〔一二〕橘逸勢　「逸」字各本原作「免」，據日本續羣書類叢傳部橘逸勢傳改。

舊唐書卷一百九十九下

列傳第一百四十九下

北狄

鐵勒　契丹　奚　室韋　靺鞨　渤海靺鞨　霫　烏羅渾

鐵勒，本匈奴別種。自突厥強盛，鐵勒諸部分散，衆漸寡弱。至武德初，有薛延陀、契苾、迴紇、都播、骨利幹、多覽葛、僕骨、拔野古、同羅、渾部、思結、斛薛、奚結、阿跌、白霫等，散在磧北。薛延陀者，自云本姓薛氏，其先擊滅延陀而有其衆，因號爲薛延陀部。其官方兵器及風俗，大抵與突厥同。

初，大業中，西突厥處羅可汗始強大，鐵勒諸部皆臣之，而處羅徵稅無度，薛延陀等諸部皆怨，處羅大怒，誅其酋帥百餘人。鐵勒相率而叛，共推契苾哥楞爲易勿眞莫賀可汗，居貪汗山北，又以薛延陀乙失鉢爲也咥小可汗，居燕末山北。西突厥射匱可汗強盛，延陀、契苾二部並去可汗之號以臣之。迴紇等六部在鬱督軍山者，東屬于始畢，乙失鉢所部在金山者，西臣于葉護。

貞觀二年，葉護可汗死，其國大亂。乙失鉢之孫曰夷男，率其部落七萬餘家附于突厥。遇頡利之政衰，夷男率其徒屬反攻頡利，大破之。於是頡利部諸姓多叛頡利，歸于夷男，共推爲主，夷男不敢當。時太宗方圖頡利，遣遊擊將軍喬師望從間道齎册書拜夷男爲眞珠毗伽可汗，賜以鼓纛。夷男大喜，遣使貢方物，復建牙於大漠之北鬱督軍山下，在京師西北六千里。東至靺鞨，西至葉護，南接沙磧，北至俱倫水〔一〕，迴紇、拔野古、阿跌、同羅、僕骨、霫諸大部落皆屬焉。

三年，夷男遣其弟統特勒來朝，太宗厚加撫接，賜以寶刀及寶鞭，謂曰：「汝所部有大罪者斬之，小罪者鞭之〔二〕。」夷男甚喜。四年，平突厥頡利之後，朔塞空虛，夷男率其部東返故國，建庭於都尉揵山北，獨邏河之南，在京師北三千三百里，東至室韋，西至金山，南至突厥，北臨瀚海，卽古匈奴之故地。勝兵二十萬，立其二子爲南北部。太宗亦以其強盛，恐爲後患。十二年，遣使備禮册命，拜其二子皆爲小可汗，外示優崇，實欲分其勢也。會朝廷立李思摩爲可汗，處其部衆於漠南之地，夷男心惡思摩，甚不悅。

十五年，太宗幸洛陽，將有事於太山，夷男謀於其國曰：「天子封太山，萬國必會，士馬皆集，邊境空虛，我於此時取思摩如拉朽耳。」因命其子大度設勒兵二十萬，屯白道川，據善陽嶺以擊思摩之部。思摩遣使請救，詔英國公李勣、蒲州刺史薛萬徹率步騎數萬赴之。踰白道川至青山，與大度設相及，追之累月，至諾眞水，大度設知不脫，乃互十里而陳兵。先是，延陀擊沙鉢羅及阿史那社爾等，以步戰而勝。及其將來寇也，先講武於國中，教習步戰，每五人，以一人經習戰陣者使執馬，而四人前戰，克勝卽授馬以追奔，失應接罪至於死，沒其家口，以賞戰人，至是遂行其法。突厥兵先合輒退，延陀乘勝而逐之。勣兵拒擊，而延陀萬矢俱發，傷我戰馬。乃令去馬步陣，率長矟數百爲隊，齊奮以衝之，其衆潰散。副總管薛萬徹率數千騎收其執馬者，其衆失馬，莫知所從，因大縱，斬首三千餘級，獲馬萬五千匹，甲仗輜重不可勝計。大度設跳身而遁，萬徹將數百騎追之，弗及。其餘衆大奔走，相騰踐而死者甚衆，伏屍被野，夷男因乞與突厥和，幷遣使謝罪。

十六年，遣其叔父沙鉢羅泥熟俟斤來請婚〔三〕，獻馬三千匹。太宗謂侍臣曰：「北狄世爲寇亂，今延陀崛強，須早爲之所。朕熟思之，唯有二策：選徒十萬，擊而虜之，滅除凶醜，百年無事，此一策也；若遂其來請，結以婚姻，緩轡羈縻，亦足三十年安靜，此亦一策也。未知何者爲先？」司空房玄齡對曰：「今大亂之後，瘡痍未復，且兵凶戰危，聖人所愼。和親之策，實天下幸甚。」太宗曰：「朕爲蒼生父母，苟可以利之，豈惜一女？」遂許以新興公主妻之。因徵夷男備親迎之禮，仍發詔將幸靈州與之會。夷男大悅，謂其國中曰：「我本鐵勒之小帥也，天子立我爲可汗，今復嫁我公主，車駕親至靈州，斯亦足矣。」於是稅諸部羊馬以爲聘財，或說夷男曰：「我薛延陀可汗與大唐天子俱一國主，何有自往朝謁？如或拘留，悔之無及。」夷男曰：「吾聞大唐天子聖德遠被，日月所照，皆來賓服。我歸心委質，冀得覩天顏，死無所恨。然磧北之地，必當有主，捨我別求，固非大國之計。我志決矣，勿復多言。」於是言者遂止。太宗乃發使受其羊馬，然夷男先無府藏，調斂其國，往返且萬里，既涉沙磧，無水草，羊馬多死，遂後期。太宗於是停幸靈州。既而其聘羊馬來至，所耗將半。議者以爲夷狄不可禮義畜，若聘財未備而與之婚，或輕中國，當須要其備禮，於是下詔絕其婚。既而李思摩數遣兵侵掠之，延陀復遣突利失擊思摩，至定襄，抄掠而去。太宗遣英國公李勣援之，見虜已出塞而還。太宗以其數與思摩交兵，璽書責讓之。

十九年〔四〕，謂其使人曰：「語爾可汗，我父子並東征高麗，汝若能寇邊者，但當來也。」夷男遣使致謝，復請發兵助軍，太宗答以優詔而止。其冬，太宗拔遼東諸城，破駐蹕陣，而高麗莫離支潛令靺鞨誑惑夷男，啗以厚利，夷男氣慴不敢動。俄而夷男卒，太宗爲之舉哀。夷男少子肆葉護拔灼襲殺其兄突利失可汗而自立，是爲頡利俱利薛沙多彌可汗。拔灼性褊急，馭下無恩，多所殺戮，其下不附。是時復以太宗尚在遼東，遂發兵寇夏州，將軍執失思力擊敗之，虜其衆數萬，拔灼輕騎遁去，尋爲迴紇所殺，宗族殆盡。其餘衆尙五六萬，竄於西域，又諸姓俟斤遞相攻擊，各遣使歸命。

二十年，太宗遣使江夏王道宗、左衞大將軍阿史那社爾爲瀚海道安撫大使；右領軍大將軍執失思力領突厥兵，代州都督薛萬徹、營州都督張儉、右驍衞大將軍契苾何力各統所部兵分道並進；太宗親幸靈州，爲諸軍聲援。既而道宗渡磧，遇延陀餘衆數萬來拒戰，道宗擊破之，斬首千餘級。萬徹又與迴紇相遇，二將各遣使諭以綏懷之意，其酋帥見使者，皆頓顙歡呼，請入朝。太宗至靈州，其鐵勒諸部相繼至數千人，仍請列爲州縣，北荒悉平。詔曰：

惟天爲大，合其德者弗違；謂地蓋厚，體其仁者光被。故能彌綸八極，輿蓋二儀，振絕代之英聲，畢天下之能事。彼匈奴者，與開闢而俱生；奄有龍庭，共上皇而並列。僭稱驕子，分天衡於紫宸；仰應旄頭，抗大禮於皇極。緬窺邃古，能無力制。自朕臨御天下，二紀于茲，粤以眇身，一匡寰宇。始勤勞於昧旦，終致治於昇平。曩者聊命偏師，遂擒頡利；今茲始弘廟略，已滅延陀。雖麾駕出征，未踰郊甸；前驅所輔，纔掩塞垣。長策風行，已振金徼之表〔三〕，揚威電發，遠讋沙場之外。鐵勒諸姓、迴紇胡祿俟利發等〔六〕，總百餘萬戶，散處北溟，遠遣使人，委身內屬，請同編列，並爲州郡。收其瀚海，盡入提封；解其辮髮，並垂冠帶。上變星昴，歸於東井之躔；下掩蹛林，祛入南山之囿。混元已降，殊未前聞；無疆之業，永貽來裔。古人所不能致，今既吞之；前王所不能屈，今咸滅之。斯實書契所未有，古今之壯觀，豈朕一人獨能宣力〔七〕。蓋由上靈儲祉，錫以太康；宗廟威靈，成茲克定。卽宜備禮，告于淸廟，仍頒示普天。

其後延陀西遁之衆，共推夷男兄子咄摩支爲伊特勿失可汗，率部落七萬餘口，西歸故地。乃去可汗之號，遣使奉表，請居鬱督軍山北。詔兵部尙書崔敦禮就加綏撫。而諸部鐵勒素服薛延陀之衆，及咄摩支至，九姓渠帥莫不危懼。朝議恐爲磧北之患，復令英國公李勣進加討擊。勣率九姓鐵勒二萬騎至于天山。咄摩支見官軍奄至，惶駭不知所爲，且聞詔使蕭嗣業在迴紇中，因而請降。嗣業與之俱至京師，詔授右武衞將軍，賜以田宅。咄摩支入國後，鐵勒酋帥潛知其部落，仍持兩端。李勣因縱兵追擊，前後斬五千餘級，虜男女三萬計。

二十一年〔八〕，契苾、迴紇等十餘部落以薛延陀亡散殆盡，乃相繼歸國。太宗各因其地土，擇其部落，置爲州府：以迴紇部爲瀚海都督府，僕骨爲金微都督府，多覽葛爲燕然都督府，拔野古部爲幽陵都督府，同羅部爲龜林都督府，思結部爲盧山都督府，渾部爲皐蘭州，斛薛部爲高闕州，奚結部爲雞鹿州，阿跌部爲雞田州，契苾部爲榆溪州，思結別部爲蹛林州，白霫部爲寘顏州，凡一十三州。拜其酋長爲都督、刺史，給玄金魚以爲符信，又置燕然都護以統之。是歲，太宗以鐵勒諸部並皆內屬，詔賜京城百姓大酺三日。永徽元年，延陀首領先逃逸者請歸國，高宗更置溪彈州以安恤之。至則天時，突厥強盛，鐵勒諸部在漠北者漸爲所併。迴紇、契苾、思結、渾部徙于甘、涼二州之地。

其骨利幹北距大海，去京師最遠，自古未通中國。貞觀中遣使來朝貢，遣雲麾將軍康蘇密往慰撫之，仍列其地爲玄闕州。俄又遣使隨蘇密使入朝，獻良馬十匹。太宗奇其駿異，爲之制名，號爲十驥：一曰騰霜白，二曰皎雪驄，三曰凝露驄，四曰懸光驄，五曰決波騟，六曰飛霞驃，七曰發電赤，八曰流金騧，九曰翔麟紫，十曰奔虹赤。又爲文以敍其事。自延陀叛後，朝貢遂絕。

契丹，居潢水之南〔九〕，黃龍之北，鮮卑之故地，在京城東北五千三百里。東與高麗鄰，西與奚國接，南至營州，北至室韋。冷陘山在其國南，與奚西山相崎，地方二千里。逐獵往來，居無常處。其君長姓大賀氏。勝兵四萬三千人，分爲八部，若有徵發，諸部皆須議合，不得獨舉。獵則別部，戰則同行。本臣突厥，好與奚鬭，不利則遁保青山及鮮卑山。其俗死者不得作塚墓，以馬駕車送入大山，置之樹上，亦無服紀。子孫死，父母晨夕哭之；父母死，子孫不哭。其餘風俗與突厥同。

武德初，數抄邊境。二年，入寇平州。六年，其君長咄羅遣使貢名馬豐貂。貞觀二年，其君摩會率其部落來降。突厥頡利遣使請以梁師都易契丹，太宗謂曰：「契丹、突厥，本是別類，今來降我，何故索之？師都本中國人，據我州城，以爲盜竊，突厥無故容納之，我師往討，便來救援。計不久自當擒滅，縱其不得，終不以契丹易之。」太宗伐高麗，至營州，會其君長及老人等，賜物各有差，授其蕃長窟哥爲左武衞將軍。二十二年，窟哥等部咸請內屬，乃置松漠都督府，以窟哥爲左領軍將軍兼松漠都督府、無極縣男，賜姓李氏。顯慶初，又拜窟哥爲左監門大將軍。其曾孫祜莫離，則天時歷左衞將軍兼檢校彈汗州刺史，歸順郡王。

又契丹有別部酋帥孫敖曹，初仕隋爲金紫光祿大夫。武德四年，與靺鞨酋長突地稽俱遣使內附，詔令於營州城傍安置，授雲麾將軍，行遼州總管。至曾孫萬榮，垂拱初累授右玉鈐衞將軍、歸誠州刺史，封永樂縣公。萬歲通天中，萬榮與其妹壻松漠都督李盡忠，俱爲營州都督趙翽所侵侮，二人遂舉兵殺翽，據營州作亂。盡忠卽窟哥之胤，歷位右武衞大將軍兼松漠都督。則天怒其叛亂，下詔改萬榮名爲萬斬，盡忠爲盡滅。盡滅尋自稱無上可汗，以萬斬爲大將，前鋒略地，所向皆下，旬日兵至數萬，進逼檀州。詔令右金吾大將軍張玄遇、左鷹揚衞將軍曹仁師、司農少卿麻仁節率兵討之。與萬斬戰于西硤石谷，官軍敗績，玄遇、仁節並爲賊所虜。又令夏官尚書王孝傑、左羽林將軍蘇宏暉領兵七萬以繼之。與萬斬戰于東硤石谷，孝傑在陣陷没〔一〇〕，宏暉棄甲而遁。萬斬乘勝率其衆入幽州，殺略人吏。清邊道大總管、建安郡王武攸宜遣裨將討之，不能克。又詔左金吾大將軍、河內王武懿宗爲大總管，御史大夫婁師德爲副大總管，右武衞將軍沙吒忠義爲前軍總管，率兵三十萬以討之。俄而李盡滅死，萬斬代領其衆。萬斬又遣別帥駱務整、何阿小爲遊軍前鋒，攻陷冀州，殺刺史陸寶積，屠官吏子女數千人。俄而奚及突厥之衆掩擊其後，掠其幼弱。萬斬棄其衆，以輕騎數千人東走。前軍副總管張九節率數百騎設伏以邀之。萬斬窮蹙，乃將其家奴輕騎宵遁，至潞河東，解鞍憩於林下，其奴斬之。張九節傳其首于東都，自是其餘衆遂降突厥。

開元三年，其首領李失活以默啜政衰，率種落內附。失活即盡忠之從父弟也。於是復置松漠都督府，封失活爲松漠郡王，拜左金吾衞大將軍兼松漠都督。其所統八部落，各因舊帥拜爲刺史，又以將軍薛泰督軍以鎮撫之。明年，失活入朝，封宗室外甥女楊氏爲永樂公主以妻之。

六年，失活死，上爲之舉哀，贈特進。失活從父弟娑固代統其衆，遣使册立，仍令襲其兄官爵。娑固大臣可突于驍勇〔二〕，頗得衆心，娑固謀欲除之。可突于反攻娑固，娑固奔營州。都督許欽澹令薛泰帥驍勇五百人，又徵奚王李大輔者及娑固合衆以討可突于〔三〕。官軍不利，娑固、大輔臨陣皆爲可突于所殺，生拘薛泰。營府震恐，許欽澹移軍西入渝關。可突于立娑固從父弟鬱于爲主〔三〕，俄又遣使請罪，上乃令册立鬱于，令襲娑固官爵，仍赦可突于之罪。十年，鬱于入朝請婚。上又封從妹夫率更令慕容嘉賓女爲燕郡公主以妻之，仍封鬱于爲松漠郡王，授左金吾衛員外大將軍兼靜析軍經略大使，賜物千段。鬱于還蕃，可突于來朝，拜左羽林將軍，從幸幷州。

明年，鬱于病死，弟吐于代統其衆〔四〕，襲兄官爵，復以燕郡公主爲妻。吐于與可突于復相猜阻。十三年，攜公主來奔，便不敢還，改封遼陽郡王，因留宿衞。可突于立李盡忠弟邵固爲主。其冬，車駕東巡，邵固詣行在所，因從至岳下，拜左羽林軍員外大將軍、靜析軍經略大使，改封廣化郡王，又封皇從外甥女陳氏爲東華公主以妻之。

邵固還蕃，又遣可突于入朝，貢方物，中書侍郎李元紘不禮焉，可突于怏怏而去。左丞相張說謂人曰：「兩蕃必叛。可突于人面獸心，唯利是視，執其國政，人心附之，若不優禮縻之，必不來矣。」十八年，可突于殺邵固，率部落幷脅奚衆降于突厥，東華公主走投平盧軍。

於是詔中書舍人裴寬、給事中薛侃等於京城及關內、河東、河南、河北分道募壯勇之士，以忠王浚爲河北道行軍元帥以討之，師竟不行。二十年，詔禮部尙書信安王褘爲行軍副大總管，領衆與幽州長史趙含章出塞擊破之，俘獲甚衆。可突于率其麾下遠遁，奚衆盡降，褘乃班師。明年，可突于又來抄掠。幽州長史薛楚玉遣副將郭英傑、吳克勤、鄔知義、羅守忠率精騎萬人，幷領降奚之衆追擊之。軍至渝關都山之下，可突于領突厥兵以拒官軍。奚衆遂持兩端，散走保險。官軍大敗，知義、守忠率麾下遁歸，英傑、克勤沒于陣，其下六千餘人，盡爲賊所殺。詔以張守珪爲幽州長史兼御史中丞以經略之。可突于漸爲守珪所逼，遣使僞降。俄又迴惑不定，引衆漸向西北，將就突厥。守珪遣管記王悔等就部落招諭之〔一五〕。時契丹衙官李過折與可突于分掌兵馬，情不叶，悔潛誘之，過折夜勒兵斬可突于及其支黨數十人。二十三年正月，傳首東都。詔封過折爲北平郡王，授特進，檢校松漠州都督，賜錦衣一副、銀器十事、絹綵三千疋。其年，過折爲可突于餘黨泥禮所殺，幷其諸子，唯一子剌乾走投安東得免，拜左驍衞將軍。

天寶十年，安祿山誣其酋長欲叛，請舉兵討之。八月，以幽州、雲中、平盧之衆數萬人，就潢水南契丹衙與之戰，祿山大敗而還，死者數千人。至十二年，又降附。迄于貞元，常間歲來修藩禮。

貞元四年，與奚衆同寇我振武，大掠人畜而去。九年、十年，復遣使來朝，大首領悔落拽何已下，各授官放還。十一年，大首領熱蘇等二十五人來朝。自後至元和、長慶、寶曆、大和、開成時遣使來朝貢。會昌二年九月，制：「契丹新立王屈戍〔七〕，可雲麾將軍，守右武衞將軍員外置同正員。」幽州節度使張仲武上言：「屈戍等云，契丹舊用迴紇印，今懇請聞奏，乞國家賜印。」許之，以「奉國契丹之印」爲文。

奚國，蓋匈奴之別種也，所居亦鮮卑故地，卽東胡之界也，在京師東北四千餘里。東接契丹，西至突厥，南拒白狼河，北至霫國。自營州西北饒樂水以至其國。勝兵三萬餘人，分爲五部，每部置俟斤一人。風俗並於突厥，每隨逐水草，以畜牧爲業，遷徙無常。居有氊帳，兼用車爲營，牙中常五百人持兵自衞。此外部落皆散居山谷，無賦稅。其人善射獵，好與契丹戰爭。

武德中，遣使朝貢。貞觀二十二年，酋長可度者率其所部內屬，乃置饒樂都督府，以可度者爲右領軍兼饒樂都督，封樓煩縣公，賜姓李氏。顯慶初，又授右監門大將軍。萬歲通天年，契丹叛後，奚衆管屬突厥，兩國常遞爲表裏，號曰「兩蕃」。景雲元年，其首領李大輔遣使貢方物，睿宗嘉之，宴賜甚厚。

延和元年，左羽林將軍、檢校幽州大都督孫佺〔七〕，率兵十二萬以襲其部落，師次冷硎，前軍左驍衞將軍李楷洛等與大輔會戰，我師敗績。佺懼，不敢進救，遣使矯報大輔云：「我奉敕來此招諭蕃將，李楷洛等不受節度而輒用兵，請斬以謝。」大輔曰：「若奉敕招諭，有何國信物？」佺率軍中繒帛萬餘段幷袍帶以與之。大輔曰：「將軍可南還，無相驚擾。」佺軍漸失部伍，大輔乃率衆逼之，由是大敗，兵士死傷者數萬。佺及副將周以悌爲大輔所擒，送于突厥默啜，並遇害。

開元三年，大輔遣其大臣粤蘇梅落來請降，詔復立其地爲饒樂州，封大輔爲饒樂郡王，仍拜左金吾員外大將軍、饒樂州都督。五年，大輔與契丹首領松漠郡王李失活咸請於柳城依舊置營州都督府，上從之。敕太子詹事姜師度充使督工作〔八〕，役八千餘人。其年，大輔入朝，詔封從外甥女辛氏爲固安公主以妻之，賜物一千五百疋，遣右領軍將軍李濟持節送還蕃。

八年，大輔率兵救契丹，戰死，其弟魯蘇嗣立。十年，入朝，詔令襲其兄饒樂郡王、右金吾員外大將軍兼保塞軍經略大使，賜物一千段，仍以固安公主爲妻。而公主與嫡母未和，遞相論告，詔令離婚，復以成安公主之女韋氏爲東光公主以妻之。十四年，又改封魯蘇爲奉誠王，授右羽林軍員外將軍。十八年，奚衆爲契丹衙官可突于所脅，復叛降突厥。魯蘇不能制，走投渝關，東光公主奔歸平盧軍。其秋，幽州長史趙含章發清夷軍兵擊奚，破之，斬首二百級。自是奚衆稍稍歸降。二十年，信安王禕奉詔討叛奚。奚酋長李詩瑣高等以其部落五千帳來降。詔封李詩爲歸義王兼特進、左羽林軍大將軍同正，仍充歸義州都督，賜物十萬段，移其部落於幽州界安置。天寶五載，又封其王娑固爲昭信王，仍授饒樂都督。

自大曆後，朝貢時至。貞元四年七月，奚及室韋寇振武。十一年四月，幽州奏卻奚六萬餘衆。元和元年，其王饒樂府都督、襲歸誠王梅落來朝，加檢校司空，放還蕃。三年，以奚首領索低爲右武威衞將軍同正，充檀、薊兩州遊奕兵馬使，仍賜姓李氏。八年，遣使來朝。十一年，遣使獻名馬。爾後每歲朝貢不絕，或歲中二三至。故事，常以范陽節度使爲押奚、契丹兩蕃使。自至德之後，藩臣多擅封壤，朝廷優容之，彼務自完，不生邊事，故二蕃亦少爲寇。其每歲朝賀，常各遣數百人至幽州，則選其酋渠三五十人赴闕，引見於麟德殿，錫以金帛遣還，餘皆駐而館之，率爲常也。

室韋者，契丹之別類也。居猺越河北，其國在京師東北七千里。東至黑水靺鞨，西至突厥，南接契丹，北至于海。其國無君長，有大首領十七人，並號「莫賀弗」，世管攝之，而附于突厥。兵器有角弓楛矢，尤善射，時聚弋獵，事畢而散。其人土著，無賦斂。或爲小室，以皮覆上，相聚而居，至數十百家。剡木爲犂，不加金刃，人牽以種，不解用牛。夏多霧雨，冬多霜霰。畜宜犬豕，豢養而噉之，其皮用以爲韋，男子女人通以爲服。被髮左衽，其家富者項著五色雜珠。婚嫁之法，男先就女舍，三年役力，因得親迎其婦。役日已滿，女家分其財物，夫婦同車而載，鼓舞共歸。武德中，獻方物。貞觀三年，遣使貢豐貂，自此朝貢不絕。

又云：室韋，我唐有九部焉。所謂嶺西室韋、山北室韋、黃頭室韋、大如者室韋、小如者室韋、婆萵室韋、訥北室韋、駱駝室韋，並在柳城郡之東北，近者三千五百里，遠者六千二百里。今室韋最西與迴紇接界者，烏素固部落，當俱輪泊之西南。次東有移塞沒部落。次東又有塞曷支部落，此部落有良馬，人戶亦多，居啜河之南，其河彼俗謂之燕支河。次又有和解部落，次東又有烏羅護部落，又有那禮部落。又東北有山北室韋，又北有小如者室韋，又北有婆萵室韋，東又有嶺西室韋，又東南至黃頭室韋，此部落兵強，人戶亦多，東北與達姤接。嶺西室韋北又有訥北支室韋，此部落較小。烏羅護之東北二百餘里，那河之北有古烏丸之遺人，今亦自稱烏丸國。武德、貞觀中，亦遣使來朝貢。其北大山之北有大室韋部落，其部落傍望建河居。其河源出突厥東北界俱輪泊，屈曲東流，經西室韋界，又東經大室韋界，又東經蒙兀室韋之北，落俎室韋之南，又東流與那河、忽汗河合，又東經南黑水靺鞨之北，北黑水靺鞨之南，東流注于海。烏丸東南三百里，又有東室韋部落，在猱越河之北。其河東南流，與那河合。開元、天寶間，比年或間歲入貢。大曆中，亦頻遣使來貢。貞元八年閏十二月，室韋都督和解熱素等一十人來朝。大和五年至八年，凡三遣使來。九年十二月，室韋大都督阿成等三十人來朝〔二九〕。開成、會昌中，亦遣使來朝貢不絕。

靺鞨，蓋肅愼之地，後魏謂之勿吉，在京師東北六千餘里。東至於海，西接突厥，南界高麗，北鄰室韋。其國凡爲數十部，各有酋帥，或附於高麗，或臣於突厥。而黑水靺鞨最處北方，尤稱勁健，每恃其勇，恆爲鄰境之患。俗皆編髮，性凶悍，無憂戚，貴壯而賤老。無屋宇，並依山水掘地爲穴，架木於上，以土覆之，狀如中國之塚墓，相聚而居。夏則出隨水草，冬則入處穴中。父子相承，世爲君長。俗無文字。兵器有角弓及楛矢。其畜宜豬，富人至數百口，食其肉而衣其皮。死者穿地埋之，以身襯土，無棺斂之具，殺所乘馬於屍前設祭。

有酋帥突地稽者，隋末率其部千餘家內屬，處之於營州，煬帝授突地稽金紫光祿大夫、遼西太守。武德初，遣間使朝貢，以其部落置燕州，仍以突地稽爲總管。劉黑闥之叛也，突地稽率所部赴定州，遣使詣太宗請受節度，以戰功封耆國公。又徙其部落於幽州之昌平城。會高開道引突厥來攻幽州，突地稽率兵邀擊，大破之。貞觀初，拜右衞將軍，賜姓李氏。尋卒。子謹行，偉貌，武力絕人。麟德中，歷遷營州都督。其部落家僮數千人，以財力雄邊，爲夷人所憚。累拜右領軍大將軍，爲積石道經略大使。吐蕃論欽陵等率衆十萬人入寇湟中，謹行兵士樵採，素不設備，忽聞賊至，遂建旗伐鼓，開門以待之。吐蕃疑有伏兵，竟不敢進。上元三年，又破吐蕃數萬衆於青海，降璽書勞勉之。累授鎭軍大將軍，行右衞大將軍，封燕國公。永淳元年卒，贈幽州都督，陪葬乾陵。自後或有酋長自來，或遣使來朝貢，每歲不絕。

其白山部，素附於高麗，因收平壤之後，部衆多入中國。汨咄、安居骨、號室等部〔一○〕，亦因高麗破後奔散微弱，後無聞焉，縱有遺人，並爲渤海編戶。唯黑水部全盛，分爲十六部，部又以南北爲稱〔一一〕。開元十三年，安東都護薛泰請於黑水靺鞨內置黑水軍。續更以最大部落爲黑水府，仍以其首領爲都督，諸部刺史隸屬焉。中國置長史，就其部落監領之。十六年，其都督賜姓李氏，名獻誠，授雲麾將軍兼黑水經略使，仍以幽州都督爲其押使，自此朝貢不絕。

渤海靺鞨大祚榮者，本高麗別種也。高麗既滅，祚榮率家屬徙居營州。萬歲通天年，契丹李盡忠反叛，祚榮與靺鞨乞四比羽各領亡命東奔，保阻以自固。盡忠既死，則天命右玉鈐衞大將軍李楷固率兵討其餘黨，先破斬乞四比羽，又度天門嶺以迫祚榮。祚榮合高麗、靺鞨之衆以拒楷固，王師大敗，楷固脫身而還。屬契丹及奚盡降突厥，道路阻絕，則天不能討，祚榮遂率其衆東保桂婁之故地〔三〕，據東牟山，築城以居之。

祚榮驍勇善用兵，靺鞨之衆及高麗餘燼，稍稍歸之。聖曆中，自立爲振國王，遣使通于突厥。其地在營州之東二千里，南與新羅相接。越憙靺鞨東北至黑水靺鞨〔三〕，地方二千里，編戶十餘萬，勝兵數萬人。風俗與高麗及契丹同，頗有文字及書記。中宗即位，遣侍御史張行岌往招慰之。祚榮遣子入侍，將加册立，會契丹與突厥連歲寇邊，使命不達。睿宗先天二年，遣郎將崔訢往册拜祚榮爲左驍衞員外大將軍、渤海郡王，仍以其所統爲忽汗州，加授忽汗州都督，自是每歲遣使朝貢。

開元七年，祚榮死，玄宗遣使弔祭，乃册立其嫡子桂婁郡王大武藝襲父爲左驍衞大將軍、渤海郡王、忽汗州都督。

十四年，黑水靺鞨遣使來朝，詔以其地爲黑水州，仍置長史，遣使鎭押。武藝謂其屬曰：「黑水途經我境，始與唐家相通。舊請突厥吐屯，皆先告我同去。今不計會，卽請漢官，必是與唐家通謀，腹背攻我也。」遣母弟大門藝及其舅任雅發兵以擊黑水。門藝曾充質子至京師，開元初還國，至是謂武藝曰：「黑水請唐家官吏，卽欲擊之，是背唐也。唐國人衆兵強，萬倍於我，一朝結怨，但自取滅亡。昔高麗全盛之時，強兵三十餘萬，抗敵唐家，不事賓伏，唐兵一臨，掃地俱盡。今日渤海之衆，數倍少於高麗，乃欲違背唐家，事必不可。」武藝不從。門藝兵至境，又上書固諫。武藝怒，遣從兄大壹夏代門藝統兵，徵門藝，欲殺之。門藝遂棄其衆，間道來奔，詔授左驍衞將軍。武藝尋遣使朝貢，仍上表極言門藝罪狀，請殺之。上密遣門藝往安西，仍報武藝云：「門藝遠來歸投，義不可殺。今流向嶺南，已遣去訖。」乃留其使馬文軌、葱勿雅，別遣使報之。俄有洩其事者，武藝又上書云：「大國示人以信，豈有欺誑之理！今聞門藝不向嶺南，伏請依前殺却。」由是鴻臚少卿李道邃、源復以不能督察官屬，致有漏洩，左遷道邃爲曹州刺史，復爲澤州刺史。遣門藝暫向嶺南以報之。

二十年，武藝遣其將張文休率海賊攻登州刺史韋俊。詔遣門藝往幽州徵兵以討之，仍令太僕員外卿金思蘭往新羅發兵以攻其南境。屬山阻寒凍，雪深丈餘，兵士死者過半，竟無功而還。武藝懷怨不已，密遣使至東都，假刺客刺門藝於天津橋南，門藝格之，不死。詔河南府捕獲其賊，盡殺之。

二十五年，武藝病卒，其子欽茂嗣立。詔遣內侍段守簡往册欽茂爲渤海郡王，仍嗣其父爲左驍衞大將軍、忽汗州都督。欽茂承詔赦其境內，遣使隨守簡入朝貢獻。大曆二年至十年，或頻遣使來朝，或間歲而至，或歲內二三至者。十二年正月，遣使獻日本國舞女一十一人及方物。四月、十二月，使復來。建中三年五月、貞元七年正月，皆遣使來朝，授其使大常靖爲衞尉卿同正，令還蕃。八月，其王子大貞翰來朝，請備宿衞。十年正月，以來朝王子大清允爲右衞將軍同正，其下三十餘人，拜官有差。

十一年二月，遣內常侍殷志瞻册大嵩璘爲渤海郡王。十四年，加銀青光祿大夫、檢校司空，進封渤海國王〔三〕。嵩璘父欽茂，開元中，襲父位爲郡王左金吾大將軍，天寶中，累加特進、太子詹事、賓客，寶應元年，進封國王，大曆中，累加拜司空、太尉；及嵩璘襲位，但授其郡王、將軍而已，嵩璘遣使敍理，故再加册命。十一月，以王姪大能信爲左驍衞中郎將、虞候、婁蕃長，都督茹富仇爲右武衞將軍，放還。

二十一年，遣使來朝。順宗加嵩璘金紫光祿大夫、檢校司空。元和元年十月，加檢校太尉。十二月，遣使朝貢。四年，以嵩璘男元瑜爲銀青光祿大夫、檢校祕書監、忽汗州都督，依前渤海國王。五年，遣使朝貢者二。七年，亦遣使來朝。八年正月，授元瑜弟權知國務言義銀青光祿大夫、檢校祕書監、都督、渤海國王，遣內侍李重旻使焉。

十三年，遣使來朝，且告哀。五月，以知國務大仁秀爲銀青光祿大夫、檢校祕書監、都督、渤海國王。十五年閏正月，遣使來朝，加大仁秀金紫光祿大夫、檢校司空。十二月，復遣使來朝貢。長慶二年正月，又遣使來。四年二月，大叡等五人來朝，請備宿衞。寶曆中，比歲修貢。大和元年、四年，皆遣使來朝。

五年，大仁秀卒，以權知國務大彝震爲銀青光祿大夫、檢校祕書監、都督、渤海國王。六年，遣王子大明俊等來朝。七年正月，遣同中書右平章事高寶英來謝册命，仍遣學生三人，隨寶英請赴上都學問。先遣學生三人，事業稍成，請歸本國，許之。二月，王子大先晟等六人來朝。開成後，亦修職貢不絕。

霫，匈奴之別種也，居于潢水北，亦鮮卑之故地，其國在京師東北五千里。東接靺鞨，西至突厥，南至契丹，北與烏羅渾接。地周二千里，四面有山，環繞其境。人多善射獵，好以赤皮爲衣緣，婦人貴銅釧，衣襟上下懸小銅鈴，風俗略與契丹同。有都倫紇斤部落四萬戶，勝兵萬餘人。貞觀三年，其君長遣使貢方物。

烏羅渾國，蓋後魏之烏洛侯也，今亦謂之烏羅護，其國在京師東北六千三百里。東與靺鞨，西與突厥，南與契丹，北與烏丸接。風俗與靺鞨同。貞觀六年，其君長遣使獻貂皮焉。

史臣曰：北狄密邇中華，侵邊蓋有之矣；東夷隔礙瀛海，作梗罕常聞之。非惟勢使之然，抑亦稟於天性。太平之人仁，空峒之人武，信矣。隋煬帝縱欲無厭，興兵遼左，急斂暴欲，由是而起。亂臣賊子，得以爲資，不戢自焚，遂亡其國。我太宗文皇帝親馭戎輅，東征高麗，雖有成功，所損亦甚。及凱還之日，顧謂左右曰：「使朕有魏徵在，必無此行矣。」則是悔於出師也可知矣。何者？夷狄之國，猶石田也，得之無益，失之何傷，必務求虛名，以勞有用。但當修文德以來之，被聲教以服之，擇信臣以撫之，謹邊備以防之，使重譯來庭，航海入貢，茲庶得其道也。

贊曰：東夷之人，北狄之俗。爰考周官，是稱蠻服。未得無傷，已得何足。宜務懷柔，謂之羈束。

校勘記

〔一〕俱倫水　「水」字各本原作「山」，據通典卷一九九、寰宇記卷一九八改。

〔二〕大罪者斬之小罪者鞭之　「斬之小罪者」五字各本原無，據通鑑卷一九三補。唐會要卷九六作「大罪斬之，小罪鞭之」。

〔三〕泥熟俟斤　各本原作「泥敦策斤」，據冊府卷九七八、通鑑卷一九六改。

〔四〕十九年　各本原作「十七年」，據本書卷三太宗紀及卷一九九高麗傳、通鑑卷一九八改。

〔五〕金徽　「徽」字各本原作「徽」，據本書卷一九四上突厥傳、寰宇記卷一九六、新書卷四三下地理志、冊府卷一一二改。

〔六〕胡祿俟利發　「胡」字各本原作「月」，據唐大詔令集卷七九、冊府卷一一二改。

〔七〕獨能宣力　「宣力」二字各本原無，據唐大詔令集卷七九、冊府卷一一二補。

〔八〕二十一年　各本原作「二十二年」，據通典卷一九八改。突厥集史：「二十二爲二十一訛。下文云是歲大酺，元龜八〇固在二十一年正月甲寅也。」

〔九〕潢水　各本原作「黃水」，據唐會要卷九六、新書卷二一九契丹傳改。

〔一〇〕在陣陷沒　「在」字各本原作「左」，據冊府卷九八六改。

〔一一〕可突于　通鑑卷二一二、合鈔卷二五九下北狄傳作「可突干」。

〔一二〕李大輔　唐會要卷九六、通鑑卷二一一皆作「李大酺」。

〔一三〕鬱于　唐會要卷九六作「鬱於」，通鑑卷二一二作「鬱干」。

〔一四〕吐于　通鑑卷二一二作「吐干」。

〔一五〕管記王悔等　「記」字各本原作「紀」，據本書卷一〇三張守珪傳改。

〔一六〕契丹新立王屈戍　「王」字各本原作「五」，據唐會要卷九六改。

〔一七〕孫傛　新書卷二一九北狄傳、通鑑卷二一〇作「孫佺」。

〔一八〕姜師度　「姜」字各本原作「羊」，據通鑑卷二一一改。

〔一九〕大都督　「都」字各本原作「勝」，據唐會要卷九六、册府卷九七二改。

〔二〇〕安居骨號室等部　「號」字各本原無，據通典卷一八六、寰宇記卷一九五補。

〔二一〕部又以南北爲稱　「稱」字各本原作「柵」，據唐會要卷九六、合鈔卷二五九下北狄傳改。

〔二二〕桂婁　新書卷二一九北狄傳作「挹婁」。

〔二三〕南與新羅相接越熹靺鞨東北至黑水靺鞨　册府卷九五九作「南與新羅相接，西接越熹靺鞨，東北至黑水靺鞨。」

〔二四〕進封渤海國王　各本原作「進封渤海郡王」，據下文及册府卷九六五改。

舊唐書卷二百上

列傳第一百五十上

安祿山 子慶緒　高尚　孫孝哲　史思明 子朝義

安祿山，營州柳城雜種胡人也。本無姓氏，名軋犖山。母阿史德氏，亦突厥巫師，以卜爲業。突厥呼鬭戰爲軋犖山，遂以名之。少孤，隨母在突厥中，將軍安波至兄延偃妻其母。開元初，與將軍安道買男俱逃出突厥中。道買次男貞節爲嵐州別駕，收獲之。年十餘歲，以與其兄及延偃相攜而出，感愧之，約與思順等并爲兄弟，冒姓爲安。及長，解六蕃語，爲互市牙郎。二十年，張守珪爲幽州節度，祿山盜羊事覺，守珪剝坐，欲棒殺之，大呼曰：「大夫不欲滅兩蕃耶？何爲打殺祿山！」守珪見其肥白，壯其言而釋之。令與鄉人史思明同捉生，行必尅獲，拔爲偏將。常嫌其肥，以守珪威風素高，畏懼不敢飽食。以驍勇聞，遂養爲子。

二十八年，爲平盧兵馬使。性巧黠，人多譽之。授營州都督、平盧軍使。厚賂往來者，乞爲好言，玄宗益信嚮之。天寶元年，以平盧爲節度，以祿山攝中丞爲使。入朝奏事，玄宗益寵之。三載，代裴寬爲范陽節度，河北採訪、平盧軍等使如故。採訪使張利貞常受其賂；數載之後，黜陟使席建侯又言其公直無私；裴寬受代，及李林甫順旨，並言其美。數公皆信臣，玄宗意益堅不搖矣。後請爲貴妃養兒，入對皆先拜太眞，玄宗怪而問之，對曰：「臣是蕃人，蕃人先母而後父。」玄宗大悅，遂命楊銛已下並約爲兄弟姊妹。

六載，加大夫。常令劉駱谷奏事。與王鉷俱爲大夫。李林甫爲相，朝臣莫敢抗禮，祿山承恩深，入謁不甚罄折。林甫命王鉷，鉷趨拜謹甚，祿山悚息，腰漸曲。每與語，皆揣知其情而先言之，祿山以爲神明，每見林甫，雖盛冬亦汗洽。林甫接以温言，中書廳引坐，以己披袍覆之，祿山欣荷，無所隱，呼爲十郎。駱谷奏事，先問「十郎何言？」有好言則喜躍，若但言「大夫須好檢校」，則反手據牀曰：「阿與，我死也！」李龜年嘗斅其說，玄宗以爲笑樂。

晚年益肥壯，腹垂過膝，重三百三十斤，每行以肩膊左右擡挽其身，方能移步。至玄宗前，作胡旋舞，疾如風焉。爲置第宇，窮極壯麗，以金銀爲簽筐笊籬等。上御勤政樓，於御坐東爲設一大金雞障，前置一榻坐之，卷去其簾。十載入朝，又求爲河東節度，因拜之。男十一人：長子慶宗，太僕卿；少子慶緒，鴻臚卿。慶宗又尙郡主。祿山陰有逆謀，於范陽北築雄武城，外示禦寇，內貯兵器，積穀爲保守之計，戰馬萬五千匹，牛羊稱是。兼三道節度，進奏無不允。引張通儒、李庭堅、平冽、李史魚、獨孤問俗在幕下，高尙掌書記，劉駱谷留居西京爲耳目，安守忠、李歸仁、蔡希德、牛庭玠、向潤客、崔乾祐、尹子奇、何千年、武令珣、能元皓、田承嗣、田乾眞，皆拔於行間。每月進奉生口駝馬鷹犬不絕，人無聊矣。既肥大不任戰，前後十餘度欺誘契丹，宴設酒中著莨菪子，預掘一坑，待其昏醉，斬首埋之，皆不覺死，每度數十人。十一載八月，祿山倂率河東等軍五六萬，號十五萬，以討契丹。去平盧千餘里，至土護眞河，卽北黃河也。又倍程三百里，奄至契丹牙帳。屬久雨，弓箭皆漲濕，將士困極，奚又夾攻之，殺傷略盡。祿山被射，折其玉簪，以麾下奚小兒二十餘人走上山，墜坑中，其男慶緒等扶持之。會夜，解走，投平盧城。

楊國忠屢奏祿山必反。十二載，玄宗使中官輔璆琳覘之，得其賄賂，盛言其忠。國忠又云「召必不至」，洎召之而至。十三載正月，謁於華淸宮，因涕泣言：「臣蕃人，不識字，陛下擢臣不次，被楊國忠欲得殺臣。」玄宗益親厚之，遂以爲左僕射，却迴。其月，又請爲閑廄、隴右羣牧等都使，奏吉溫爲武部侍郎、兼中丞，爲其副，又請知總監事。既爲閑廄、羣牧等使，上筋脚馬，皆陰選擇之，奪得樓煩監牧及奪張文儼馬牧。三月一日，歸范陽，疾行出關，日行三四百里，至范陽。人言反者，玄宗必大怒，縛送與之。十四載，玄宗又召之，託疾不至。賜其子婚，令就觀禮，又辭。

十一月，反于范陽，矯稱奉恩命以兵討逆賊楊國忠。以諸蕃馬步十五萬，夜半行，平明食，日六十里。以高尚、嚴莊爲謀主，孫孝哲、高邈、何千年爲腹心。天下承平日久，人不知戰，聞其兵起，朝廷震驚。禁衞皆市井商販之人，乃開左藏庫出錦帛召募。因以高仙芝、封常清等相次爲大將以擊之。祿山令嚴肅，得士死力，無不一當百，遇之必敗。十二月，度河至陳留郡，河南節度張介然城陷死之，傳首河北。陳留郭門祿山男慶緒見誅慶宗榜，泣告祿山，祿山在輿中驚哭曰：「吾子何罪而殺之！」狂而怒，官軍之降者夾道，命交相斫焉，死者六七千人，遂入陳留郡。太守郭納初拒戰，至是出降。至滎陽，太守崔無詖拒戰，城陷死之。次于泥水罌子谷，將軍荔非守瑜蹲而射之，殺數百人，矢及祿山輿，祿山不敢過，乃取谷南而過。守瑜箭盡，投河而死。東京留守李憕、中丞盧奕、採訪使判官蔣清燒絕河陽橋。祿山怒，率軍大至。封常清自苑西隤牆使伐樹塞路而奔。祿山入東京，殺李憕、盧奕、蔣清，召河南尹達奚珣，使之蒞事。初，常清欲殺珣，恐應賊，憕、奕諫止之。常清既敗，唯與數騎走至陝郡，高仙芝率兵守陝城，皆棄甲西走潼關，懼賊追躡，相蹂藉而死者塞路。陝郡太守竇庭芝走投河東。賊使崔乾祐守陝郡。臨汝太守韋斌降于賊。

十五年正月，賊竊號燕國，立年聖武，達奚珣已下署爲丞相。五月，南陽節度魯炅率荆、襄、黔中、嶺南子弟十萬餘，與賊將武令珣戰于葉縣城北滍河，王師盡沒。六月，李光弼、郭子儀出土門路，大破賊衆於常山郡東嘉山，河北諸郡歸降者十餘，祿山窘急，圖欲却投范陽。會哥舒翰自潼關領馬步八萬，與賊將崔乾祐戰于靈寶西，爲賊覆敗，翰西奔潼關，爲其帳下執送于賊。關門不守，玄宗幸蜀，太子收兵靈武。賊乃遣張通儒爲西京留守，田乾眞爲京兆尹，安守忠屯兵苑中。十一月，遣阿史那承慶攻陷潁川，屠之。

祿山以體肥，長帶瘡。及造逆後而眼漸昏，至是不見物。又著疽疾。俄及至德二年正月朔受朝，瘡甚而中罷。以疾加躁急，動用斧鉞，嚴莊亦被捶撻，莊乃日夜謀之。立慶緒於戶外，莊持刀領豎李豬兒同入祿山帳內，豬兒以大刀斫其腹。祿山眼無所見，牀頭常有一刀，及覺難作，捫牀頭不得，但撼幄帳大呼曰：「是我家賊！」腹腸已數斗流在牀上，言訖氣絕。因掘牀下深數尺爲坑，以氈罽包其屍埋之。又無哭泣之儀。莊卽宣言於外，言祿山傳位於晉王慶緒，尊祿山爲太上皇。慶緒縱樂飲酒無度，呼莊爲兄，事之大小必咨之。

初，豬兒出契丹部落，十數歲事祿山，甚黠慧。祿山持刃盡去其勢，血流數升，欲死，祿山以灰火傅之，盡日而蘇，因爲閹人。祿山頗寵之，最見信用。祿山肚大，每著衣帶，三四人助之，兩人擡起肚，豬兒以頭戴之，始取裙褲帶及繫腰帶。玄宗寵祿山，賜華清宮湯浴，皆許豬兒等入助解著衣服。然終見刳者，豬兒也。

慶緒，祿山第二子也。母康氏，祿山糟糠之妻。慶緒善騎射，祿山偏愛之。未二十，拜鴻臚卿，兼廣陽太守。初名仁執，玄宗賜名慶緒，爲祿山都知兵馬使。嚴莊、高尚立爲僞主。慶緒素懦弱，言詞無序，莊恐衆不伏，不令見人。莊爲僞御史大夫、馮翊郡王，以專其政。厚其軍將官秩，以固其心。

二月，肅宗南幸鳳翔郡，始知祿山死，使僕固懷恩使于迴紇，結婚請兵討逆。其月，郭子儀拔河東郡，崔乾祐南遁。八月，迴紇三千騎至。九月，廣平王領蕃漢之衆收西京，走安守忠，賊之死者積如山阜。十月，賊將尹子奇攻陷睢陽郡，殺張巡、姚誾等。王師乘勝至陝郡，賊懼，令嚴莊傾其驍勇而來拒。廣平王遣副元帥郭子儀等與賊戰于陝西曲沃，大破之於新店，逐北二十里，斬首十餘萬，伏屍三十里。嚴莊奔至東京，告慶緒，慶緒率其餘衆奔河北，保鄴郡。嚴莊至河內，南來歸順。賊將阿史那承慶等麾下三萬餘人，悉奔恆、趙、范陽。從慶緒者，唯疲卒一千三百而已。僞中書令張通儒秉政，改相州爲成安府，署置百官。旬日之內，賊將各以衆至者六萬餘，兇威復振。僞青、齊節度能元皓獨率衆歸順。明年，改乾元元年，僞德州刺史王暕、貝州刺史宇文寬等皆歸順，河北諸軍各以城守累月，賊使蔡希德、安太淸急擊，復陷於賊，虜之以歸，臠食其肉。其下潛謀歸順者衆矣，賊皆易置之，以縱屠戮，人心始離。又不親政事，繕治亭沼樓船，爲長夜之飲。高尙等各不相叶。蔡希德兵最銳，性剛直，張通儒譖而縊殺之，三軍冤痛不爲用。以崔乾祐爲天下兵馬使，權領中外兵。乾祐性愎戾，士卒不附。

九月，肅宗遣郭子儀等九節度率步騎二十萬攻之，以魚朝恩爲軍容使。初，子儀之列陣也，使善射者三千人伏於壘垣內。明日接戰，子儀麾其屬僞奔，慶緒逐之，伏者齊發，賊黨大潰。使薛嵩求救於史思明，言禪讓之禮。思明先遣李歸仁以步卒一萬、馬軍三千，先往滏陽以應。及至滏陽，子儀之圍已固，築城穿壕各三重，樓櫓之盛，古所未有。又引水以灌城下，城中水泉大上，井皆滿溢。以安太淸代乾祐爲都知兵馬使。思明南攻魏州，節度使崔光遠南走，思明據其城數日，卽乾元二年正月一日也。思明僞稱燕王，立年號。慶緒自十月被圍至二月，城中人相食，米斗錢七萬餘，鼠一頭直數千，馬食隤牆麥麩及馬糞濯而飼之。思明引衆來救。三月六日，子儀等戰敗，遂解圍而南，斷河陽橋以守穀水。思明領其衆營於鄴縣南。慶緒使收子儀等營中糧，尙六七萬石，復與孫孝哲、乾祐謀閉門自守，議更拒思明。諸將曰：「今日安可更背史王乎！」張通儒、高尙、平列謂慶緒曰：「史王遠來，臣等皆合迎謝。」對曰：「任公暫往見思明。」思明與之涕泗，厚其禮，復命歸城。經三日，慶緒不至。思明密召安太清令誘之。慶緒不獲已，以三百騎詣思明。思明引入，令三軍擐甲執兵待之。及諸弟領至于庭，再拜稽首曰：「臣不克負荷，棄失兩都，久陷重圍，不意大王以太上皇故，將兵遠救。」思明曰：「棄失兩都，用兵不利，亦何事也。爾爲人子，殺汝父以求位，非大逆乎？吾爲太上皇討賊。」卽牽出，幷其四弟及高尙、孫孝哲、崔乾祐，皆縊殺之。祿山父子僭逆三年而滅。初王師之圍相州也，意朝夕屠陷，唯術士桑道茂曰：「三月六日，西師必散，此城無憂。」卒如其言。

高尙，幽州雍奴人也，本名不危。母老，乞食於人，尙周遊不歸侍養。寓居河朔縣界，與令狐潮鄰里，通其婢，生一女，遂收之。尙頗篤學，贍文詞。嘗嘆息謂汝南周銑曰：「高不危寧當舉事而死，終不能咬草根以求活耳！」縣尉有姓高者，以其宗盟，引置門下，遂以尙入籍爲兄弟。李齊物爲懷州刺史，舉高尙不仕，送京師，幷助錢三萬。齊物寓書於中官將軍吳懷實以託之。懷實引見高力士，置賓館中，令與男丞相錫爲學，無問家事，一以委之。無何，令妻父呂令皓特表薦之。天寶元年，拜左領軍倉曹參軍同正員。六載，安祿山奏爲平盧掌書記，出入祿山臥內。

祿山肥多睡，尙執筆在旁或通宵焉，由是寖親厚之。遂與祿山解圖讖，勸其反。天寶十一年，祿山表爲屯田員外郞。及隨祿山寇陷東京，僞授中書侍郞。僞赦書制敕多出其手。始，尙與嚴莊、孫孝哲計畫，白祿山以爲事必成。及顏杲卿殺李欽湊於土門，揚聲言榮王琬、哥舒翰二十萬衆徇河北，十七郡皆歸順。顏眞卿破袁知泰三萬衆於堂邑〔一〕，賀蘭進明再拔信都，李光弼、郭子儀繼收常山、趙郡，河北路絕者再。河南諸郡皆有防禦，潼關有哥舒翰之師。祿山大懼，怒尙等曰：「汝元向我道萬全，必無所畏。今四邊若此，賴鄭、汴數州尙存，向西至關，一步不通，河北並已無矣，萬全何在？更不須見我。」尙等遂數日不得見祿山，憂悶不知所爲。

會田乾眞自潼關至，曉諭祿山曰：「自古帝王，皆有勝敗，然後成大事，豈有一舉而得之者乎！今四邊兵馬雖多，皆非精銳，豈我之比。縱事不成，收取數萬衆，橫行天下，爲一盜跖，亦十年五歲矣，豈有人能制我耶！尙、莊等皆佐命元勳，何得隔絕不與相見，令其憂懼。只此數人，豈不能爲患乎？外間聞之，必心搖動。」祿山喜曰：「阿浩，非汝誰能開豁我心裏事，今無憂矣。爲之奈何？」乾眞曰：「不如喚取慰勞之。」遂召尙等飲宴作樂，祿山自唱歌以送酒，待之如初。阿浩，乾眞小字也。及慶緖至相州，僞授侍中。

孫孝哲，契丹人也。母爲祿山所通，因得狎近。及祿山僭逆，僞授殿中監、閑廄使，封王。孝哲尤用事，亞於嚴莊。裘馬華侈，頗事豪貴，每食皆備珍饌。性殘忍，果於殺戮，聞者畏之。祿山使孝哲與張通儒同守西京，妃王宗枝皆罹其酷。與嚴莊爭權不睦，及祿山死，奪其使，以鄧季陽代之。慶緒之奔，莊懼爲所圖，因而來奔。

史思明，本名窣干，營州寧夷州突厥雜種胡人也。姿瘦，少鬚髮，鳶肩傴背，廞目側鼻。性急躁。與安祿山同鄉里，先祿山一日生，思明除日生，祿山歲日生。及長，相善，俱以驍勇聞。初事特進烏知義，每令騎覘賊，必生擒以歸。又解六蕃語，與祿山同爲互市郎。張守珪爲幽州節度，奏爲折衝。天寶初，頻立戰功，至將軍，知平盧軍事。嘗入奏，玄宗賜坐，與語，甚奇之。問其年，曰「四十矣」。玄宗撫其背曰：「卿貴在後，勉之。」遷大將軍、北平太守。十一載，祿山奏授平盧節度都知兵馬使。

十四載，安祿山反，命思明討饒陽等諸郡，陷之。十五載正月六日，思明與蔡希德圍顏杲卿於常山，九日拔之。又圍饒陽，二十九日不能拔。李光弼出土門，拔常山郡，思明解圍而拒光弼。光弼列兵於城南，相持累月。光弼草盡，使精卒以車數乘於旁縣取草，輒被擊之，其後卒十四唯共得兩束草，至剉蒿薦以飼之。初，祿山以賈循爲范陽留後，謀歸順，爲副留守向潤客所殺，以思明代之。又以征戰在外，令向潤客代其任。四月，朔方節度郭子儀以朔方蕃、漢二萬人自土門而至常山，軍威遂振，南拔趙郡，思明退保博陵。五月十日，子儀、光弼擊之，敗思明於沙河上。又攻之，思明以騎卒奔嘉山，光弼擊之，思明大敗，走入博陵郡。光弼圍之，城幾拔。屬潼關失守，肅宗理兵于朔方，使中官邢廷恩追朔方、河東兵馬。光弼入土門，思明隨後徼擊之，已而迴軍併行擊劉正臣，正臣易之，初不設備，遂棄軍保北平，正臣妻子及軍資二千乘盡沒。

思明將卒頗精銳，皆平盧戰士，南拔常山、趙郡。又攻河間，爲尹子奇所圍，已四十餘日。顏眞卿使和琳以一萬二千人、馬百匹以救之，至河間二十餘里，北風勁烈，鼓鼙不相聞，賊縱擊之，擒和琳以至城下。思明既至，合勢，賊軍益盛。李奐爲賊所擒，送東京。又攻景城，擒李暐，暐投河而死。遂使康沒野波攻平原，眞卿覺之，兵馬既盡，渡河而南。攻清河，糧盡城陷，擒太守王懷忠以獻祿山。將軍莊嗣賢圍烏承恩於信都，承恩母、妻先爲安祿山所獲，思明獲其男從則，使諭承恩，承恩遂降，思明與之把臂飲酒。饒陽陷，李系投火死。河北悉陷。尹子奇以五萬衆渡河至青州，欲便向江、淮。會迴紇二千騎奄至范陽，范陽閉門二日，然後向太原，子奇行千里以救之。二年正月〔二〕，思明以蔡希德合范陽、上黨兵馬十萬，圍李光弼於太原。光弼使爲地道，至賊陣前。驍賊方戲弄城中人，地道中人出擒之，敵以爲神，呼爲「地藏菩薩」。思明留十月，會安祿山死，慶緒令歸范陽，希德留百餘日，皆不能拔而歸。自祿山陷兩京，常以駱駝運兩京御府珍寶於范陽，不知紀極。由是恣其逆謀，思明轉驕，不用慶緒之命。安慶緒爲王師所敗，投鄴郡。其下蕃、漢兵三萬人，初不知所從，思明擊殺三千人，然後降之。

慶緒使阿史那承慶、安守忠徵兵於思明，且欲圖之。判官耿仁智，忠謀之士，謂思明曰：「大夫崇重，人不敢言，仁智請一言而死。」思明曰：「試言之。」對曰：「大夫久事祿山，祿山兵權若此，誰敢不服。如大夫比者，逼於兇威耳，固亦無罪。今聞孝感皇帝聰明勇智，有少康、周宣之略。大夫發使輸誠，必開懷見納，此轉禍爲福之上策也。」思明曰：「善。」承慶等以五千騎至范陽，思明悉衆介冑以逆之，衆且數萬，去之一里，使謂之曰：「相公及王遠至，將士等不勝喜躍。此皆邊兵怯懦，頗懼相公之來〔三〕，莫敢進也。請弛弓以安之。」從之。思明遂以承慶、守忠入內廳，飲樂之。別令諸將於其所分收其甲仗。其諸郡兵皆給糧，恣歸之，欲留者分隸諸營。遂拘承慶，斬守忠、李立節之首。李光弼使衙官敬俛招之，遂令衙官竇子昂奉表，以所管兵衆八萬人及以僞河東節度高秀巖來降。肅宗大悅，封歸義王、范陽長史、御史大夫、河北節度使，朝義已下并爲列卿，秀巖雲中太守，以其男如岳等七人爲大官。使內侍李思敬、將軍烏承恩宣慰使，令討殘賊。

明年，改乾元元年。四月，肅宗使烏承恩爲副使，候伺其過而殺之。初，承恩父知義爲節度，思明常事知義，亦有開獎之恩。以此李光弼冀其無疑，因謀殺之。承恩至范陽，數漏其情，夜取婦人衣衣之〔四〕，詣諸將家，以翻動之意諭之。諸將以白思明，甚懼，無以爲驗。有頃，承恩與思敬從上京來，宣恩命畢，將歸私第。思明留承恩且於館中，明當有所議。已令幃其所寢之牀，伏二人于其下。承恩有小男，先留范陽，思明令省其父。夜後，私於其子曰：「吾受命除此逆，明便授吾節度矣。」牀下二人叫呼而出，以告思明。思明令執之，搜其衣囊，得朝廷所與阿史那承慶鐵券及光弼與承恩之牒，云：「承慶事了，即付鐵券；不了，不可付之。」又得簿書數百紙，皆載先所從反軍將名。思明語之曰：「我何負於汝而至是耶？」承恩稱：「死罪，此太尉光弼之謀也。」思明集軍將官吏百姓，西向大哭曰：「臣以十三州之地、十萬衆之兵降國家，赤心不負陛下，何至殺臣！」因搒殺承恩父子，囚李思敬，遣使表其事。朝廷又令中使慰諭云：「國家與光弼無此事，乃承恩所爲，殺之善也。」

又有使從京至，執三司議罪人狀。思明曰：「陳希烈已下，皆重臣，上皇棄之幸蜀，既收復天下，此輩當慰勞之。今尚見殺，況我本從祿山反乎！」諸將皆云：「烏承恩之前事，情狀可知，光弼尚在，憂不細也。大夫何不取諸將狀以誅光弼，以謝河北百姓。主上若不惜光弼，爲大夫誅之，大夫乃安；不然，爲患未已。」思明曰：「公等言是。」乃令耿仁智、張不矜修表，「請誅光弼以謝河北。若不從臣請，臣則自領兵往太原誅光弼」。不矜初以表示思明，及封入函，耿仁智盡削去之。寫表者密告思明，思明大怒，執二人於庭曰：「汝等何得負我！」命斬之。仁智事思明頗久，意欲活之，却令召入，謂之曰：「我任使汝向三十年，今日之事，我不負汝。」仁智大呼曰：「人生固有一死，須存忠節。今大夫納邪說，爲反逆之計，縱延旬月，不如早死，請速加斧鉞。」思明大怒，亂捶殺之，腦流于地。

十月，郭子儀領九節度圍相州，安慶緒偷道求救於思明，思明懼軍威之盛，不敢進。十二月，蕭華以魏州歸順，詔遣崔光遠替之。思明擊而拔其城，光遠脫身南渡。思明於魏州殺三萬人，平地流血數日，即乾元二年正月一日也。思明於魏州北設壇，僭稱爲大聖燕王，以周贄爲行軍司馬。三月，引衆救相州，官軍敗而引退。思明召慶緒等殺之，併有其衆。四月，僭稱大號，以周贄爲相，以范陽爲燕京。九月，寇汴州，節度使許叔冀合於思明，思明益振。又陷洛陽，與太尉光弼相拒。思明恣行兇暴，下無聊矣。

上元二年，潛遣人反說官軍曰：「洛中將士，皆幽、朔人，咸思歸。」魚朝恩以爲然，告光弼及諸節度僕固懷恩、衞伯玉等：「可速出兵以討殘賊。」光弼等然之，乃出師兩道齊進。

次榆林，賊委物僞遁，將士等不復設備，皆入城虜掠。賊伏兵在北邙山下，因大下，士卒咸棄甲奔散。魚朝恩、衛伯玉退保陝州，光弼、懷恩棄河陽城，退居聞喜。步兵散死者數千人，軍資器械盡爲賊所有，河陽、懷州盡陷於賊。

思明至陝州，爲官軍所拒於姜子坂，戰不利，退歸永寧。築三角城，約一日內畢〔五〕，以貯軍糧。朝義築城畢，未泥，思明至，詬之。對曰：「緣兵士疲乏，暫歇耳。」又怒曰：「汝惜部下兵，違我處分。」令隨身數十人立馬看泥，斯須而畢。又曰：「待收陝州，斬却此賊。」朝義大懼。思明居驛，朝義在店中，思明令腹心曹將軍總中軍兵嚴衛，朝義將駱悅并許叔冀男季常等言：「主上欲害王，悅與王死無日矣。」因言「廢興之事，古來有之，欲喚取曹將軍舉大事，可乎？」朝義迴面不應。悅曰：「若不應，悅等即歸李家，王亦不全矣。」朝義然之，令許季常命曹將軍至。悅等告之，不敢拒。其夜，思明夢而驚悟，據牀惆悵。每好伶人，寢食置左右，以其殘忍，皆恨之。及此，問其故，曰：「吾向夢見水中沙上羣鹿渡水而至，鹿死水乾。」言畢如廁。伶人相謂曰：「鹿者，祿也；水者，命也。胡祿命俱盡矣。」駱悅入，問思明所在，未及對，殺數人，因指在廁。思明覺變，踰牆出，至馬槽，鞴馬騎之。悅等至，令傔人周子俊射，中其臂，落馬，曰：「是何事？」悅等告以懷王。思明曰：「我朝來語錯，今有此事。然汝殺我太疾，何不待我收長安？終事不成矣。」因急呼懷王者三，曰：「莫殺我！」却罵曹將軍曰：「這胡誤我，這胡誤我！」悅遂令心腹擒思明赴柳泉驛，曰：「事已成矣。」朝義曰：「莫驚聖人否？莫損聖人否？」悅曰：「無有。」時周贄、許叔冀統後軍在福昌，朝義令許季常往告之。贄聞，驚欲仰倒。朝義領兵迴，贄等來迎，因殺贄。思明至柳泉驛，縊殺之。朝義便僭僞位。

朝義，思明孽子也。寬厚，人附之。使人往范陽，殺僞太子朝英等。僞留守張通儒覺之，戰於城中，數日，死者數千人，始斬之。時洛陽四面數百里，人相食，州縣爲墟。諸節度使皆祿山舊將，與思明等夷，朝義徵召不至。寶應元年十月，遣元帥雍王領河東朔方諸節度、迴紇兵馬赴陝。僕固懷恩與迴紇左殺爲先鋒，魚朝恩、郭英乂爲後殿，自澠池入；李抱玉自河陽入；副元帥李光弼自陳留入；雍王留陝州。二十九日，與朝義戰于邙山之下，逆賊敗績，走渡河，斬首萬六千，生擒四千六百，降三萬二千人，器械不可勝數。朝義走投汴州，汴州僞將張獻誠拒之，乃渡河北投幽州。二年正月，賊僞范陽節度李懷仙於莫州生擒之，送款來降，梟首至闕下。又以僞官以城降者恆州刺史、成德軍節度張忠志爲禮部尚書，餘如故；趙州刺史盧淑、定州程元勝、徐州劉如伶、相州節度薛嵩、幽州李懷仙、鄭州田承嗣並加封爵，領舊職。

思明乾元二年僭號，至朝義寶應元年滅，凡四年。

校勘記

〔一〕袁知泰　「泰」字各本原作「奉」，據本書卷一二八顏眞卿傳、新書卷一五三顏眞卿傳、通鑑卷二一七改。

〔二〕二年正月　御覽卷一一二「二年」上有「至德」二字。

〔三〕頗懼相公之來　「來」字御覽卷一一二、通鑑卷二二〇作「衆」。

〔四〕夜取婦人衣衣之　「衣之」二字各本原無，據御覽卷一一二補。

〔五〕約一日內畢　「日」字各本原作「月」，據御覽卷一一二、通鑑卷二二二改。

舊唐書卷二百下

列傳第一百五十下

朱泚　黄巢　秦宗權

朱泚，幽州昌平人。曾祖利，贊善大夫，贈禮部尚書。祖思明，太子洗馬，贈太子太師，父懷珪，天寶初，事范陽節度使裴寬爲衙前將〔一〕，授折衝將軍。及安祿山、史思明叛，累爲管兵將。寶應中，李懷仙歸順，奏爲薊州刺史、平盧軍留後、柳城軍使。大曆元年卒，累贈左僕射。祖、父之贈，皆以泚故也。

泚以父資從軍，幼壯偉，腰帶十圍，騎射武藝亦不出人。外若寬和，中頗殘忍。然輕財好施，每征戰所得賞物，輒分與麾下將士，以是爲衆所推，故得濟其兇謀。初隸李懷仙爲部將，改經略副使。朱希彩既殺李懷仙，自爲節度，以泚宗姓，甚委信之。希彩爲政苛酷，人不堪命。大曆七年秋，希彩爲其下所殺，倉卒之際，未有所從。泚營在城北，弟滔，主衙內兵，亦得衆心。滔變詐多端，潛使百餘人於衆中大言曰：「節度使非城北朱副使莫可。」衆既無從，因共推泚，泚遂權知留後，遣使奉表京師。十月，拜檢校左散騎常侍、兼御史中丞、幽州盧龍節度等使。八年三月，遷幽州盧龍節度等使〔二〕、幽州長史、兼御史大夫。其年，泚上表令弟滔率兵二千五百人赴京西防秋，代宗嘉之，手詔褒美。

九年，就加檢校戶部尚書，賜實封百戶。幽州及河北諸鎮，自天寶末便爲逆亂之地，李懷仙、朱希彩與連境三節度，名雖向順，未嘗朝謁。至是泚率先上表，請自領步騎三千人入覲，詔修甲第以待之。九月，泚至京師，代宗御內殿引見，賜御馬兩匹、戰馬十匹、金銀錦綵甚厚，又以器物十牀、馬四十匹、絹二萬匹、衣一千七百襲賜其將士，宴犒之盛，近時未有。泚又上表，請留京師，從之。因授其弟滔兼御史大夫、幽州節度留後。仍以河陽永平軍防秋兵，郭子儀統之；決勝軍楊猷兵，李抱玉統之；淮西鳳翔兵，馬璘統之；汴宋、淄青兵，俾泚統焉。十一年八月，加拜同平章事〔三〕。尋令出鎮奉天行營，復賜金銀繒綵并內庫弓箭以寵之。十二年，加檢校司空，代李抱玉爲隴右節度使，權知河西、澤潞行營兵馬事。

德宗嗣位，加太子太師、鳳翔尹，實封至三百戶。建中元年，涇州將劉文喜阻兵爲亂，加泚四鎮北庭行軍、涇原節度使，與諸軍討之。涇州平，加泚中書令，還鎮鳳翔，而以舒王謨遙領涇原節度〔四〕。二年，加泚太尉。朱滔將反叛，陰使人與泚計議，以帛書納蠟丸中，置髮髻間。河東節度馬燧搜獲之，以聞，幷送帛書及所遣使。泚惶懼，頓首乞歸罪有司。上勉之曰：「千里不同謀，非卿之過。」三年四月，以張鎰代泚爲鳳翔隴右節度留後，留泚京師，加實封至一千戶，與一子正員官，其幽州盧龍節度、太尉、中書令並如故。

四年十月，涇原兵叛，鑾駕幸奉天。叛卒等以泚嘗統涇州，知其失權廢居，怏怏思亂，羣寇無帥，幸泚政寬，乃相與謀曰：「朱太尉久囚空宅，若迎而爲主，事必濟矣。」姚令言乃率百餘騎迎泚於晉昌里第，泚乘馬擁從北向，燭炬星羅，觀者萬計，入居含元殿。明日，移處白華殿，但稱太尉。朝官有謁泚者，悉勸奉迎鑾駕，既不合泚意，皆逡巡而退。源休至，遂屏人移時，言多悖逆。又盛陳成敗，稱述符命，勸其僭僞，泚甚悅之。又李忠臣、張光晟繼至，咸以官閑積憤，樂於禍亂。鳳翔涇原大將張廷芝、段誠諫以潰卒三千餘自襄城而至。賊泚自謂衆望所集，僭竊之心，自此而定。乃以源休爲京兆尹、判度支，李忠臣爲皇城使。段秀實久失兵柄，故推心委之。遂發銳師三千，言奉迎乘輿，實陰有逆謀。秀實與劉海賓謀誅泚，且虞叛卒之震驚法駕，乃潛爲賊符，追所發兵。至六日，兵及駱驛而迴。因與海賓同入見泚，爲陳逆順之理，而海賓於靴中取匕首，爲其所覺，遂不得前。秀實知不可以義動，遽奪源休象笏，挺而擊泚，仍大呼曰：「反虜萬段！」泚舉臂衞首，秀實格拉之，恂恂然。李忠臣馳助泚，泚素多力，纔破其面，逆徒譟集，秀實、海賓遂倂見害。

明日，聲言以親王權主社稷，士庶競往觀之。八日，源休、姚令言、李忠臣、張光晟等八人導泚自白華入宣政殿，僭卽僞位，自稱大秦皇帝，號應天元年，愚智莫不憤心。侍衞皆卒伍，行列不過十餘人。下僞詔曰：「幽囚之中，神器自至，豈朕薄德所能經營。」彭偃之詞也。僞署姚令言爲侍中，李忠臣爲司空、兼侍中，源休爲中書侍郎、平章事、判度支，蔣鎭爲吏部侍郎，樊系爲禮部侍郎、禮儀使，許季常爲京兆尹，洪經綸爲太常少卿，彭偃爲中書舍人，裴揆、崔幼貞爲給事中，崔莫爲御史中丞，張光晟、仇敬忠、敬釭、張寶、何望之、段誠諫、張庭芝、杜如江爲節度使，仍以其兄子遂爲太子，遙封弟滔爲冀王、太尉、尙書令，尋又號皇太弟。

十日，泚自領兵侵逼奉天，竊威儀輦輅，闐溢道途，蟻聚之衆，軍勢頗盛。以姚令言爲元帥，張光晟爲副。以李忠臣爲京兆尹、皇城留守，居中書省。尋以蔣鎭爲門下侍郎，李子平爲諫議大夫兼平章事。泚軍合於城下，渾瑊、韓遊瓌禦之，泚衆大敗，死者萬計。泚收軍於奉天東三里下營，大修攻具。明日，泚又分兵營於乾陵下瞰，城內大震。十一月三日，杜希全與泚衆戰於漠谷，官軍不利，自是泚益驕大。王師乘城而戰，人百其勇，賊多敗衄。或出野戰，官軍又獲利焉。泚乃大驅百姓塡塹，夜攻城，城中設奇以應之，賊乃退縮。西明寺僧法堅有巧思，爲泚造雲梯。十五日辰時，梯臨城東北隅，城內震駭。渾瑊使侯仲莊設大坑，爲地道陷之。又縱火焚其梯，東風起，吹我軍，衆頗危。俄而風迴，吹賊軍，賊益薪潑油，萬鼓齊震，風吹俱熾，須臾雲梯與兇黨同爲灰燼。城中三門悉出兵，王師又捷。其夜兵復出攻，泚衆敗績。李懷光以五萬人來援，自河北至，泚衆惶駭，因而大潰，長圍遂解焉。衆庶以懷光三日不至，城則危矣。

三十日夜，泚走至京城。時姚令言於城中造戰格拋樓，每坊團結，人心大異。泚自奉天迴，乃悉令去之，曰：「攻戰吾自有計。」前此每三五日，卽使人僞自城外來，周走號令曰：「奉天已破。」百姓聞之，莫不飲泣，道路闃寂。時有入臺省吏人，不過十數輩，郎官六七人，而亦令依常年舉選，初有數十人陳狀，旬日亦皆屏退。泚自號其宅曰潛龍宮，悉移內庫珍貨瓌寶以實之。識者曰：「易稱『潛龍勿用』，此敗徵也。」無幾，百姓剽奪其珍寶，泚不能禁止。

明年正月一日，泚改僞國號曰漢，稱天皇元年。二月，李懷光旣圖叛逆，遣使與泚通和。鑾駕幸梁、洋，自此衣冠之潛匿者，出受僞官十七八焉〔五〕。懷光初與泚往復通好甚密，以錢穀金帛互相饋遺。泚與書，事之如兄，約云：「削平關中，當割據山河，永爲鄰國。」及懷光決計背叛，逼乘輿遷幸，泚乃下僞詔書，待懷光以臣禮，仍徵兵馬。懷光旣爲所賣，慚怒憤恥，遂領衆遁歸河中。

三月，李晟、駱元光、尚可孤之衆，悉於城東累敗泚衆。四月，泚使韓旻、宋歸朝、張庭芝等寇武功，渾瑊以衆及吐蕃論莽羅大敗歸朝，殺逆黨萬餘人於武亭川。五月，泚又使仇敬忠寇藍田，尚可孤擊之，大破泚衆，擒敬忠斬之。李晟、駱元光、尚可孤遂悉師齊進，晟屯光泰門，逆徒拒官軍，王師累捷。二十八日，官軍入苑，收復京師，逆黨大潰。泚與姚令言、張庭芝、源休、李子平、朱遂以數千人西走，其餘黨或奔竄，或來降。泚衆緣路潰散，乃奔涇州，纔百餘騎。田希鑒閉門登陴，泚令謂鑒曰：「我與爾節度，何故背恩？」希鑒乃使人自城上擲泚所送旌節於外，續又投火焚之。泚遂過數里，息於逆旅。泚將梁庭芬入涇州說田希鑒曰：「公比日殺馮河清背叛，今雖歸順，國家必不能久容，公他日不免受禍。何如開門納朱公，與共成大事。」希鑒以爲然。庭芬乃追及泚言之，泚大悅，使庭芬却往涇州。庭芬請授己尚書、平章事，泚不從。梁庭芬既求宰相不得，不復往涇州，從泚至寧州彭原縣西城屯，復與泚心腹朱惟孝共射泚。泚走，墜故窖中。泚左右韓旻、薛綸、高幽嵒、武震、朱進卿、董希芝共斬泚，使宋膺傳首以獻。泚死時年四十三。姚令言投涇州，源休、李子平走鳳翔，尋並斬獲。宋歸朝之敗武功，降於李懷光，送興元斬之。唯不獲朱遂，傳爲野人所殺，或云與泚壻僞金吾將軍馬悅潛走党項部落，數月得達幽州。

泚之僭逆，宦豎朱重曜頗親密用事，泚每呼之爲兄。時賊中以臘月大雨，僞星官謂泚曰：「當以宗中年長者禳其災變。」洮乃毒殺重曜，而以王禮葬焉。及京師平，亦出其屍而斬之。姚令言自有傳。

黃巢，曹州冤句人，本以販鹽爲事。乾符中，仍歲凶荒，人飢爲盜，河南尤甚。初，里人王仙芝、尙君長聚盜，起於濮陽，攻剽城邑，陷曹、濮及鄆州。先有謠言云：「金色蝦蟆爭努眼，翻却曹州天下反。」及仙芝盜起，時議畏之。詔左金吾衞上將軍齊克讓爲兗州節度使〔六〕，以本軍討仙芝。仙芝懼，引衆歷陳、許、襄、鄧，無少長皆虜之，衆號三十萬。三年七月，陷江陵。十月，又遣將徐唐莒陷洪州〔七〕。時仙芝表請符節，不允，以神策統軍使宋威爲荆南節度招討使，中使楊復光爲監軍。復光遣判官吳彥宏諭以朝廷釋罪，別加官爵，仙芝乃令尙君長、蔡温球、楚彥威相次詣闕請罪，且求恩命。時宋威害復光之功，並擒送闕，敕於狗脊嶺斬之。賊怒，悉精銳擊官軍，威軍大敗，復光收其餘衆以統之。朝廷以王鐸代爲招討。五年八月，收復荆州〔八〕，斬仙芝首獻於闕下。

先是，君長弟讓以兄奉使見誅，率部衆入嵖岈山。黃巢、黃揆昆仲八人，率盜數千依讓。月餘，衆至數萬。陷汝州，虜刺史王鐐，又掠關東，官軍加討，屢爲所敗，其衆十餘萬。

尙讓乃與羣盜推巢爲王，號衝天大將軍，仍署官屬，藩鎭不能制。時天下承平日久，人不知兵。僖宗以幼主臨朝，號令出於臣下，南衙北司，迭相矛盾，以至九流濁亂，時多朋黨，小人讒勝，君子道消，賢豪忌憤，退之草澤，既一朝有變，天下離心。巢之起也，人士從而附之。或巢馳檄四方，章奏論列，皆指目朝政之弊，蓋士不逞者之辭也。巢徒黨既盛，與仙芝爲形援。及仙芝敗，東攻亳州不下，乃襲破沂州據之，仙芝餘黨悉附焉。

時王鐸雖衘招討之權，緩于攻取。時高駢鎭淮南，表請招討賊，許之，議加都統。巢乃渡淮，僞降于駢。駢遣將張璘率兵受降于天長鎭，巢擒璘殺之，因虜其衆。尋南陷湖、湘，遂據交、廣。託越州觀察使崔璆奏乞天平軍節度，朝議不允。又乞除官，時宰臣鄭畋與樞密使楊復恭奏，欲請授同正員將軍〔九〕，盧攜駁其議，請授率府率，如其不受，請以高駢討之。及巢見詔，大詬執政，又自表乞安南都護、廣州節度，亦不允。然巢以士衆烏合，欲據南海之地，永爲窠穴，坐邀朝命。是歲自春及夏，其衆大疫，死者十三四。衆勸請北歸，以圖大利。巢不得已，廣明元年，北踰五嶺，犯湖、湘、江、浙，進逼廣陵，高駢閉門自固，所過鎭戍，望風降賊。九月，渡淮。十一月十七日，陷洛陽，留守劉允章率分司官迎之。繼攻陝、虢，逼潼關，陷華州，留將喬鈐守之〔一〇〕。河中節度使李都詐進表于賊。朝廷以田令孜率神策、博野等軍十萬守潼關。時禁軍皆長安富族，世籍兩軍，豐給厚賜，高車大馬，以事權豪，自少迄長，不知戰陣。初聞科集，父子聚哭，憚於出征。各於兩市出値萬計，傭雇負販屠沽及病坊窮人，以爲戰士，操刀載戟，不知鐓銳〔一〕。復任宦官爲將帥，驅以守關。關之左有谷，可通行人，平時捉稅，禁人出入，謂之禁谷。及賊至，官軍但守潼關，不防禁谷，以爲谷旣官禁，賊無得而踰也。尙讓、林言率前鋒由禁谷而入，夾攻潼關，官軍大潰，博野都徑還京師，燔掠西市。十二月三日，僖宗夜自開遠門出，趨駱谷，諸王官屬相次奔命，觀軍容使田令孜、王若儔收合禁軍扈從。四日，賊至昭應，金吾大將軍張直方率在京兩班迎賊灞上。五日，賊陷京師。

時巢衆累年爲盜，行伍不勝其富，遇窮民於路，爭行施遺。既入春明門，坊市聚觀，尙讓慰曉市人曰：「黃王爲生靈，不似李家不恤汝輩，但各安家。」巢賊衆競投物遺人。十三日，賊巢僭位，國號大齊，年稱金統，仍御樓宣赦，且陳符命曰：「唐帝知朕起義，改元廣明，以文字言之，唐已無天分矣。『唐』去『丑』『口』而安『黃』，天意令黃在唐下，乃黃家日月也。土德生金，予以金王，宜改年爲金統。」賊搜訪舊宰相不獲，以前浙東觀察使崔璆、楊希古、尙讓、趙章爲四相，孟楷、蓋洪爲左右軍中尉，費傳古爲樞密使，王璠爲京兆尹，許建、朱實、劉塘爲軍庫使，朱溫、張言、彭攢、季逵爲諸衞大將軍、四面游奕使。又選驍勇形體魁梧者五百人，曰功臣。令其甥林言爲軍使，比之控鶴。

中和元年二月，尙讓寇鳳翔，鄭畋出師禦之，大敗賊於龍尾坡，畋乃馳檄告喩天下藩鎭。四月，涇原行軍唐弘夫之師屯渭北，河中王重榮之師屯沙苑，易定王處存之師屯渭橋，鄜延拓拔思恭之師屯武功，鳳翔鄭畋之師屯盩厔。六月，邠寧朱玫之師屯興平，忠武之師三千屯武功。是歲諸侯勤王之師，四面俱會。十二月，宰相王鐸率荆、襄之師自行在至。鄭畋帳下小校竇玫者，驍勇無敵，每夜率敢死之士百人，直入京師，放火燔諸門，斬級而還，賊人悚駭。

時京畿百姓皆砦於山谷，累年廢耕耘，賊坐空城，賦輸無入，穀食騰踊，米斗三十千。官軍皆執山砦百姓，鬻於賊爲食，人獲數十萬。朝士皆往來同、華，或以賣餅爲業，因奔於河中。宰相崔沆、豆盧瑑扈從不及〔三〕，匿之別墅，所由搜索嚴急，乃微行入永寧里張直方之家。朝貴恃直方之豪，多依之。旣而或告賊云：「直方謀反，納亡命。」賊攻其第，直方族誅，沆、瑑數百人皆遇害。自是賊始酷虐，族滅居人。遣使傳命召故相駙馬都尉于琮於其第。琮曰：「吾唐室大臣，不可佐黄家草昧，加之老疾。」賊怒，令誅之。廣德公主幷賊號咷而謂曰〔三〕：「予卽天子女，不宜復存，可與相公俱死。」是日幷遇害。

二年，王處存合忠武之師，敗賊將尙讓，乘勝入京師，賊遁去。處存不爲備，是夜復爲賊寇襲，官軍不利。賊怒坊市百姓迎王師，乃下令洗城，丈夫丁壯，殺戮殆盡，流血成渠。九月，賊將同州刺史朱温降重榮。十一月，李克用率代北之師，自夏陽渡河，屯沙苑。三年正月，敗黃揆於沙苑，進營乾坑。二月，賊將林言、趙章、尙讓率衆十萬援華州。克用合河中、易定、忠武之師，戰於梁田坡，大敗賊軍，俘斬數萬，乘勝攻華州，塹栅以環之。克用騎軍在渭北，令薛志勤、康君立每夜突入京師，燔積聚，俘級而旋。黃揆棄華州，官軍收城。四月八日，克用合忠武騎將龐從遇賊於渭南，決戰三捷，大敗賊軍。十日夜，賊巢散走。詰旦，克用由光泰門入，收京師。巢賊出藍田、七盤路，東走關東。天下兵馬都監押楊復光露布獻捷於行在，陳破賊事狀曰：

頃者妖興霧市，盜嘯叢祠，而岳牧藩侯，備盜不謹。謂大同之運，常可容姦；謂無事之秋，縱其長惡。賊首黃巢，因得充盈窟穴，蔓延萑蒲，驅我蒸黎，徇其兇逆。展鉏鶴以成鋒刃，殺耕牛以恣燔炮，魍魅晝行，虺蜴夜噬〔四〕。自南海失守，湖外喪師，養虎災深，馴梟逆大，物無不害，惡靡不爲，豺狼貽朝市之憂，瘡痏及腹心之痛。遂至毒流萬姓，盜汙兩京，衣冠銜塗炭之悲，郡邑起丘墟之嘆。萬方共怒，十道齊攻，仗九廟之威靈，殄積年之兇醜。

河中節度使王重榮神資壯烈，天付機謀，誓立功名，志安家國。至於屯田待敵，率士當衝，收百姓十萬餘家，降賊黨三萬餘衆。法當持重，功遂晚成，久稽原野之刑，未快雷霆之怒。自收同、華，逼近京師，夕烽高照於國門，遊騎俯臨於灞岸。既知四隅斷絕，百計奔衝，如窮鳥觸籠，似飛蛾赴燭。

雁門節度使李克用神傳將略，天付忠貞，機謀與武藝皆優，臣節共本心相稱。殺賊無非手刃，入陣率以身先，可謂雄才，得名飛將。自統本軍南下，與臣同力前驅，雖在寢餐，不忘寇孽。

今月八日，遣衙隊前鋒楊守宗、河中騎將白志遷、橫野軍使滿存、躡雲都將丁行存、朝邑鎮將康師貞、忠武黃頭軍使龐從等三十都，隨李克用自光泰門先入京師，力摧兇寇。又遣河中將劉讓、王瓌、冀君武、孫珙，忠武將喬從遇，鄭滑將韓從威，荆南將申屠悰，滄州將賈滔，易定將張仲慶，壽州將張行方，天德將顧彥朗，左神策弩手甄君楚、公孫佐，橫衝軍使楊守亮，躡雲都將高周彝，忠順都將胡眞，絳州監軍毛宣伯、聶弘裕等七十都繼進。賊尙爲堅陣，來抗官軍。鴈門李克用率勵驍雄，整齊金革，叫譟而聲動瓦，喑嗚而氣欲吞沙，寬列戈矛，密張羅網。於是麾軍背擊，分騎橫衝，日明而劍躍飛輪，風急而旗開走電。使賊如浪，便可塞流；使賊如山，亦須折角。蹂踐則橫尸入地，騰凌則積血成塵，不煩卽墨之牛，若駕昆陽之象。楊守宗等齊驅直入，合勢夾攻，從卯至申，羣兇大潰。自望春宮前鏖殺，至昇陽殿下攻圍，戈不濫揮，矢無虛發。其賊一時奔走，南入商山，徒延漏刃之生，佇作飲頭之器。自收平京闕，三面皆立大功；若破敵摧兇，李克用實居其首。其餘將佐，同效驅馳。兼臣所部領萬餘人，數歲櫛風沐雨。旣茲平盪，並錄以聞。

五月，巢賊先鋒將孟楷攻蔡州，節度使秦宗權以兵逆戰，爲賊所敗。攻城急，宗權乃稱臣於賊。遂攻陳、許，營於溵水。陳州刺史趙犨迎戰，敗賊前鋒，生擒孟楷，斬之。黃巢素寵楷，悲惜之。乃悉衆攻陳州，營於城北五里，爲宮闕之制，曰八仙營。於是自唐、鄧、許、汝、孟、洛、鄭、汴、曹、濮、徐、兗數十州，畢罹其毒。賊圍陳郡三百日〔三〕，關東仍歲無耕稼，人餓倚牆壁間，賊俘人而食，日殺數千。賊有舂磨砦，爲巨碓數百，生納人於臼碎之，合骨而食，其流毒若是。

趙犨求援於太原。四年二月，李克用率山西諸軍，由蒲、陝濟河，會關東諸侯，赴援陳州。三月，諸侯之師復集。四月，官軍敗賊於太康，俘斬萬計，拔其四壁。又敗賊將黃鄴於西華，拔其壁。巢賊大恐，收軍營於故陽里，官軍進攻之。五月，大雨震雷，平地水深三尺，壞賊壘，賊自離散，復聚於尉氏，逼中牟。翌日，營汴水北。是日，復大雨震電，溝塍漲流。賊分寇汴州，李克用自鄭州引軍襲擊，大敗之，獲賊將李用、楊景。殘衆保胙縣、冤句，官軍追討，賊無所保。其將李讜、楊能、霍存〔六〕、葛從周、張歸厚、張歸霸各率部下降于大梁，尚讓率部下萬人歸時溥。賊自相猜間，相殺於營中〔七〕，所殘者千人，中夜遁去，克用追擊至濟陰而還。賊散於兗、鄆界。黃巢入泰山，徐帥時溥遣將張友與尚讓之衆掩捕之。至狼虎谷，巢將林言斬巢及二弟鄴、揆等七人首，并妻子皆送徐州。是月賊平。

秦宗權者，許州人，爲郡牙將。廣明元年十月，巢賊渡淮而北。十一月，忠武軍亂，逐其帥薛能。是月，朝廷授別校周岌爲許帥。初軍城未變，宗權因調發至蔡州，聞府軍亂，乃閱集蔡州之兵，欲赴難。俄聞府主殂，周岌未至，巢賊充斥，日寇郡城，宗權乃督勵士衆，登城拒守。洎岌至，即令典郡事。天子幸蜀，姑務翦寇，上蔡有勁兵萬人，宗權即與監軍楊復光同議勤王，出師破賊，以蔡牧授之，仍置節度之號。

中和三年，巢賊走關東，宗權逆戰不利，因與合從爲盜。巢賊既誅，宗權復熾，僭稱帝號，補署官吏。遣其將秦彥亂江淮，秦賢亂江南，秦誥陷襄陽，孫儒陷孟、洛、陝、虢至於長安，張晊陷汝、鄭，盧塘攻汴州。賊首皆慓銳慘毒，所至屠殘人物，燔燒郡邑。西至關內，東極青、齊，南出江淮，北至衞滑，魚爛鳥散，人烟斷絕，荆榛蔽野。賊既乏食，啖人爲儲，軍士四出，則鹽屍而從。關東郡邑，多被攻陷。唯趙犨兄弟守陳州，朱溫保汴州，城門之外，爲賊疆埸。汴帥與兗、鄆合勢，屢敗賊軍，兇勢日削。

龍紀元年二月，其愛將申叢執宗權，撾折其足，送於汴。朱溫出師迎勞，接之以禮，謂之曰：「下官屢以天子命達於公，如前年中翻然改圖，與下官同力勤王，則豈有今日之事乎？」宗權曰：「僕若不死，公何以興？天以僕霸公也。」略無懼色。乃檻送京師。昭宗御延喜樓受俘，京兆尹孫揆以組練礫之〔二〕，徇於兩市。宗權檻中引頸謂揆曰：「尚書明鑒，宗權豈反者耶！但輸忠不効耳。」衆大笑。與妻趙氏俱斬於獨柳之下。

史臣曰：我唐之受命也，置器於安，千年惟永，百蠻嚮化，萬國來王。但否泰之無恆，故夷險之不一。三百算祀，二十帝王。雖時有竊邑叛君之臣，乘危徼倖之輩，莫不才興兵革，卽就誅夷。其間沸騰，大盜三發，安祿山、朱泚、黃巢是也。

夫謀危社稷，將害君親，轘裂瀦宮，未塞其罪，故不俟於多談也。然盜之所起，必有其來，且無問於天時，宜決之於人事。祿山母爲巫者，身是牙郎，偶緣微立邊功，遂至大加寵用，總知馬牧，特委兵權。愛天子之獨尊，與國忠之相忌，故不能以義制事，以禮制心，遂稱向闕之兵，以期非望之福，此所以爲亂也。朱泚家本漁陽，性惟兇狡，耳習聞於簒奪，心本乏於忠貞。暨弟爲亂階，身留京邑，小不如意，別懷異圖。但樂荒雞之鳴，唯幸和鑾之動，緣幽帥之嘗因亂得，謂神器之可以徼求。黃巢闒茸微人，萑蒲賤類，因饑饉之歲，躡王、尙之蹤，志在奪攘，謀非遠大。一旦長驅江表，徑入關中，見五輅之蒙塵，謂寶命之在我。必若玄宗採九齡之語，行三令之威，不然使祿山名位不高，委任得所，則羣黎未必陷於塗炭，萬乘未必越於岷、峨。德宗能含垢匿瑕，不佳兵尙勇，不然則取李承之言，不委希烈伐叛，不然則取公輔之諫，早令朱泚就行，如此則未必有涇原之亂兵，未必有奉天之危急。僖宗能知人疾苦，惠彼困窮，不然則從鄭畋之謀，赦羣偸之罪，如此則黃巢不必能犯順，鑾御未必須省方。蓋差之毫釐，失之千里，蛇螫不能斷腕，蟻穴所以壞隄。後之帝王，足爲殷鑒。

史朝義、秦宗權乘彼亂離，肆行暴虐，虔劉我郡邑，僭竊我衣裳，終雖滅亡，爲害斯甚，茲亦沴氣之餘也。

贊曰：天地否閉，反逆亂常。祿山犯闕，朱泚稱皇。賊巢陵突，羣豎披攘。徵其所以，存乎慢藏。

校勘記

〔一〕爲衙前將　「將」字各本原作「對」，據御覽卷一一三改。

〔二〕八年三月遷幽州盧龍節度等使　以上十三字各本原無，據御覽卷一一三補。

〔三〕加拜同平章事　「事」字各本原無，據御覽卷一一三補。

〔四〕舒王謨　「謨」字各本原作「讓」，御覽卷一一三作「謨」。本書卷一五〇德宗諸子傳：「舒王誼，本名謨。」據改。

〔五〕出受僞官十七八焉　「八」字各本原作「人」，據御覽卷一一三改。

〔六〕詔左金吾衞上將軍　「詔」字各本原無，據御覽卷一一六補。

〔七〕又遣將徐唐莒　「唐」字各本原作「君」，據御覽卷一一六、新書卷二二五下黃巢傳、通鑑卷二五三考異引舊傳改。

〔八〕收復荆州　「荆」字各本原作「亳」，據御覽卷一一六、通鑑卷二五三考異引舊傳改。

〔九〕欲請授同正員將軍　「將軍」，各本原作「軍將」，據通鑑卷二五三考異引舊傳改。

〔一〇〕留將喬鈐守之　「喬」字各本原作「奮」，據御覽卷一一六、通鑑卷二五四改。

〔一一〕不知鏉鋭　「鏉」字合鈔卷二六〇下黃巢傳作「鐓」。

〔一二〕豆盧瑑　「瑑」字各本原作「瓚」，據本書卷一七七豆盧瑑傳、新書卷一八三劉鄴傳、通鑑卷二五四改。下同。

〔一三〕廣德公主拚賊　「拚」字聞本、殿本、懼盈齋本、廣本同，局本作「抱」；合鈔卷二六〇下黃巢傳作

「拒」。

〔四〕颭蝪夜噬　「夜」字各本原作「反」，據本書卷一九下僖宗紀、冊府卷四三四改。

〔五〕賊圍陳郡三百日　「三」字各本原無，據御覽卷一一六、通鑑卷二五五補。

〔六〕楊能霍存　「能」字「存」字各本原無，據新書卷二二五下黃巢傳補。

〔七〕相殺於營中　「中」字各本原作「州」，御覽卷一一六作「中」；按黃巢未至營州，據改。

〔八〕以組練磔之　十七史商榷卷九二：「以組練磔之，當作縛之，字稍相似而誤。」

明重刻舊唐書聞序

書以紀事，詎聞爲瞶；事以著代，間逸則遺。是故史氏之書，與天地相爲始終，六經相爲表裏，疑信並傳，闕文不飾，以紀事實，以昭世代，故六經道明，萬世宗仰，非徒文藝之誇誕而已也。尙書壁存，典訓不斁；魯史麟絕，杞宋失徵。繼而有作，其惟司馬氏及小司馬，以迨班、范諸家。八書十志，經緯天人；八志十典，紘維政事。藏山刊石，繁紹聖經；歷漢躋隋，炳發靈憲。是故王教之要，國典之源，代有徵考，若覩蓍蔡。

李唐嗣興，萬目畢舉，其經畫之精詳，維持之愼密，雖未上躋周軌，亦足並驟漢疆。晉史臣劉昫氏者，爰集館寮，博稽載典。纂修二十一本紀，首高祖以迄哀帝，而汝哲具昭。旁修十一志，始禮儀以終刑法，而巨細畢舉。列傳一千一百八十有奇，內以紀后妃之淑慝，外以悉文武之臧否。宗室族屬，互以時敍；外戚、宦官，各以類別。良吏、酷吏，鑒戒具昭；忠義、孝友，襃論悉當。儒學、文苑，表以著達；方伎、隱逸，彙以察微。詳傳列女以彰婦順，分傳蠻狄以立大防。卷凡二百一十有四，統名之曰唐書。識博學宏，才優義正，眞有唐一代之良史，秦、隋以下，罕有其儷，固後世之刑鑒具在也。有宋迭興，分職書局，載輯唐鑑於祖禹，繼纂唐書於昌朝，王、宋諸賢，相繼彙輯，復成一代之新書，遂亡劉氏之舊帙。

詮謬司文學，徧歷輔畿，爰校六經，兼讎諸史，始知漢、晉以迄宋、元，皆有監本，司成甬川張公，嘗奉旨校勘，總爲二十一史，刊證謬訛，粲然明備。惟劉氏唐書，鬱絕不傳，無所考覓。積集再期，酷志刊復，苦無善本，莫可繼志。竊惟古人有云：「層臺雲構，所缺過乎榱桷；爲山霞高，不終踰乎一壝。」憫哉斯言，益用惶忧。乃旁謀學屬，博訪諸司，間禮儒賢，以探往籍，更歷三載，竟莫有成。末復弭節姑蘇，窮搜力索，吳令朱子遂得列傳於光祿張氏，長洲賀子隨得紀志於守溪公，遺籍俱出宋時模板。旬月之間，二美璧合，古訓有獲，私喜無涯。乃督同蘇庠，嚴爲校刻，司訓沈子，獨肩斯任，劾勤四載，書幸成編。匱直千金，刻未竟業。石江歐陽公聞而助以厚鎰，午山馮子、西郭陳子以逌郡邑諸長貳，咸力輔以終事。數百年之闕典，於是乎始有可稽矣。物之成毀，信各有數，是書之成，夫豈偶哉。肇工於嘉靖乙未，卒刻於嘉靖戊戌。珠璣璀璨，亥豕盡刊；玉薤精嚴，塵葉罔翳。煥新一代之舊文，遐續百王之訓典，追配諸史，允備全書。因布多方，以惠多士。餘姚聞人詮序。

清懼盈齋本舊唐書阮序

有唐三百年正史，所關最鉅，後唐長興中詔修唐書，至後晉開運二年，方纂成奏上。五代會要中但言書付史館，而未述刊版之事。宋嘉祐五年，頒新唐書於天下，而舊書遂不甚行。郡齋讀書志及直齋書錄解題雖皆載其書，而不言始刊之歲月，是北宋以前之舊槧，其有無固無從考證。明嘉靖乙未，餘姚聞人詮督學南畿，念舊書刻本漸少，懼其就湮，於是徧加尋訪，得紀志於吳縣王延喆家，得列傳於長洲張汴家。其書乃南宋紹興初年越州所刻，卷後載有校勘姓氏，舊唐書之流傳於明代者，以此爲最古。而卷帙尙有闕佚，復假應天陳沂、長洲王穀祥所藏本，彼此補葺，始爲完書。刻未及半，而詮以奉諱去官，繼其任者請諸撫按，與郡邑各官捐俸倡率，凡歷四年而後告成，其裒聚與刊布之難，悉詳原序。特當時聞本所據之書，止就殘篇斷簡，薈萃而成，初非全部，故魯魚亥豕之文，夏五郭公之句，正復不少，論者惜其未盡善焉。

我朝稽古右文，度越前代，乾隆四年，敕武英殿校刻此書，於聞本脫誤之甚者，逐條釐訂，各附考證於每卷之後。及四十七年編定四庫全書，特置此書於正史，而庋藏於三閣。

閣本之考證，又較殿本而加詳。惟是閣本但繕寫而未發刻，讀者旣艱於傳鈔；殿本列於二十四史之內，坊肆間罕有單行者，寒素之家，購求匪易；而聞版久亡，其書尤爲難覓。甘泉岑紹周提舉建功，嗜學好書，尤喜鐫刻古籍，其友江都梅蘊生植之，勸其重刊此書，遂慨然自諾，獨力任之。延江都沈與九齡、殷時若燠、淩東笙鏞、儀徵黃聖臺春熙，分任校字之事。全書字句，悉以殿本爲主，其間有刊刻小譌，爲人所共知者，卽隨筆改正，外此則不敢妄改。至於行款書式，則仿照汲古閣史書，蓋毛氏所刻十七史，久已風行海內，而唐書有新無舊，故特補其所未備也。復延甘泉羅茗香士琳、儀徵劉孟瞻文淇及其子伯山毓崧、句容陳卓人立，排列各本，討論羣籍，得校勘記共若干卷。凡殿本、閣本之與聞本異者，一一臚列，并登載其考證；而沈氏新舊合鈔所辨析者，亦附見焉。若夫北宋初年，太平御覽、册府元龜等書，皆成於歐、宋未修以前，其引唐史，確係劉書，所據實最初之本，足以補正聞本者不可枚舉，皆採而集之。他如通典、通鑑、唐會要、文苑英華以及十七史商榷、廿二史攷異之類，可以互證參訂此書者，亦廣爲尋校，加以斷制。其體裁義例，悉遵殿本、閣本之成法，而推廣引申，以竟其緒。蓋殿本之總校爲沈歸愚尙書，其自作考證跋語云，「蒐羅未備，挂漏良多」；閣本之分校爲邵二雲學士，其集中所載提要云，「參核攷定，尙有待耳」。誠以官修之書，人心不齊，議論多而成功少，每致卒業無期，故但能略舉大端，開其門徑而已。後人若不由一反三，因源及委，其何以成前賢未遂之志哉。今岑氏捐資既勇，任事亦堅，能集衆長，而成鉅業。

昔元童時，讀文選汲古閣本，每慨然慕毛氏之爲人，毛氏之名，今亦永垂藝苑，此毛氏之福也。毛氏有此名有此福，而明於事者能效之，則今岑氏是也。揚州有力能刻古籍者甚多，而願者究少，則以此事亦須有讀書之性情嗜好，與辦事之才識福分，談何易哉。是書始刊於道光壬寅九月，告成於癸卯七月，計未及一稘，而粲然大備。衰年見此，洵爲快事，故樂得序之。道光癸卯閏月乙未，予告體仁閣大學士晉太子太保揚州阮元序。